Paul Kleinman
Allgemeinbildung

W0179675

Paul Kleinman

Allgemeinbildung

Geschichte, Sprachen, Literatur, Mathematik
und Naturwissenschaften

Alles, was man wissen muss

Aus dem amerikanischen Englisch
von Matthias Schulz

Anaconda

MIX
Papier aus verantwor-
tungsvollen Quellen
FSC® C014496
FSC
www.fsc.org

Penguin Random House Verlagsgruppe FSC® N001967

Die Deutsche Nationalbibliothek verzeichnet diese Publikation in
der Deutschen Nationalbibliografie; detaillierte bibliografische Daten
sind im Internet unter http://dnb.d-nb.de abrufbar.

Lizenzausgabe mit freundlicher Genehmigung
© dieser Ausgabe 2021 by Anaconda Verlag, einem Unternehmen
der Penguin Random House Verlagsgruppe GmbH,
Neumarkter Straße 28, 81673 München
Alle Rechte vorbehalten.
Umschlagabbildungen: istock.com / barbaramarini
Umschlaggestaltung: Druckfrei, Dagmar Herrmann, Bonn
Satz und Layout: InterMedia – Lemke e. K., Heiligenhaus
Druck und Bindung: GGP Media GmbH, Pößneck
ISBN 978-3-7306-1003-9
www.anacondaverlag.de

Inhalt

Einleitung

Von wann bis wann herrschte die Ming-Dynastie? Wofür benötigt man den Satz des Pythagoras? Aus wie vielen Schichten besteht unser Planet? Irgendwann in Ihrem Leben wussten Sie vermutlich die Antwort auf mindestens eine dieser Fragen. Nun gut, inzwischen ist Ihnen die Antwort längst wieder entfallen, aber das ist doch nicht Ihre Schuld. Man hat nun einmal ständig so viel um die Ohren, das kennen wir bei *Allgemeinbildung – Alles, was man wissen muss* nur allzu gut. Deshalb haben wir für Sie leicht verdauliche Nachhilfe zu allem zusammengestellt, was Sie irgendwann möglicherweise in der Schule gelernt haben, was dann aber durch jede Menge nutzlosen anderen Mist verdrängt wurde – die Geburtstage Ihrer Familienmitglieder (bis hin zum Partner Ihrer Großcousine), welche Straßen Sie während des Berufsverkehrs am besten meiden und das Rezept für Ihre liebste Bratensauce.

Auf den folgenden Seiten unterrichten wir Sie in fünf Wissensbereichen: Geschichte, Sprachen, Literatur, Mathematik und Naturwissenschaften. All Ihre Lieblingsfächer aus den guten alten Schulzeiten, stimmt's? Aber anstatt Sie in langen Unterrichtsstunden einzuschläfern, zerlegen wir jedes Thema in kleine Segmente wie »Das alte Ägypten«, »Logarithmen«, »Das Sonnensystem«, »Französisch« und »Poesie«. Die handliche Größe sorgt dafür, dass Ihr Gehirn nicht überfrachtet wird und Sie Ihr angehäuftes Wissen nicht gleich wieder vergessen.

Also: Machen Sie es sich gemütlich, entspannen Sie sich und entdecken Sie all den Mist, den Sie eigentlich längst wissen sollten, wieder beziehungsweise neu.

Teil 1
Geschichte

Mesopotamien und die ersten Zivilisationen

Die Sumerer Vor 6000 Jahren entwickelten sich im Zweistrom-
land zwischen Tigris und Euphrat, einer Region im heutigen
Irak, die ersten Zivilisationen. Die erste bekannte Zivilisation
war die der Sumerer, deren Dörfer zu selbst verwalteten Stadtstaaten heranwuchsen. Im Mittelpunkt eines jeden Stadtstaats
stand ein pyramidenförmiger Tempelturm, eine Zikkurat. Aufgrund ihrer geografischen Lage war die Region geprägt von
einem heißen, trockenen Klima mit saisonalen Überflutungen.
Das sorgte für ein ausgesprochen fruchtbares Ackerland, auf
dem Bauern erfolgreich Dinge wie Weizen, Gerste, Sesam und
Lein anbauten.

Die Tempeltürme Die Zikkurats im Mittelpunkt jedes Stadtstaats erfüllten zahlreiche Aufgaben. Sie standen dort nicht
nur aus religiösen Gründen, sondern dienten den Sumerern
auch als Mittelpunkt ihres alltäglichen Lebens. Nach dem
Glauben der Sumerer bevölkerten zahlreiche mächtige Götter
den Himmel über ihnen und diesen Göttern waren auch die
großen Tempeltürme gewidmet, deren Stufen in den Himmel
führten. Für den Bau der Tempel nutzten die Sumerer
Schlammziegel und auf der Spitze der Tempel fanden religiöse
Zeremonien statt.

Das Reich von Akkad Die Akkader waren ein semitisches Volk, das von der arabischen Halbinsel kommend Richtung Norden zog und dabei immer stärker in Konflikt mit den Sumerern geriet. Im Jahr 2340 vor unserer Zeitrechnung eroberte der akkadische Heeresführer Sargon sumerische Stadtstaaten und begründete ein akkadisches Reich. Hauptstadt war Akkad und das Reich war das größte Imperium, das die Menschheit damals kannte. Das Reich von Akkad war allerdings nicht von Dauer, bereits 2150 vor unserer Zeitrechnung ging es wieder unter.

Babylon Nach dem Sturz der letzten Sumerer-Dynastie gelangten die Amoriter (auch: Amurriter) an die Macht. Sie machten Babylon zu ihrer Hauptstadt. Aus dieser Zeit stammt einer der bemerkenswertesten Rechtstexte der Menschheitsgeschichte – der Codex Hammurapi, eine der ersten bekannten schriftlichen Gesetzessammlungen, benannt nach König Hammurapi. Die Gesetze wurden schriftlich festgehalten, damit jeder Bürger wusste, welche Strafe ihm bei Missachtung drohte. Eine der berühmtesten Umschreibungen aus dieser Gesetzessammlung lautet: »Auge um Auge, Zahn um Zahn.«

Die Hethiter Niemand weiß, woher die Hethiter ursprünglich stammten und ihre (zur indogermanischen Familie gehörende) Sprache wurde erst vor kurzem entziffert. Ihr Eindringen brachte das altbabylonische Reich zu Fall, doch bei ihrem Eroberungszug durch Mesopotamien übernahmen die Hethiter Gesetze, Literatur und Religion des altbabylonischen Reichs. Bekannt sind die Hethiter vor allem für ihren Erfolg in Handel und Wirtschaft, der dazu führte, dass sich mesopotamische Literatur und mesopotamisches Gedankengut im gesamten Mittelmeerraum ausbreiteten.

Erfindungen Viele wichtige Erfindungen haben ihren Ursprung in Mesopotamien. Der Pflug revolutionierte die Landwirtschaft und ermöglichte es, gleichzeitig zu pflügen und zu säen. In Mesopotamien wurde mit der Keilschrift eine neue Schriftform erfunden, außerdem entwickelten die Menschen Bewässerungssysteme und Hygienemaßnahmen, sie erschufen Glas und erfanden um das Jahr 3500 vor unserer Zeit das Rad. Dank der Entwicklung von Segeln waren sie auch die ersten, die die Windenergie nutzten.

Die Xia-Dynastie

Wahr oder Legende? Die Xia-Dynastie gilt als erste kaiserliche Dynastie Chinas und hielt sich angeblich vom 21. bis zum 17. Jahrhundert vor unserer Zeitrechnung. Während dieser Zeit sollen 17 Herrscher auf dem Thron gesessen haben. Bis heute ist allerdings nicht abschließend geklärt, ob es die Xia-Dynastie wirklich gegeben hat oder ob es sich lediglich um eine Legende aus alten Schriften handelt.

Yu der Große Als Begründer der Xia-Dynastie gilt Da Yu. Er ist berühmt dafür, die große Flut des Jangtse aufgehalten zu haben, wofür er 13 Jahre benötigte. Yu der Große einte die unterschiedlichen Ethnien und teilte das Land in neun Provinzen auf. Vor allem jedoch lehrte er die Menschen, wie sie durch den Bau von Kanälen mit Fluten umgehen konnten.

Die politischen Systeme Da Yu legte fest, dass sein Nachfolger aufgrund seiner Fähigkeiten ausgewählt werden solle. Nach Yus Tod kürte sich jedoch Yus Sohn Qi zum Kaiser, beendete damit das »Abdankungssystem« und führte stattdessen eine Erbmonarchie ein. 15 Nachkommen Qis folgten ihm auf den Thron und bildeten damit die Grundlage der ersten kaiserlichen Dynastie in China.

Untergang der Xia-Dynastie Abgelöst wurde die Xia-Dynastie durch die Shang-Dynastie. Jie, der letzte Herrscher der Xia-Dynastie, war ein repressiver Tyrann, der viele seiner Untertanen umbrachte. Schließlich erhob sich das Volk unter Führung von Tang, dem Führer des Stammes der Shang. Der Aufstand war erfolgreich und bedeutete das Ende der Xia-Dynastie und den Beginn der Shang-Dynastie, die sich von 1766 bis 1122 vor unserer Zeitrechnung an der Macht hielt.

Heutige Kontroversen Gu Jiegang begründete in den 1920er-Jahren die sogenannte Schule der Zweifel an der Antike. Die Gelehrten stellten als erste die Frage, ob die Xia-Dynastie tatsächlich existiert hatte oder ob es sich bloß um eine Legende handelte. Sie verwiesen darauf, dass es keine archäologischen Funde gab, die zu den historischen Schriften passten. Heute argumentiert die Forscherin Sarah Allan, dass die Zhou-Dynastie die Xia erfand, um rechtfertigen zu können, dass sie die Shang-Dynastie gestürzt hatte.

Archäologische Funde 1959 wurden in der Stadt Yanshi große Paläste ausgegraben. Archäologen waren überzeugt, auf die Hauptstadt der Xia-Dynastie gestoßen zu sein. Während der nächsten 20 Jahre machte man viele weitere Funde, unter anderem von Gräbern, städtischen Flächen und Bronzegeräten.

Die Fundstellen lagen in Gebieten, wo alten Schriften zufolge die Xia-Dynastie geherrscht haben soll, und per Radiokarbonmethode wurde das Alter auf 2100 bis 1800 vor unserer Zeit datiert. 2016 stellten Wissenschaftler mithilfe stratigrafischer Daten und der Radiokarbonmethode fest, dass die große Flut tatsächlich um 1900 vor unserer Zeit und damit zu Beginn der Xia-Dynastie stattgefunden hat. Die Debatten zur Frage, ob es sich um Funde aus der Xia-Dynastie handelt und ob diese überhaupt existiert hat, dauern dennoch weiter an.

Das alte Ägypten

Prädynastische Zeit Die Geschichte Ägyptens begann ähnlich wie die Mesopotamiens. Um 5500 vor unserer Zeit bildeten sich die ersten Zivilisationen heraus. Die größte davon war die der Badari, die von ca. 4400 bis um 4000 im nördlichen Teil des heutigen Ägyptens existierte. Sie war vor allem für ihre hochwertigen Steinwerkzeuge, Keramiken, Töpfereien und Kupfer-Arbeiten bekannt. Im südlichen Teil Ägyptens entstand die Naqada-Kultur (auch: Negade-Kultur), die über einen Zeitraum von 1000 Jahren hinweg die Stämme entlang des Nils unterwarf und die Hieroglyphenschrift entwickelte.

Frühdynastische Zeit Pharao Menes vereinigte um etwa 3100 vor unserer Zeit Ober- und Unterägypten. Das unterägyptische Memphis wurde zur Hauptstadt bestimmt und spielte eine zentrale Rolle beim Handel und in der Landwirtschaft. Außerdem stellte es viele Arbeitskräfte. Bemerkenswert aus

dieser Zeit sind die Mastabas, große, rechtwinklige Flachdach-
bauten aus Stein und Schlammziegeln, in denen verstorbene
Pharaonen geehrt wurden.

Das Alte Reich Als Altes Reich wird die Herrschaft der dritten
bis sechsten Dynastie in der Zeit von 2686 bis 2181 vor Chris-
tus bezeichnet. In diesem Zeitraum blühte die Wirtschaft auf,
es gab ein klar definiertes Justizsystem und eine starke Regierung. Zu dieser Zeit wurden die berühmten Pyramiden von
Gizeh errichtet, ein Sinnbild großen künstlerischen und tech-
nologischen Fortschritts. Es entstand zudem eine neue Gesell-
schaftsschicht gebildeter Schreiber.

Das Mittlere Reich 2160 vor unserer Zeit brach das Alte Reich
auseinander, aber um 2055 vor unserer Zeit kehrten unter
Mentuhotep II. Wohlstand und Stabilität nach Ägypten zurück. Es war der Auftakt einer Periode, die heute als Mittleres
Reich bezeichnet wird und die erneut von den Künsten, der
Literatur und großen Monumenten geprägt wurde. Ein deutlicher Unterschied zwischen der Kunst aus dieser Epoche und
der des Alten Reichs besteht darin, dass es im Mittleren Reich
mehr um den einzelnen Menschen und eine Demokratisie-
rung des Lebens nach dem Tod ging. Nach damaliger Auffassung besitzt jede Person eine Seele und wird nach ihrem Ableben von den Göttern und Göttinnen in Empfang genommen.

Das Neue Reich Das Neue Reich bestand vom 16. bis zum
11. Jahrhundert vor unserer Zeitrechnung und war von militärischen Feldzügen geprägt, in deren Verlauf das ägyptische
Reich seine größte Ausdehnung erreichte. Amenhotep IV., der
seinen Namen in Echnaton änderte, führte eine radikale Ver-
ehrung eines neuen Sonnengotts namens Aton ein. Echnaton

bekämpfte die Priesterschaft und ließ Aton schließlich zum einzigen Gott erklären. Als nach seinem Tod Tutanchamun den Thron bestieg, führte er in Ägypten den Polytheismus wieder ein.

Die Spätzeit Die Spätzeit dauerte von 664 bis 323 vor unserer Zeit und mit ihr endet nach Auffassung der Gelehrten das einstmals so große Ägyptische Reich. Von 525 bis 404 vor unserer Zeit war Ägypten Teil des Persischen Reichs. Unter Pharao Amyrtaios erhob sich das ägyptische Volk während der 28. Dynastie gegen die Perser, doch 343 vor unserer Zeit, während der 30. Dynastie, geriet das Reich wieder unter persische Kontrolle.

Die Hunnen

Wer waren die Hunnen? Im vierten und fünften Jahrhundert breitete sich ein Nomadenvolk aus Zentralasien bis ans Kaspische Meer aus. Dort kam das Volk in den Kontakt mit dem Römischen Reich, das in den letzten Zügen lag. Das Nomadenvolk verfügte über leidenschaftliche Kämpfer (die besonders im Umgang mit dem Bogen versiert waren) und erfahrene Reiter. Die Chinesen bezeichneten diese Stämme als »Xiongnu«, aber im Westen wurde daraus »Hunnen«.

Eroberer Zunächst besiegten die Hunnen die Alani, ein anderes Nomadenvolk, das zwischen dem Don und der Wolga lebte. Von dort griffen sie das Reich der Ostgoten an und 376 die Westgoten. Nach dem Sieg über die Westgoten setzten sich die Hunnen fest und überzogen in den folgenden 50 Jahren das Oströmische und das Weströmische Reich immer wieder mit Überfällen und Feldzügen.

Waffen Die Hunnen verließen sich auf zwei mächtige Waffen – den Kompositbogen und ihre Pferde. Sie waren hervorragende Reiter und kämpften als Kavallerie. Ihrer Überfalltaktik hatten die Angegriffenen wenig entgegenzusetzen und dank Pfeil und Bogen konnten die Hunnen ihre Feinde aus sicherer Entfernung bekämpfen und töten. Zur Bewaffnung der Hunnenkrieger gehörten auch Schwerter, Lassos und Lanzen.

Attila der Hunne 432 vereinte Rua die unterschiedlichen Stämme der Hunnen. Zwei Jahre später starb er und seine beiden Neffen Bleda und Attila bestiegen den Thron. 445 tötete Attila seinen Bruder Bleda und übernahm die alleinige Kontrolle über die Hunnen. Unter Attilas Herrschaft besiegten die Hunnen mehrere konkurrierende Völker und eroberten deren Gebiete, außerdem führte er mehrere Angriffe auf das Römische Reich durch. Attila gilt als einer der am meisten gefürchteten Herrscher der damaligen Zeit.

Nach Attila Nach Attilas Tod setzte sich Ellac gegen seine beiden Brüder durch und stieg zum Herrscher der Hunnen auf. Doch nun begannen ehemalige Untertanen Attilas aufzubegehren und sich um Ardarich zu sammeln, den Herrscher der Gepiden. Bei der Schlacht am Nedao unterlagen die Hunnen im Jahr 454 Ardarichs Männern. Das war das Ende ihrer Herrschaft über weite Teile Europas.

Legenden Die Erzählungen von den Eroberungen der Hunnen spielten in der Folklore der germanischen Völker eine wichtige Rolle. Insbesondere in der *Völsunga Saga*, einem isländischen Heldengedicht aus dem 13. Jahrhundert, und der *Hervarar-Saga* spielen die Hunnen und die Kämpfe, die sie austrugen, eine wichtige Rolle. In der *Hervarar-Saga* wird eine Schlacht zwischen Hunnen und Goten geschildert. Auch im Nibelungenlied haben die Hunnen einen Auftritt, dort heiratet eine Frau Attila.

Das Osmanische Reich

Was war das Osmanische Reich? Das Osmanische Reich hatte seine Ursprünge auf dem Gebiet der heutigen Türkei und bestand von 1299 bis 1923. Seine Blüte erlebte das Reich im 16. und 17. Jahrhundert, als sich das Herrschaftsgebiet von Nordafrika bis in den Südwesten Asiens und den Südosten Europas erstreckte und 29 Provinzen umfasste. Sechs Jahrhunderte lang fungierte Konstantinopel, die Hauptstadt des Osmanischen Reichs, als Schnittstelle zwischen Ost und West.

Aufstieg des Osmanischen Reichs Der Aufstieg des Osmanischen Reichs begann im 14. Jahrhundert, als das Seldschuken-Reich zerfiel und das Byzantinische Reich gerade unterging. Die Osmanen begannen, andere Staaten zu schlucken, und als 1451 Mehmed II. den Thron bestieg, endete auch die letzte türkische Dynastie. Osman I. und seine Nachfolger führten zahlreiche Angriffe auf das Byzantinische Reich durch.

Expansion des Osmanischen Reichs Beginnend mit der Herrschaft von Mehmed II. breitete sich das Osmanische Reich sehr weit aus. 1453 eroberten die Osmanen Konstantinopel, die Hauptstadt des Byzantinischen Reichs. Im 16. Jahrhundert erreichte die Ausdehnung des Osmanischen Reichs unter den Sultanen Selim I. und Süleyman I. ihren Höhepunkt. Das Reich umfasste damals Ungarn, Transsilvanien, Persien, Ägypten, Syrien und Griechenland.

Gesellschaftliche Zustände im Osmanischen Reich Einer der Gründe für den Erfolg des Osmanischen Reichs war seine Toleranz: Weil die Herrscher andere Religionen duldeten, konnten viele Völker integriert werden. Die Millet-System genannte Rechtsordnung erlaubte es unterschiedlichen Religionen, ihre eigenen Gesetze, Sprachen und religiösen Traditionen zu praktizieren und zu bewahren. Die Kehrseite der Medaille: Die Vielzahl unterschiedlicher Ethnien führte dazu, dass der Nationalismus nur schwach ausgeprägt war. Das trug letztlich auch zum Untergang des Reichs bei.

Untergang des Osmanischen Reichs Vom 16. bis zum 18. Jahrhundert sah sich das Osmanische Reich zahlreichen Kriegen, Rebellionen und Abkommen ausgesetzt, was eine enorme wirtschaftliche Belastung nach sich zog. Nach und nach büßte das Osmanische Reich Serbien, Montenegro, Bosnien, Rumänien, die Herzegowina, Griechenland und Ägypten ein.

Das Osmanische Reich zerbricht 1908 erzwang die nationalistische Reformbewegung der Jungtürken, dass die Verfassung von 1876 wieder in Kraft trat. 1909 stürzte das Parlament Sultan Abdülhamid und ersetzte ihn durch Mehmed V. Als Folge zweier Balkankriege büßte die Türkei nahezu all ihr europäisches Territorium ein. Die einstmals blühende Türkei trug 1914 den Spitznamen »Der kranke Mann am Bosporus«. Im Ersten Weltkrieg stellte sich die Türkei auf die Seite der Mittelmächte und mit der Niederlage von 1918 endete auch das Osmanische Reich.

Die Magna Carta

König Johann Ohneland 1199 bestieg Johann den englischen Thron. Als Johann Ohneland sollte er als einer der umstrittensten Herrscher in die Geschichte Englands eingehen. Einerseits war er nie beliebt, andererseits stieß er nach einem missratenen Angriff auf Frankreich die Ereignisse an, die 1215 zur Magna Carta führten.

König Johann und der Papst 1207 stritt sich König Johann mit Papst Innozenz III. darum, wer neuer Erzbischof von Canterbury werden sollte. Der Streit ging so weit, dass der Papst den König exkommunizierte, was die Spannungen zwischen Johann und dem englischen Volk weiter verstärkte. Schließlich entschuldigte sich der König, aber der Papst blieb argwöhnisch und erklärte 1214, wer König Johann stürzen wolle, habe das Recht dazu. Im selben Jahr verlor Johann eine weitere Schlacht gegen Frankreich, was Gebietsverluste nach sich zog.

Die Entstehung der Magna Carta Der Feldzug gegen Frankreich war teuer gewesen und als König Johann die Steuern erhöhte, sorgte das für Empörung. Nun erhob sich nicht nur das einfache englische Volk gegen den König, auch der Adel ging in Opposition zu ihm. Trotz Vermittlungsversuchen des Papstes brach im Mai 1215 ein Bürgerkrieg im Land aus. Nach nur einem Monat musste König Johann nachgeben. Am 15. Juni sah er sich gezwungen, die sogenannte Magna Carta zu unterzeichnen, eine Freiheitsurkunde, die die Macht des Königs zugunsten des Adels einschränkte und der Kirche Unabhängigkeit garantierte. Bis heute gilt sie als eines der am meisten gefeierten Dokumente der Menschheitsgeschichte. Die »große Urkunde« bestand aus 37 Gesetzen, die die königliche Macht stark beschnitten und die Gründung eines Parlaments möglich machten.

Artikel 61 Ein umfangreicher Abschnitt der Magna Carta wird heute als Artikel 61 bezeichnet. Darin wird ein Gremium ins Leben gerufen, das sich aus 25 Baronen oder deren Vertretern zusammensetzt. Dieses »Komitee der 25 Barone« konnte Anweisungen des Königs außer Kraft setzen, sollte er gegen die Carta verstoßen. Die Barone waren sogar befugt, Besitz und Schlösser des Königs zu beschlagnahmen. König Johann und der Papst weigerten sich, dies zuzulassen, und England stürzte erneut in einen Bürgerkrieg, den Ersten Krieg der Barone. Die Magna Carta galt nur drei Monate lang und galt zur damaligen Zeit als Fehlschlag.

Die Magna Carta heute Nur noch drei der ursprünglich 63 Artikel gelten heutzutage in England. Der erste Artikel garantiert die Freiheit der Kirche von England. Der zweite Artikel legt fest, dass London und alle anderen Städte, Häfen und Gemeinden ihre althergebrachten Sitten und Freiheiten behalten dürfen. Der letzte und bekannteste der drei Artikel bestimmt, dass kein freier Mann verhaftet, gefangen genommen oder seiner Rechte beraubt werden darf, ohne dass zuvor Seinesgleichen ein rechtmäßiges Urteil gefällt hätten. Außerdem dürfe niemandem der Anspruch auf Gerechtigkeit verwehrt werden.

Auswirkungen der Magna Carta Die Magna Carta hatte starke Auswirkungen auf die Verfassung und die Unabhängigkeitserklärung der Vereinigten Staaten von Amerika sowie auf ihre Bill of Rights. Am stärksten wirkte sich wohl der letztgenannte Artikel aus, wonach Angeklagte nicht ohne Gerichtsverhandlung ins Gefängnis geworfen werden dürfen. Ein entsprechender Passus findet sich im fünften Verfassungszusatz zur Bill of Rights. Und der erste Artikel enthält das Prinzip der Trennung von Kirche und Staat.

Die Reformation

Die Macht der Kirche Bis ins frühe 16. Jahrhundert hinein war die römisch-katholische Kirche die einzige Religion im westlichen Europa. Die Kirche vertrat die Auffassung, nur sie allein besitze die Macht, die Bibel zu interpretieren. Mit Beginn der Renaissance und dem Aufkommen der Druckerpresse wuchs bei den Menschen allerdings die Auffassung, dass die Kirche zu viel Kontrolle ausübe. Im 14. Jahrhundert übersetzte John Wyclif als Erster die Bibel aus dem Lateinischen ins Englische. Wyclifs Idee wurde kurz darauf in Böhmen von Jan Hus aufgegriffen, der begann, seine eigenen Predigten abzuhalten.

Die 95 Thesen des Martin Luther 1517 hatte der Augustiner-mönch Martin Luther es satt, dass die Kirche Ablasshandel betrieb und Menschen in die Irre führte. Luther verfasste eine Reihe Thesen, in denen er Kritik an den Gepflogenheiten der Kirche (wie dem Ablasshandel) übte und neue Ideen für eine bessere Religion umriss (indem er beispielsweise die Autorität des Papstes hinterfragte). Seine insgesamt 95 Thesen nagelte er an die Tür der Kirche von Wittenberg.

Die Reformation breitet sich aus Luthers Ideen fanden immer mehr Zulauf, gleichzeitig führte Ulrich Zwingli in der Schweiz eine ähnliche Revolte an. Dank der Druckerpresse erreichten Luther und Zwingli mit ihren Meinungsäußerungen die allgemeine Öffentlichkeit, allerdings unterschieden sich die beiden Männer in ihrer Ideologie. Luthers Lehren sollten als Lutheranismus in die Geschichte eingehen, während in der protestantischen Revolution eine andere Stimme laut wurde – die von Johannes Calvin.

Johannes Calvin 1536 veröffentlichte der Anwalt Calvin das Werk *Unterricht in der christlichen Religion*, in dem er seine theologischen Ansichten darlegt. Seine Lehre fand viel Zustimmung und schon bald reformierte Calvin die katholische Kirche in Genf und zwang die Bürger der Stadt, seinen Vorgaben zu folgen. Calvin und Luther waren Zeitgenossen und vertraten viele ähnliche Ansichten, aber es gab auch beträchtliche Unterschiede. Der vielleicht größte: Der Calvinismus vertritt den Glauben an die Vorbestimmung. Danach ist das Schicksal eines Menschen bereits bei seiner Geburt festgelegt und es steht fest, ob er gerettet werden wird oder ihm ewige Verdammnis bevorsteht.

Die Plakat-Affäre Als die Bürger von Paris am 18. Oktober 1534 morgens auf die Straße traten, stellten sie fest, dass die Stadt nachts mit Plakaten überzogen worden war, in denen die katholische Messe kritisiert und unter anderem die Eucharistie verurteilt wurde. Überall im Norden Frankreichs fanden sich diese Plakate, ein Exemplar hing sogar an der Tür zum Schlafgemach des Königs. Als Schuldige wurde eine Gruppe Hugenotten ausgemacht, französische Anhänger des Calvinismus. Man verbrannte sie am Pfahl und schon bald sahen sich Protestanten Unterdrückung ausgesetzt.

Die Gegenreformation Zunächst maß die katholische Kirche der Reformationsbewegung keine große Bedeutung bei, aber als sich die Anhängerschaft von Land zu Land ausbreitete, berief die Kirche das Konzil von Trient ein, um dort einer Kirchenspaltung entgegenzuwirken. Der spanische Adlige Ignatius von Loyola, ein Ex-Soldat, gründete den Jesuitenorden, der innerhalb der Kirche auf Reformen hinarbeitete. Von den Gebieten, die an die Reformationsbewegung verloren gegangen waren, wechselte bis Ende des 16. Jahrhunderts die Hälfte zurück unter das Dach der katholischen Kirche. Diese Spaltung besteht bis heute.

Rom

Der Gründungsmythos Der Legende zufolge waren Romulus und Remus Kinder des Gotts Mars. Weil dieser fürchtete, dass seine Söhne ihn eines Tages töten würden, beschloss er, sie zu ertränken. Doch eine Wölfin rettete die Kinder und zog sie auf, bis sie schließlich von einem Schäfer und dessen Frau gefunden wurden. Die Jungen wurden größer und beschlossen, eine Stadt zu bauen. Bei dem Streit darum, wer über die Stadt herrschen würde, erschlug Romulus Remus mit einem Stein. Anschließend benannte er die Stadt nach sich selbst: Rom.

Römische Königszeit Das Königreich Rom hatte von 753 bis 509 vor unserer Zeit Bestand. Rom wurde am Ufer des Tiber als Dorf gegründet und von sieben Königen beherrscht (von denen Romulus der erste war). Diese wurden von den Dorfbewohnern auf Lebenszeit gewählt. Der Legende zufolge fand Romulus Anhänger in allen Klassen, auch bei den Sklaven. Weil es zu wenig Frauen gab, raubte man Frauen bei den benachbarten Sabinern. Das Königreich Rom umfasste zu diesem Zeitpunkt ungefähr 900 Quadratkilometer. Als Beratergremium des Königs wurde ein aus 100 Männern bestehender Senat ins Leben gerufen.

Die Römische Republik Nachdem der letzte König Lucius Tarquinius Superbus (der Name bedeutet »Tarquin der Stolze«) gestürzt worden war, führten die Römer ein republikanisches System mit gewählten Volksvertretern ein. Der Senat bestand weiterhin, weil die Römer mit einem System gegenseitiger Kontrolle auf Gewaltenteilung setzten. Die Republik existierte von 500 bis 30 vor unserer Zeit. In dieser Zeit expandierte Rom im gesamten Mittelmeerraum bis nach Nordafrika, Griechenland und auf die iberische Halbinsel. Zum Ende dieser Phase hin gelangte einer der bekanntesten Herrscher an die Macht und schwang sich zum Diktator auf – Julius Cäsar.

Das Römische Reich Das Römische Reich bestand von 27 vor unserer Zeit bis 1453 und begann, als Julius Cäsar von einer Gruppe Senatoren ermordet wurde und sein Großneffe Oktavian im Anschluss die Macht übernahm. Der Imperator besaß den Großteil der Macht, deshalb wurde die Republik nicht wieder eingeführt, aber zumindest der Senat blieb bestehen. Rom wuchs weiter und unter Trajan erstreckte sich das Römische Reich über 5 Millionen Quadratkilometer. Um dieses gewaltige Reich besser kontrollieren zu können, wurde die Macht unter vier Herrschern aufgeteilt. Diese Regelung sollte letztlich dazu führen, dass das Römische Reich in einen weströmischen und einen oströmischen Machtbereich zerfiel.

Der Untergang von Rom Das Römische Reich im Westen zerbrach 476, als die Westgoten Rom eroberten. 1453 ging auch Ostrom unter und besiegelte das endgültige Ende des großen Römischen Imperiums. Mehrere Faktoren trugen zum Untergang Roms bei, nicht zuletzt die enorme Ausdehnung, die es schwer machte, das Vielvölkerreich zu kontrollieren. Aber auch der Einfluss und die Ausbreitung der neuen christlichen Religion, später die Ausbreitung des Islam, Angriffe von Barbaren und die Inflation spielten eine Rolle – und ja, sogar Bleivergiftungen.

Das Kolosseum Eines der bekanntesten Monumente, das mit dem alten Rom in Verbindung gebracht wird, ist das Kolosseum. Die Bauarbeiten begannen im Jahr 72, die Fertigstellung war acht Jahre später. Das knapp 50 Meter hohe Amphitheater bot 55 000 Zuschauern Platz. Der Eintritt zu den Spielen war kostenlos, weil die Herrscher auf diese Weise Macht und Prestige ausdrücken wollten. Neben Komödien fanden dort auch

Kämpfe bis zum Tod statt, entweder Gladiatoren gegen wilde Tiere oder gegen andere Gladiatoren.

Das Mittelalter

Das Frühmittelalter Die Zeit nach dem Zusammenbruch des Weströmischen Reichs wird als Frühmittelalter oder die »dunklen Jahrhunderte« bezeichnet, eine Phase vom 5. bis zum 10. Jahrhundert. Zwischen 400 und 700 war Europa sehr stark gespalten und viele germanische und slawische Völker befanden sich auf Wanderung. Parallel dazu litt die wirtschaftliche Entwicklung des Kontinents. In dieser Zeit entstanden viele Reiche und gingen wieder unter, keines davon erreichte das Ansehen oder den Erfolg des Römischen Reichs. In dieser Zeit tauchte auch erstmals der Feudalismus auf.

Das Hochmittelalter Das Hochmittelalter dauerte vom 11. bis zum 13. Jahrhundert und war geprägt von Verstädterung, einer einigenden Religion (dem Christentum), wachsenden Bevölkerungszahlen und militärischer Expansion. In diesen Zeitraum fallen auch die Kreuzzüge, eine Reihe von Kriegen um das Heilige Land zwischen Christen und Muslimen. Durch die Kreuzzüge geriet das christliche Europa in Kontakt mit arabischen Wissenschaften, Mathematik und der Philosophie, die ihrerseits wiederum auf den klassischen Werken altgriechischer Philosophie fußte. Geistige Errungenschaften der muslimischen Welt gelangten auf diese Weise nach Europa.

Das Spätmittelalter Die Zeit von 1300 bis 1500 war geprägt von Klimawandel, Hungersnöten, Krankheiten, Kriegen und sozialen Unruhen. Die Hungersnot von 1315 bis 1317 und die Pest führten zu unglaublich hohen Verlusten an Menschenleben. In diese Zeit fällt auch der Hundertjährige Krieg zwischen England und Frankreich, darüber hinaus kam es zum Ende des Spätmittelalters hin zur Spaltung der katholischen Kirche.

Der Schwarze Tod 1347 schlug in Europa erstmals der Schwarze Tod zu (von dem wir heute wissen, dass es sich um die sogenannte Beulenpest handelt). Schätzungen zufolge starb ein Drittel oder sogar die Hälfte der Bevölkerung Europas an der Pest. Nach vorherrschender Meinung schleppten infizierte Ratten die Krankheit auf Schiffen aus Asien ein. Die Krankheit sprang von Ratten auf Flöhe über und die Flöhe bissen Menschen und infizierten sie so. Erkrankte Menschen wiederum steckten ihre Mitmenschen an.

Wissenschaft im Mittelalter Im Zentrum der Wissenschaft stand während des Mittelalters die natürliche Welt. Fortschritt erzielten vor allem Forscher aus der islamischen Welt und im Verlauf der Kreuzzüge griffen europäische Wissenschaftler ihre Erkenntnisse auf. Eines der Hauptfelder, in dem Europäer von der arabischen Welt lernten, war das Studium der Sterne, die Astronomie. Ein weiteres wichtiges Feld war die Alchemie (oder die Chemie, wie wir sie heute nennen).

Erfindungen des Mittelalters Im Verlauf des Mittelalters kamen zahlreiche große technische Neuerrungen zustande. Zu den wichtigsten Erfindungen zählen das Schießpulver, vertikale Windmühlen, die mechanische Uhr, die Druckerpresse, Brillen und verbesserte Wassermühlen. Auch in der Landwirtschaft gab es bedeutende Entwicklungen wie den schweren Pflug und die Dreifelderwirtschaft.

Die Kreuzzüge

Der Erste Kreuzzug Der Erste Kreuzzug dauerte von 1096 bis 1099 und stellte den Versuch des westlichen Christentums dar, Jerusalem und das Heilige Land von den Muslimen zurückzuerobern. Aus Sorge, sein Reich könne an die Muslime fallen, bat Konstantinopels Herrscher Alexios I. Papst Urban II. um Hilfe. Der Papst rief die Menschen auf, sich freiwillig zum Kampf gegen die vorrückenden Türken zu melden. Die Heere, die daraufhin aufgestellt wurden, bestanden aus Rittern und vor allem aus Bauern. Jerusalem wurde schließlich erobert und das Königreich Jerusalem gegründet.

Der Zweite Kreuzzug Er fand von 1145 bis 1149 statt als Reaktion darauf, dass der erste Kreuzfahrerstaat, die Grafschaft Edessa, von den Muslimen erobert worden war. Dieses Mal war es Papst Eugen III., der zum Kreuzzug aufrief, und die Armeen wurden von Königen aus Frankreich und Deutschland angeführt. Die beiden Heerscharen marschierten getrennt und wurden jeweils von türkischen Seldschuken geschlagen. Dieser Kreuzzug gilt als Fehlschlag.

Der Dritte Kreuzzug Der Dritte Kreuzzug dauerte von 1189 bis 1192 und diente dem Zweck, das Heilige Land von Sultan Saladin zurückzuerobern. Die Könige von Frankreich und

England legten ihren Zwist bei, um gemeinsam gegen Saladin zu kämpfen. Außer der Eroberung der Stadt Akkon erreichten sie jedoch wenig. Nachdem der französische König Philipp II. abgezogen war, einigten sich der englische König Richard Löwenherz und Saladin auf einen Waffenstillstand, der vorsah, dass Jerusalem weiter unter Saladins Kontrolle stehen würde, unbewaffnete christliche Pilger aber die Stadt besuchen durften.

Vierter und Fünfter Kreuzzug Der Vierte Kreuzzug dauerte von 1202 bis 1204 und wieder ging es darum, Jerusalem zu erobern – dieses Mal allerdings von Ägypten aus. Statt Jerusalem stürmten die Kreuzfahrer jedoch Konstantinopel und gründeten das Lateinische Kaiserreich. Der Fünfte Kreuzzug (1217–1221) zielte darauf ab, das Sultanat der Ayyubiden in Ägypten zu besiegen und dann Jerusalem zu erobern. Doch der Ayyubiden-Sultan griff seinerseits an und zwang die Kreuzfahrer zur Aufgabe. Anschließend wurde ein Friedensvertrag auf acht Jahre vereinbart.

Sechster und Siebter Kreuzzug Der Sechste Kreuzzug fand in den Jahren 1228 und 1229 statt und obwohl es nur wenige Kämpfe gab, erlangten die Kreuzfahrer vorübergehend die Kontrolle über Jerusalem zurück. Der Siebte Kreuzzug dauerte von 1248 bis 1254 und wurde von Ludwig IX. von Frankreich angeführt. Das Christenheer unterlag einer ägyptischen Armee unter Führung des Ayyubiden-Sultans Muhammads, der von den Mamelucken unterstützt wurde. Der französische König und tausende europäischer Soldaten gerieten in Gefangenschaft.

Achter und Neunter Kreuzzug Der Achte Kreuzzug fand 1270 statt und wurde erneut von Ludwig IX. von Frankreich angeführt. Eigentlich sollte der Feldzug den Kreuzfahrerstaaten helfen, doch die Kreuzfahrer landeten in Tunis, wo Ludwig IX. nach zwei Monaten starb. Der Neunte und finale Kreuzzug dauerte von 1271 bis 1272. Der englische Prinz Eduard übernahm nach dem Tod Ludwigs die Leitung des Kreuzzugs, doch die Pläne der christlichen Feldherren scheiterten an der wachsenden Macht der Mamelucken in Ägypten und einer schlechten Moral unter den Kreuzfahrern.

Die Renaissance

Die Ursachen der Renaissance Renaissance bedeutete, dass man in Europa nach dem Mittelalter zum Klassizismus und Humanismus der alten Griechen zurückkehrte. Nachdem der Schwarze Tod gewütet hatte, veränderte sich Europas Wirtschaft grundlegend. Das führte – zusammen mit der Erfindung der Druckerpresse, dem Untergang des Byzantinischen Reichs und den Kreuzzügen – zur Geburt der Renaissance. Klassische griechische und römische Kunst, Literatur und Philosophie erlebten in der europäischen Kultur eine neue Blüte.

Die Medici Ihren Ursprung nahm die Renaissance in Florenz. Von den großen Kunstwerken der frühen Renaissance-Zeit gehen viele auf eine einzige adlige Familie zurück, nämlich die Medici. Als Bankiers häuften die Medici im 13. Jahrhundert ein gewaltiges Vermögen an und stiegen zur wohlhabendsten Familie ganz Italiens auf. Sie nutzten ihren Reichtum dazu, zahlreiche künstlerische Unternehmungen zu finanzieren, beispielsweise viele großartige Gemälde und architektonische Werke der damaligen Zeit.

Frührenaissance Die Frührenaissance dauerte von 1330 bis 1450 und fand in Florenz statt. Bei den Künstlern, die die Familie Medici förderte, lag das Hauptaugenmerk auf der Kunst der alten Griechen und Römer. Thematisch ging es um Humanismus, Naturalismus und Realismus, außerdem entwickelten die Künstler neue Vorstellungen zur Kunst, etwa Tiefenschärfe, Linearperspektive und Schattierungen, die für Volumen und Textur sorgten. Die bekanntesten Künstler der Frührenaissance sind Sandro Botticelli *(Der Frühling)*, Domenico Ghirlandaio *(Alter Mann mit Enkel)* und Piero della Francesco *(Taufe Christi)*.

Hochrenaissance In der Hochrenaissance (1490–1530) wurden die Techniken der Künstler aus der Frührenaissance weiterentwickelt. Im Zentrum der Hochrenaissance stand Rom, wo mittlerweile vor allem die Päpste Kunstwerke in Auftrag gaben. Aus dieser Zeit stammen die bekannten Gemälde der Renaissance. Die berühmtesten Maler der Hochrenaissance waren Leonardo da Vinci *(Das letzte Abendmahl)*, Michelangelo Buonarroti *(Die Erschaffung Adams)* und Raffael *(Sixtinische Madonna)*.

Die Niederländische Renaissance Die Niederländische oder Nordische Renaissance dauerte von 1500 bis 1600 und fand außerhalb Italiens statt. Die Ideen der Renaissance breiteten sich rasch über Europa aus und einige der bemerkenswertesten Kunstwerke jener Zeit entstanden in den Niederlanden und Deutschland. Die Kunst unterscheidet sich deutlich von den Arbeiten aus Italien, was auch damit zusammenhängt, dass die Menschen im nördlichen Europa immer unzufriedener mit der Kirche wurden. Die Figuren erscheinen weniger klassisch und dafür realistischer. Die bekanntesten Künstler der Niederländischen Renaissance sind der flämische Maler Jan van Eyck *(Arnolfini-Hochzeit)*, der deutsche Maler und Grafiker Albrecht Dürer *(Ritter, Tod und Teufel)* und der niederländische Maler Hieronymus Bosch *(Der Garten der Lüste).*

Neuerungen in Wissenschaft und Technik Während der Renaissance entstand nicht nur großartige Kunst, auch im technischen Bereich gab es große Fortschritte zu vermelden. In dieser Zeit entstanden die erste tragbare Uhr, Brillen, die Druckerpresse, das Mikroskop, das Teleskop und sogar die erste Toilette mit Spülung. Im Bereich von Wissenschaft und Technik entdeckten die Gelehrten das Prinzip der Schwerkraft und entwickelten die Fähigkeit, das Weltall gründlicher zu studieren. Das ließ die Vorstellung aufkommen, dass der Mensch keineswegs im Mittelpunkt des Universums steht.

Die Ming-Dynastie

Anfänge der Ming-Dynastie Die mongolische Yuan-Dynastie (1279–1368) wirtschaftete China herunter, auch die Landwirtschaft. Bauern aus dem von den Yuan unterdrückten Volk der Han erhoben sich und zettelten eine Revolte an. Unter Führung von Zhu Yuanzhang gelang es den Rebellen 1368, den letzten Yuan-Herrscher in die Flucht zu schlagen. Zhu übernahm in der Hauptstadt Dadu die Kontrolle und gründete als Kaiser Hongwu die Ming-Dynastie.

Die frühe Phase Nach seiner Machtergreifung leitete Hongwu Maßnahmen ein, die die Bauern entlasten sollten. Ihm war auch wichtig, die Korruption auszumerzen, deshalb achtete er sorgfältig darauf, alle Höflinge zu bestrafen, die sich als korrupt erwiesen. Nach Hongwus Tod kam sein Enkel Jianwen an die Macht, doch er wurde schon bald von Zhu Di gestürzt, der als Kaiser den Herrschaftsnamen Yongle trug.

Das goldene Zeitalter der Ming-Dynastie Yongles Herrschaft (1402–1424) gilt als Blütezeit und Goldenes Zeitalter der Ming-Dynastie. Yongle führte insgesamt fünf Kriege gegen die Mongolen und ließ die Verbotene Stadt errichten. Der Kaiser verbesserte das Verhältnis zu den Minderheiten und unterschiedlichen Nationalitäten in seinem Reich und er machte als erster Herrscher Peking zur Hauptstadt des Kaiserreichs – ein Titel, den die Stadt 500 Jahre lang tragen sollte.

Untergang und Ende der Ming-Dynastie Unter Shenzong (Kaiser Wanli, 1572–1620) begann der Abstieg der Dynastie. Nach dem Tod von Shenzongs Kanzler Zhang Juzheng vernachlässigte der Hof die Staatsangelegenheiten und das kaiserliche Heer unterlag Truppen der Späteren Jin-Dynastie. Letzter Herrscher der Ming-Dynastie war Kaiser Chongzhen (1627 bis 1644), dessen Amtszeit von Korruption und Naturkatastrophen geprägt war, die extreme Not nach sich zogen. 1628 erhoben sich Rebellen gegen den Herrscher, 1644 eroberten sie Peking. Chongzhen erhängte sich und damit endete die Ming-Dynastie.

Die Wirtschaft in der Ming-Dynastie Die Ming-Dynastie bedeutete aus wirtschaftlicher Sicht ein Ende des Feudalismus und den Beginn eines frühen Kapitalismus. Beginnend mit der Herrschaft von Zhu Yuanzhang stieg Porzellan zur Haupteinnahmequelle des Reichs auf und es entstand ein großes Interesse an Rohstoffen aus Europa und später Amerika. Es entstanden Großstädte und Handelsmetropolen wie Peking, Nanjing und Yangzhou.

Die Chinesische Mauer Was heute noch von der Chinesischen Mauer existiert, stammt zu weiten Teilen aus der Ming-Dynastie (1368–1644). Der Bau der Mauer, die Yuan-Stämme wie die Wala und die Dada daran hindern sollte, in das Kaiserreich einzufallen, nahm mehr als 100 Jahre in Anspruch.

Kolumbus und die neue Welt

Kolumbus beschließt, nach Osten zu segeln Christoph Kolumbus hat einen Großteil seines Lebens auf dem Atlantischen Ozean verbracht. Er war sehr daran interessiert, den Fernen Osten zu erreichen – der seiner Meinung nach auf der anderen Seite des Atlantiks lag. Ihm schwebte vor, eine neue Seeroute nach Indien zu entdecken und in Ostindien Gold und Gewürze zu kaufen. Kolumbus bat den portugiesischen König Johann II., ihn bei seinem Vorhaben zu unterstützen, stieß jedoch auf taube Ohren. Daraufhin suchte er das spanische Herrscherpaar auf, König Ferdinand und Königin Isabella. Sie wiesen ihn zunächst ebenfalls ab, willigten später jedoch ein, ihm zu helfen.

Die erste Reise Kolumbus bereitete drei Schiffe für die Reise vor, die *Niña*, die *Pinta* und die *Santa María*. Er selbst war Kapitän der *Santa María*, seine Brüder kommandierten die anderen beiden Schiffe. Am 3. August 1492 setzten sie Segel, am 12. Oktober landeten sie auf einer Insel, die heute als San Salvador zu den Bahamas gehört, und ergriffen Besitz von ihr. Kurz darauf stieß Kolumbus auf Kuba (das er für China hielt) und im Dezember erreichte er Hispaniola (das Kolumbus für Japan hielt), wo er eine aus 39 Mann bestehende Kolonie gründete. Im März 1493 kehrte Kolumbus nach Spanien zurück, an Bord Reichtümer, Gewürze und Gefangene.

Die zweite Reise Im Oktober 1493 stach Kolumbus mit einer Flotte in See, die 17 Schiffe mit 1500 Siedlern an Bord umfasste. Im November landeten sie auf den Kleinen Antillen, entdeckten Puerto Rico und die Inseln über dem Winde. Bei seiner Rückkehr nach Hispaniola musste Kolumbus feststellen, dass Ureinwohner die ursprüngliche Kolonie ausgelöscht hatten. Er gründete eine weitere Kolonie und setzte erneut Segel. Er erkundete Kuba und stieß auf Jamaika. Als Kolumbus nach Spanien zurücksegelte, blieb sein Bruder in Hispaniola zurück und gründete dort Santo Domingo, die erste dauerhafte Siedlung von Europäern in ganz Nord- und Südamerika.

Die dritte Reise 1498 brach Kolumbus zu seiner dritten Reise auf. Weil die Meldungen aus Hispaniola nicht gut waren, war er gezwungen, Sträflinge mit in die Neue Welt zu nehmen. Kolumbus segelte dieses Mal weiter südlich, fand Trinidad und segelte weiter, bis ihm klar wurde, dass er auf eine Landmasse gestoßen war. Ihm blieb jedoch keine Möglichkeit, weitere Erkundungen vorzunehmen, denn er musste nach Hispaniola zurückkehren. So beunruhigend waren die Lageberichte aus

Hispaniola, dass das spanische Herrscherpaar 1500 einen Beauftragten entsandte, der sich vor Ort ein Bild von der Lage machen sollte. Das führte dazu, dass Kolumbus schließlich in Ketten nach Spanien zurückgeschickt wurde.

Die vierte Reise 1502 gelang es Christoph Kolumbus, vier Schiffe für eine vierte Reise zusammenzubekommen, von der er sich versprach, seinen Ruf wiederherstellen zu können. Kolumbus stieß auf die Küste von Honduras und erlitt bei dem Versuch, nach Hispaniola zurückzukehren, auf Jamaika Schiffbruch. 1504 wurde er gerettet und musste nach Spanien zurückkehren. Zwei Jahre später starb Kolumbus – noch immer in dem Glauben, Asien erreicht zu haben.

Folgen für die amerikanischen Ureinwohner An den Ureinwohnern Hispaniolas begingen die Spanier Völkermord und rotteten sie innerhalb eines Jahrhunderts aus. Sklaverei und Massenausrottung wurden 1493 zur offiziellen Politik der spanischen Krone. Innerhalb von drei Jahren verloren fünf Millionen amerikanische Ureinwohner ihr Leben. Sie wurden gehenkt, erstochen, erschossen oder mussten sich als Sklaven zu Tode schuften.

Die Hexenprozesse
von Salem

Über Salem Von 1692 bis 1693 fanden in Salem im US-Bundesstaat Massachusetts Hexenprozesse statt. 19 Personen wurden hingerichtet. In Europa herrschte vom 14. bis zum 17. Jahrhundert ein starker Glaube an Hexerei und daran, dass der Teufel einigen Menschen die Macht verlieh, anderen Schaden zuzufügen. Zu dem Zeitpunkt jedoch, als in Salem die Hexenprozesse stattfanden, war dieser Glaube in Europa kaum noch zu finden. Allerdings führten damals England und Frankreich Krieg gegeneinander und sorgten damit für Konflikte unter den jeweiligen Kolonien und den amerikanischen Ureinwohnern, die entweder mit England oder mit Frankreich verbündet waren. Aufgrund der Kämpfe kamen viele Vertriebene nach Salem, was für Unruhe und Spannungen sorgte. Die Dorfbewohner hielten diese Entwicklungen für das Werk des Teufels.

Merkwürdige Vorfälle bei Kindern Im Januar 1692 erlitten Elizabeth »Betty« Parris, Tochter von Salems puritanischem Geistlichen Samuel Parris, und Abigail Williams, die Nichte des Reverend, erstmals bizarre Anfälle: Die Kinder wanden sich, schrien, warfen mit Dingen um sich und gaben seltsame Geräusche von sich. Auch das Mädchen Ann Putnam bekam diese Anfälle. Der örtliche Arzt führte dies auf übernatürliche Ursachen zurück. Als man die Kinder bedrängte, Namen zu nennen, beschuldigten sie Tituba, die Sklavin der Familie Parris, dazu die Obdachlose Sarah Good und Sarah Osburn, eine arme ältere Frau.

Die Hexenjagd beginnt Osburn und Good beteuerten ihre Unschuld, aber Tituba gestand, der Teufel sei zu ihr gekommen und habe sie gezwungen, ihm zu dienen. Sie beschrieb einen schwarzen Mann, der sie dazu gebracht habe, in einem Buch zu unterschreiben, und sie erklärte, es gebe noch weitere Hexen, die darauf aus seien, die Puritaner zu vernichten. Die drei Frauen wurden ins Gefängnis geworfen und in Salem breitete sich Paranoia aus. Dutzende Dorfbewohner wurden Befragungen unterzogen. Unterdessen bezahlte eine unbekannte Person die Kaution für die inhaftierte Tituba, die daraufhin spurlos verschwand.

Bridget Bishop Am 27. Mai 1692 wurde ein Sondergericht ins Leben gerufen, erste Angeklagte war Bridget Bishop. Auf die Frage, ob sie Hexerei begangen habe, erwiderte Bishop: »Ich bin so unschuldig wie ein Ungeborenes.« Das Gericht befand sie dennoch für schuldig und ließ sie am 10. Juni hängen. Damit begannen die Hinrichtungen wegen Hexerei in Salem.

Die Gerichtsverfahren Fünf Tage nach der Hinrichtung von Bridget Bishop forderte ein angesehener Geistlicher das Gericht auf, keine Zeugenaussagen zu Träumen und Visionen zuzulassen. Das Gericht ignorierte seinen Antrag und verurteilte im Juli fünf weitere Personen zum Tode. Noch weitere elf Personen wurden gehenkt, einige – wie Giles Cory – folterte man zu Tode. Insgesamt 19 Menschen fielen der Hexenjagd zum Opfer.

Das Ende der Hexenjagd Der Gouverneur von Massachusetts untersagte schließlich weitere Verhaftungen, nachdem seine eigene Frau zur Hexerei verhört wurde. Er ließ viele Angeklagte frei und löste das Gericht auf. Im Mai 1693 begnadigte er alle Personen, die der Hexerei bezichtigt worden waren. Alles in allem waren 19 Menschen gehenkt worden, einen Mann hatte man zu Tode gefoltert und andere hatten die Inhaftierung nicht überlebt. Nahezu 200 Menschen waren der Hexerei angeklagt worden. Viele Beteiligte an den Gerichtsverfahren und Anschuldigungen entschuldigten sich öffentlich und 1702 wurden die Verfahren für widerrechtlich erklärt. 1957 entschuldigte sich der Bundesstaat Massachusetts für die Ereignisse, die über 250 Jahre zuvor stattgefunden hatten.

Der Amerikanische Unabhängigkeitskrieg

Die Schlachten von Lexington und Concord Der Auftakt des Amerikanischen Unabhängigkeitskrieges wird als »Schuss, der um die ganze Welt gehört wurde«, aber wer diesen Schuss abfeuerte, ist bis heute nicht geklärt. Klar ist, dass am 19. April 1775 britische Einheiten und amerikanische Kolonisten die erste Schlacht des Unabhängigkeitskriegs ausfochten. Als den Briten Gerüchte zu Ohren kamen, wonach die Massachusetts-Miliz in Concord Waffen bunkerte, entsandten sie 700 Soldaten, um den Aufstand niederzuschlagen. Durch den berühmten Ritt des Paul Revere erfuhren die Kolonisten von den heranrückenden britischen Einheiten. Beide Lager mussten bei der Auseinandersetzung Opfer verzeichnen, aber die Verluste auf britischer Seite waren höher.

Die Schlacht von Bunker Hill Nach den Gefechten in Lexington und Concord belagerten die Kolonisten Boston von den umliegenden Hügeln aus. Als sie erfuhren, dass die Briten einen Angriff auf Bunker Hill und Breed's Hill planten, ließen die Kolonisten 1600 Milizionäre Befestigungen bauen. Am 17. Juni 1775 griffen 2600 britische Soldaten an, die Kämpfe fanden größtenteils auf Breed's Hill statt. Vor der dritten Angriffswelle der Briten mussten sich die Kolonisten schließlich zurückziehen, aber obwohl die Briten Breed's Hill eroberten, hatten sie schwere Verluste zu verzeichnen.

Boston wird evakuiert Die Briten mochten die Schlacht von Bunker Hill gewonnen haben, aber sie benötigten dringend Verstärkungen. Um General George Washington zu helfen, ließ Henry Knox, der oberste Artillerieoffizier der Kontinentalarmee, 50 Kanonen aus Fort Ticonderoga bringen und so ausrichten, dass sie die britische Flotte im Hafen von Boston beschießen konnten. Am 5. März 1776 entdeckte der britische General die auf ihn gerichteten Kanonen, also setzte er sich mit seinen Männern nach Halifax im heutigen Kanada ab. Der Rückzug der Briten aus Boston war ein sehr wichtiger Sieg für die Kolonisten und der erste Sieg für Washington.

Die Schlacht von Trenton Nach einer Niederlage plante General Washington für den ersten Weihnachtstag 1776 einen Überraschungsangriff auf die britischen und hessischen Truppen. Während eines heftigen Schneesturms überquerte er mit 2500 Mann unter schwierigen Bedingungen den Delaware und marschierte nach Trenton in New Jersey. Washingtons Truppen griffen die schlafenden britischen Soldaten an, nahmen 1000 Gefangene und töteten über 100 Briten. Auf amerikanischer Seite war nicht ein einziger Toter zu beklagen.

Die Schlacht von Saratoga Die Schlacht von Saratoga gilt als einer der größten amerikanischen Siege im Unabhängigkeitskrieg und als Wendepunkt im Kriegsverlauf. Die britische Armee strebte danach, den Hudson-Fluss zu kontrollieren und Neuengland von den anderen Kolonien abzuspalten. Britische Einheiten sollten sich mit anderen Truppenteilen treffen, um gemeinsam den Aufstand der Kolonisten niederzuschlagen, doch das konnten die Amerikaner verhindern. Am 19. September 1777 kam es zur ersten Schlacht von Saratoga, eine zweite folgte am 7. Oktober und führte zur Kapitulation der britischen Truppen.

Die Schlacht von Yorktown Sie beendete den amerikanischen Unabhängigkeitskrieg nicht, aber die Schlacht von Yorktown stellt die letztere größere Auseinandersetzung dar. Am 5. September 1781 traf eine französische Flotte ein und besiegte die Royal Navy. Lord Cornwallis, der oberste britische General, und seine Männer waren zwischen den amerikanischen Kolonisten und den Franzosen gefangen. Am 19. Oktober 1781 ergaben sich Cornwallis und seine 8000 Soldaten. Die britische Regierung kam nach der Kapitulation zu dem Schluss, dass der Krieg verloren sei.

Die amerikanische Verfassung

Die Unabhängigkeitserklärung Bevor sich die amerikanischen Kolonien daran machen konnten, eine Verfassung zu erarbeiten, mussten sie sich zunächst einmal von den Briten abspalten und ihre Unabhängigkeit erklären. Im Sommer 1776 kam der Kontinentalkongress zusammen, um zu erörtern, wie die Arbeit an diesem wichtigen Dokument aussehen sollte. Am 11. Juni begann Thomas Jefferson mit einem ersten Entwurf, der endgültige Entwurf wurde am 28. Juni dem Kontinentalkongress vorgelegt und am 2. Juli stimmten die Delegierten darüber ab. Am 4. Juli wurde das Dokument veröffentlicht.

Die Konföderationsartikel Die 13 Kolonien hatten nun ihre Unabhängigkeit errungen und zunächst operierte jede nach ihren eigenen Regeln. Eine Zentralregierung lehnten die Kolonien vehement ab, befürchteten sie doch, dass daraus eine neue Monarchie entstehen könnte. Als Kompromiss verfassten die Staaten 1776 die Konföderationsartikel, die dann 1781 ratifiziert wurden. Im Grunde handelt es sich um die erste Verfassung des Landes. Jeder Staat behielt seine Freiheit und ein Gremium von Repräsentanten – der Kongress – sollte über Kriegserklärungen, die Außenpolitik und den Unterhalt einer Armee und einer Flotte entscheiden. Das Dokument enthielt viele gute Ideen, wies aber auch zahlreiche Mängel auf, was letztlich dazu führte, dass man mit der Arbeit an einer Verfassung begann.

Der Verfassungskonvent von 1787 1787 kamen in Philadelphia Delegierte aus allen Staaten bis auf Rhode Island zusammen, um die Möglichkeiten für eine stärker zentralisierte Regierung auszuloten. Es wurden zwei Pläne vorgelegt, der Virginia-Plan und der New-Jersey-Plan. Der Virginia-Plan sah eine starke zentralisierte Regierung vor, die über Exekutive, Legislative und Judikative verfügte. Der New-Jersey-Plan sah vor, dass die Konföderationsartikel geändert würden und der Kongress bis zu einem gewissen Maß über Steuern und Handel bestimmen würde. Man verständigte sich schließlich auf einen Kompromiss, in den Teile beider Pläne einflossen.

Die Verfassungsartikel Die Verfassung der Vereinigten Staaten besteht aus einer Präambel, sieben Artikeln, 27 Verfassungszusätzen und den Unterschriften der Delegierten des Verfassungskonvents. Artikel eins beschreibt die gesetzgebende Gewalt und definiert den Kongress als Organ mit zwei Kammern, dem Repräsentantenhaus und dem Senat. Artikel zwei beschreibt die Rolle des Präsidenten, Artikel drei definiert die Funktionsweise des Gerichtssystems und enthält auch das Oberste Gericht.

Die Bill of Rights Als Bill of Rights werden die ersten zehn Zusatzartikel der Verfassung bezeichnet. Sie legen spezielle Rechte fest, die jeder amerikanische Bürger besitzt. Die Bill of Rights wurde erschaffen, um Föderalismusgegner zu beschwichtigen, die der Verfassung mit Argwohn gegenüberstanden und Sorge trugen, dass aus der Präsidentschaft eine Monarchie werden könnte. Zu den Rechten, die die Bill of Rights gewährt, gehören das Recht auf Meinungsfreiheit, die Religionsfreiheit, das Recht, Waffen zu tragen, und das Recht auf ein gerechtes Gerichtsverfahren vor Geschworenen.

Zusatzartikel Den Vätern der Verfassung war bewusst, dass im Laufe der Zeit Änderungen erforderlich werden würden, deshalb berücksichtigten sie die Möglichkeit, die Verfassung zu ergänzen. Bislang gab es erst 27 Zusatzartikel zur amerikanischen Verfassung. Zu den bekanntesten zählen der 13. Zusatzartikel (Abschaffung der Sklaverei), der 19. Zusatzartikel (Frauen erhalten das Wahlrecht) und der 18. Zusatzartikel (der Verkauf von Alkohol wird verboten). Der 18. Zusatzartikel wurde schließlich durch einen anderen Zusatzartikel ersetzt, den 21.

Die Industrielle Revolution in den USA

Was war die Industrielle Revolution? Die Industrielle Revolution lässt sich unterteilen: Die erste Industrielle Revolution begann 1750 in England und dauerte bis 1850, die zweite Industrielle Revolution setzte 1850 in Amerika ein und dauerte bis 1940. In dieser Zeit wurden enorme technische Fortschritte erzielt und die Welt wandelte sich grundlegend. Aus einer von Agrarkultur und ländlichem Leben geprägten Welt wurde ein urbaner, industriegeprägter Ort.

Textilien Nach der Erfindung der dampfbetriebenen Maschinen entstand 1750 in Englands Textilindustrie das moderne Fabriksystem. Bis dahin wurden sämtliche Arbeiten von Hand erledigt. Bei der Spinnmaschine dagegen musste eine Person nur noch ein Pedal treten, den Rest erledigte die

Maschine von allein. Das berühmteste Modell war die Spinning Jenny, die erste industrielle Spinnmaschine. In den 1740er-Jahren entstanden in England die ersten Textilwerke, in den 1780er-Jahren existierten bereits mehr als 120.

Dampfkraft Die Dampfmaschine lieferte effizient und kostengünstig Energie. Die erste praktische Dampfmaschine wurde 1712 gebaut, in den 1770er-Jahren perfektionierte sie der schottische Erfinder James Watt. Die Dampfmaschine war ein zentraler Baustein der industriellen Revolution. Sie lieferte Energie für die Maschinen und kam schon bald in Lokomotiven und Schiffen zum Einsatz.

Transportwesen Vor der Industriellen Revolution bestand das Transportwesen aus Pferdekutschen und Booten. Im ersten Jahrzehnt des 19. Jahrhunderts baute der amerikanische Erfinder Robert Fulton das erste Dampfschiff. Nur wenige Jahre später waren sowohl in den USA als auch in England Dampfschiffe im Einsatz und begannen, mit Waren und Rohstoffen beladen den Atlantik zu überqueren. Technologischer Fortschritt führte bald darauf zu besseren Straßen und den ersten Dampfeisenbahnen.

Eisen und Kohle Die Industrielle Revolution ist ohne Eisen und Kohle unvorstellbar. Kohle lieferte Energie für die Dampfmaschinen und für die Schmelzhütten, in denen Eisen bearbeitet wurde. Mit diesem Eisen wurden dann Maschinen, Schiffe und Brücken gebaut und verbessert. Dass Großbritannien die Industrielle Revolution anführte und zur weltweit ersten industrialisierten Nation aufstieg, lag an den großen Kohle- und Eisenerzvorkommen des Landes.

Die Egreniermaschine In Amerika revolutionierte unterdessen die von Eli Whitney entwickelte Egreniermaschine die Baumwollindustrie. Bis dahin hatten die Baumwollfasern von Hand von den Samenkapseln getrennt werden müssen, eine mühsame Aufgabe, die viele hundert Arbeitsstunden erforderte. Dank dieser neuen Erfindung konnten innerhalb eines Tages 50 Pfund Baumwolle gesäubert werden. Aus technologischer Sicht stellte die Egreniermaschine einen großen Fortschritt dar, aber sie belebte die Sklaverei in den amerikanischen Südstaaten neu.

Die Französische Revolution

Der Ballhausschwur Bis zur Revolution herrschte in Frankreich ein Klassensystem. Höhere Klassen genossen besondere Privilegien, beispielsweise mussten sie keine Steuern bezahlen. Obwohl Frankreich hochverschuldet war, weigerte sich König Ludwig XVI., dieses System zu ändern. Die Vertretung der unterprivilegierten Klassen, der Dritte Stand, bildete eine Nationalversammlung, doch als man den Abgeordneten am 20. Juni 1789 den Zugang zu ihrem Sitzungssaal verweigerte, versammelten sie sich stattdessen in einer nahegelegenen Ballsporthalle. Dort schworen sie, erst auseinanderzugehen, wenn Frankreich eine Verfassung habe.

Sturm auf die Bastille Die Bastille in Paris war Gefängnis und gleichzeitig Symbol der Unterdrückung. Außerdem wurden in der Burg Waffen und Schießpulver gelagert. Am 14. Juli 1789 forderten Hunderte aufgebrachter Bürger die Herausgabe der Waffen. Als ihnen das verweigert wurde, stürmten sie das Gefängnis. Die Wachen eröffneten das Feuer und töteten mehr als 90 Personen. Einige Wachen aber liefen über und schossen die Kerkertore auf. Der Gouverneur der Bastille kapitulierte und wurde geköpft, seinen Kopf befestigte man auf einem Pfahl.

Die Poissarden Der Marsch demonstrierender Frauen (nach den Fischweibern »Poissarden« genannt) auf Versailles war eines der zentralen Ereignisse der Französischen Revolution. Am 5. und 6. Oktober 1789 zogen rund 7000 Frauen von den Pariser Märkten zum Palast des Königs und forderten eine Senkung der Preise für Brot und andere Lebensmittel. Die Menschenmenge zwang den König und die Nationalversammlung zur Rückkehr nach Paris. Die Autorität des Königs war damit praktisch zunichte gemacht, die Macht verlagerte sich nun in Richtung des Volks.

Sturz der Monarchie Am 10. August 1792 marschierten bis zu 30 000 französische Bürger zum Tuilerien-Palast in Paris. Sie wollten König Ludwig XVI. festnehmen. Als der König die heranziehende Volksmenge hörte, flüchtete er mit seiner Familie in das Gebäude der Gesetzgebenden Nationalversammlung. Die Schweizergarde, die den Palast bewachte, wusste davon nichts und versuchte den Mob vom Eindringen in die Tuilerien abzuhalten. Letztlich musste jedoch auch die Garde kapitulieren. Die aufgebrachte Menge stürmte das Schloss und tötete jeden, den sie dort vorfand. Dann zog sie weiter zum Gebäude der Gesetzgebenden Nationalversammlung, wo sie

König Ludwig XVI. entdeckte und verhaftete. Das war das Ende der Monarchie.

Die Septembermassaker Am 2. September 1792 wurden scharenweise politische Häftlinge getötet. Nach dem Sturz von König Ludwig XVI. drohten Österreich und Preußen mit einem Einmarsch in Frankreich, um die Monarchie wiederherzustellen. Die Franzosen befürchteten, dass sich die politischen Gefangenen zusammentun und eine Gegenrevolution starten könnten. Das Töten dauerte fünf Tage und kostete 1200 Gefangene das Leben.

Eine neue Republik Am 22. September 1792 rief der Nationalkonvent die Erste Französische Republik aus. Der Nationalkonvent war eine gewählte Versammlung von Geschäftsleuten, Händlern und anderen Männern, die von ihrer Arbeit lebten. Er regierte Frankreich von 1792 bis 1795, schaffte die Monarchie ab, erließ eine neue Verfassung und erklärte Frankreich zur Republik. Diese Republik sollte nur 14 Jahre Bestand haben, dann ergriff Napoleon Bonaparte die Macht und gründete das Erste Kaiserreich.

Der Britisch-Amerikanische Krieg

Was war der Britisch-Amerikanische Krieg? Der Britisch-Amerikanische Krieg oder Krieg von 1812 dauerte von 1812 bis 1815. Die Briten standen zu dieser Zeit im Krieg mit Frankreich und wollten den Handel zwischen den jungen Vereinigten Staaten von Amerika und Frankreich unterbinden. Die Amerikaner verurteilten dies als illegal. Nachdem Großbritannien Amerika jahrelang mit Restriktionen überzogen, amerikanische Schiffe angegriffen und amerikanische Ureinwohner finanziell bei Angriffen auf Siedlungen der weißen Amerikaner unterstützt hatte, erklärten die USA Großbritannien und deren kanadischen Kolonien den Krieg. Dieser neue Waffengang bekräftigte das Lager derer, die sagten, die USA müssten unabhängig von Großbritannien sein.

Einmarsch in Kanada Nach der Kriegserklärung gegen die Briten machten sich im Kongress die Falken (also das Lager derer, die für einen Krieg gegen Großbritannien und die amerikanischen Ureinwohner eintraten) für einen Angriff auf britische Stellungen in Kanada stark. Amerikanische Truppen fielen am 12. Juli 1812 von Niagara, Lake Champlain und Detroit aus in Kanada ein. Dass sie sich aufgeteilt hatten, führte dazu, dass sie den Briten unterlegen waren, und schon bald verlagerten sich die Kämpfe auf amerikanisches Territorium.

Detroit kapituliert Am 15. August 1812 eroberten britische Truppen Detroit – kampflos. Der britische General Isaac Brock und dessen Verbündete unter den amerikanischen Ureinwohnern überlisteten den amerikanischen General William Hull. Hulls Truppen waren dem Gegner zahlenmäßig überlegen, doch weil er sich vermeintlich einer größeren Streitmacht gegenübersah, übergab Hull das Fort und die Stadt Detroit.

Konvent von Hartford Am 14. Dezember 1814 kamen Abgesandte der Föderation aus den Bundesstaaten Massachusetts, Connecticut, Vermont, New Hampshire und Rhode Island zusammen, um ihren Widerstand gegen den Krieg zu formulieren und um über die Möglichkeit zu sprechen, dass sich die Staaten Neuenglands von den USA abspalten. Der Konvent führte zu Verfassungsänderungen, wonach Kriegserklärungen und Gesetze, die die Befugnisse des Kongresses beschränkten, vom Kongress mit einer Zweidrittelmehrheit beschlossen werden müssen. Weiter durften Präsidenten fortan nicht aus demselben Bundesstaat wie ihr Vorgänger sein, sie durften nur eine Amtszeit absolvieren und die Drei-Fünftel-Klausel, ein Kompromiss zwischen Nord- und Südstaaten, wurde gestrichen.

Der Friede von Gent Der Krieg von 1812 endete am 24. Dezember 1814 mit der Unterzeichnung eines Friedensvertrags im belgischen Gent. In dem Vertrag wird allen Kämpfern auf Seiten der amerikanischen Ureinwohner Amnestie gewährt, es wird die Rückgabe von Gefangenen, Gebieten und Sklaven geregelt und beide Seiten verpflichten sich, den internationalen Sklavenhandel zu beenden.

Die Schlacht von New Orleans Zwei Wochen nach dem Frieden von Gent – die Nachricht vom Friedensschluss hatte noch nicht das ganze Land erreicht – gelang den Amerikanern in der Schlacht von New Orleans ihr größter militärischer Triumph des Kriegs. 5000 amerikanische Soldaten besiegten 7500 Briten. Insgesamt 2036 britische Soldaten starben, auf amerikanischer Seite beliefen sich die Verluste auf 21. Der amerikanische Befehlshaber, General Andrew Jackson, stieg durch diesen Sieg zu einem Nationalhelden auf.

Der Amerikanische Bürgerkrieg

Die Sezession Im Vorfeld der Amtseinführung von Abraham Lincoln als Präsident berief der Staat South Carolina all seine Delegierten zu einem Treffen ein. In South Carolina wurde die Wahl Lincolns als Bedrohung bewertet, entsprechend stimmten die Delegierten im Dezember 1860 auch für den Austritt South Carolinas aus den Vereinigten Staaten. Mississippi, Alabama, Florida, Louisiana, Georgia und Texas folgten und gründeten am 4. Februar 1861 die Konföderierten Staaten von Amerika. Vier weitere Staaten – Virginia, Tennessee, Arkansas und North Carolina – schlossen sich am 12. April 1861 an.

Bull Run, die erste große Schlacht Auftakt für den Bürgerkrieg waren Ereignisse in Fort Sumter, aber die ersten großen Kampfhandlungen trugen sich am 21. Juli 1861 in Bull Run zu. Der öffentliche Druck, den Aufstand im Süden niederzuschlagen, wuchs, also marschierte die Armee der Nordstaaten auf die Hauptstadt der Konföderierten zu, Richmond in Virginia. Bei Manassas trafen die Heere der Union und der Konföderierten aufeinander. Zunächst gerieten die Südstaaten ins Hintertreffen, doch als Verstärkungen eintrafen, begannen die Einheiten der Nordstaaten, sich zurückzuziehen. Damals glaubte man, es würde bei dieser einen Schlacht bleiben, doch im Anschluss an die Gefechte wurde vielen Menschen klar, dass dieser Krieg sehr viel länger dauern würde.

Die Schlacht von Shiloh Die Schlacht von Shiloh gilt als eine der verlustreichsten Auseinandersetzungen des Bürgerkriegs. Schätzungen zufolge starben 23 750 Soldaten, 13 000 davon auf Seiten der Union. Die Einheiten der Konföderierten starteten am 6. April 1862 bei Pittsburg Landing in Shiloh, Tennessee, einen Überraschungsangriff auf die Truppen von General Ulysses S. Grant. Obwohl sie überrascht worden waren, konnten sich die Soldaten der Union verteidigen, bis Verstärkung eintraf. Am nächsten Tag ging Grant zum Gegenangriff über, zwang die Konföderierten zum Rückzug und sicherte der Union den Sieg.

Die Emanzipationsproklamation Im September 1862 wurde eine vorläufige Form der Emanzipationsproklamation in Auftrag gegeben. Darin hieß es, wenn die abtrünnigen Staaten sich nicht wieder der Union anschließen würden, würden ab 1. Januar 1863 alle Sklaven in den Staaten der Konföderation als frei gelten. Die Südstaaten gingen darauf nicht ein, also unterschrieb Präsident Lincoln am 1. Januar die Emanzipationsproklamation. Tatsächlich wurden dadurch jedoch nicht sämtliche Sklaven für frei erklärt, sondern nur diejenigen, die in den Staaten der Konföderation lebten. Außerdem durften Schwarze fortan aufseiten der Union kämpfen. Die Abschaffung der Sklaverei war niemals eines der ursprünglichen Hauptziele des Bürgerkriegs gewesen, das wurde sie erst durch die Emanzipationsproklamation.

Die Ansprache von Gettysburg Am 19. November 1863 hielt Präsident Lincoln eine der berühmtesten Reden der amerikanischen Geschichte – die Gettysburg Address. Schauplatz war Gettysburg in Pennsylvania, wo die Union viereinhalb Monate zuvor die Konföderierten bei der Schlacht von Gettysburg besiegt hatten. In seiner Rede zollte Lincoln allen gefallenen Soldaten Respekt. Sie war frei von Hass und bösen Absichten, sondern betonte die Grundsätze der Demokratie.

Robert E. Lee kapituliert Im Frühjahr 1865 befand sich General Robert E. Lee mit seinen Truppen auf der Flucht nach Appomattox County, auf seinen Fersen die Nordstaaten-Armee von General Grant. Am 9. April 1865, sieben Tage zuvor, hatte Grant Richmond erobert und Lee wusste, der Norden würde auch den nächsten Kampf gewinnen. Also arrangierte er ein Treffen mit Grant im Gericht von Appomattox. Die beiden Männer gingen sehr respektvoll miteinander um und General Lee willigte schließlich in die Kapitulation ein. Der Bürgerkrieg war damit noch nicht beendet, aber der Wegfall von Lees Truppen führte dazu, dass auch andere Armeen der Konföderierten die Waffen streckten.

Der Spanisch-
Amerikanische Krieg

Kuba strebt nach Unabhängigkeit Kuba war seit 1492 spanische Kolonie, aber Mitte des 19. Jahrhunderts wurden die Kubaner der korrupten Spanier endgültig überdrüssig, sie forderten ihre Unabhängigkeit. Die Spanier aber verweigerten den Kubanern alle Freiheiten, woraufhin die Kubaner zu den Waffen griffen. Im Zehnjährigen Krieg (1868–1878) kämpften kubanische Nationalisten gegen die Spanier. 1896 entsandten die Spanier General Valeriano Weyler, auch als »Schlächter Weyler« bekannt, der Konzentrationslager bauen ließ, in denen Tausende Kubaner ihr Leben verloren. Als Nachrichten von den Ereignissen in Kuba die USA erreichten, schwor Präsident Grover Cleveland, er würde nicht einmal dann Soldaten nach Kuba entsenden, sollte der Kongress für eine Kriegserklärung stimmen.

Yellow Press Die Sensationsmeldungen, die die amerikanische Presse über den Umgang der Spanier mit der kubanischen Bevölkerung abdruckte, führten zur Entstehung des Begriffs »Yellow Press«. Die Artikel basierten auf Fakten, waren aber absichtlich so formuliert, dass sie bei der Leserschaft für heftige Reaktionen sorgten. Wegbereiter der Yellow Press waren William Randolph Hearst vom *New York Journal* und Joseph Pulitzer von der *New York World*. Die Sensationspresse heizte die öffentliche Meinung so stark an, dass der Druck, gegen Spanien in den Krieg zu ziehen, immer größer wurde.

Die *USS Maine* sinkt 1897 entsandten die USA das Linien-
schiff *USS Maine* nach Kuba. Sein Auftrag: Herauszufinden,
was in Kuba vor sich ging, und in Not geratene Amerikaner
zu retten. Am 15. Februar 1898 kam es zu einer schweren Explosion an Bord der *USS Maine*. 266 Amerikaner verloren ihr
Leben. Es handelte sich keineswegs um einen Angriff, vielmehr führte ein technisches Problem zur Explosion. Die
Presse schob dennoch sehr schnell den Spaniern die Schuld
zu und fachte bei der amerikanischen Bevölkerung eine
starke antispanische Stimmung an.

Kriegserklärung Präsident William McKinley wollte keinen
Krieg, doch der Druck der Öffentlichkeit und auch des stell-
vertretenden Marineministers (und späteren US-Präsiden-
ten) Theodore Roosevelt wurde immer stärker. Am 11. April
1898 setzte McKinley den Kongress davon in Kenntnis, dass
er nunmehr ebenfalls einen Krieg gegen Spanien befürworte.
Am 24. April erklärte Spanien den USA den Krieg, am nächsten Tag folgte die amerikanische Kriegserklärung. Um den
Krieg rechtfertigen zu können, verabschiedete der Kongress
einen Verfassungszusatz, wonach die USA versprachen, Kuba
zu befreien.

Die Philippinen Obwohl er nicht die Erlaubnis dafür hatte,
wies der stellvertretende Marineminister Roosevelt den
Kommandeur des amerikanischen Asien-Geschwaders an,
im Falle einer amerikanischen Kriegserklärung die spanische Flotte in Manila anzugreifen. Die Philippinen waren
damals spanische Kolonie. Die spanische Flotte wurde rasch
vernichtet, während gleichzeitig philippinische Rebellen
den Kampf gegen die Spanier aufnahmen.

Der Pariser Frieden 1898 endete der Krieg nach insgesamt sechs Monaten offiziell mit dem Vertrag von Paris. Guam und Puerto Rico wurden amerikanischer Kontrolle unterstellt, Kuba bekam seine Unabhängigkeit und für 20 Millionen Dollar erhielt Amerika die Kontrolle über die Philippinen. Im Rahmen des *Platt Amendments* erhielten die Amerikaner das Recht, auf Kuba in Guantánamo Bay einen Militärstützpunkt zu betreiben.

Die Gebrüder Wright

Erste Flugversuche Der Mensch ist seit jeher vom Wunsch getrieben, sich von der Erdoberfläche erheben zu können. In den 1480er-Jahren entwickelte Leonardo da Vinci das Konzept eines Ornithopters, einem Fluggerät mit Flügeln wie ein Vogel. 1783 stellten die französischen Brüder Joseph-Michel und Jacques-Étienne Montgolfier den ersten Heißluftballon fertig und kurz nach 1800 baute Sir George Cayley die ersten Gleiter, die die Last eines Menschen tragen konnten. Der deutsche Ingenieur Otto Lilienthal erfand 1891 das erste Gleitflugzeug, das längere Entfernungen zurücklegen konnte. Im selben Jahr wurde Samuel Pierpont Langley klar, dass ein Fluggerät einen Motor benötigte. Er baute ein Modellflugzeug mit Dampfmaschine, das etwa 1200 Meter weit flog. Sein »Aerodrom« genanntes lebensgroßes Flugzeug erwies sich allerdings als zu schwer, es stürzte ab. 1894 erschuf Octave Chanute mit dem Doppeldecker die Vorlage für die Modelle der Gebrüder Wright.

Vogelstudien Von 1897 bis 1899 radelten die Brüder Wilbur und Orville Wright häufig zu den Pinnacles, einem Picknickplatz in der Nähe von Dayton im US-Bundesstaat Ohio. Dieses Gebiet war reich an Vögeln und die einzigartige Geografie der Pinnacles sorgte für Aufwind, was besonders die großen Gleiter unter den Vögeln zu schätzen wussten. Durch ihre Beobachtungen wurde den Brüdern klar, dass sich ihr Fluggerät an den großen Vögeln orientieren musste, die viel gleiten. Nachdem sie 1899 Bussarde beobachtet hatten, entwickelten die Wrights ihre Theorie der Flügelverwindung: Schweben Vögel in den Wind, streicht Luft über gebogene Oberflächen und erzeugt dabei Auftrieb. Um zu wenden, verändern die Vögel die Form ihrer Flügel.

Die Gleiter Im Laufe der nächsten drei Jahre bauten die Gebrüder Wright eine Reihe Gleitflugzeuge und korrespondierten parallel mit Octave Chanute. Ein Testflug mit einem Modell verlief erfolgreich, also bauten sie einen Gleiter in Originalgröße. Für die Erprobung wählten sie Kitty Hawk in North Carolina wegen der hügeligen Landschaft, der einsamen Lage und den günstigen Windverhältnissen. 1900 absolvierte der Gleiter (knapp 25 Kilogramm schwer und über 5 Meter Spannweite) erfolgreich bemannte und unbemannte Testflüge in Kitty Hawk. Ein Jahr später erhob sich in den Kill Devil Hills in North Carolina der bis dahin größte Gleiter überhaupt (knapp 45 Kilogramm Gewicht und fast 7 Meter Spannweite) in die Luft. Der Gleiter hatte einige Schwierigkeiten, sich in der Luft zu halten, und den Gebrüdern Wright wurde klar, dass ihre Berechnungen nicht zuverlässig waren. Sie bauten einen Windtunnel, in dem sie unterschiedliche Flügelformen erprobten, und schon bald begann die Arbeit an einem neuen Gleiter mit fast 10 Meter Spannweite.

Der Wright-Flyer 1902 erfolgten die ersten Tests mit dem großen neuen Gleiter. Dank ihrer Experimente wussten die Brüder, dass die Stabilität des Gleitflugzeugs durch einen beweglichen Schwanz zunehmen würde. Also befestigten sie an den Seilzügen, die für die Flügelverwindung sorgen sollten, eine Schwanzflosse. Die Versuche im Windtunnel verliefen erfolgreich, deshalb beschlossen die Brüder, ein Flugzeug mit Motor zu bauen. Sie studierten die Funktionsweise von Propellern und entwickelten einen Motor und ein Flugzeug, das robust genug für den Motor war und auch die Vibrationen des Motors vertrug. Bei diesem neuen Fluggerät handelte es sich um den über 300 Kilogramm schweren Flyer.

Der erste bemannte Flug Damit der Flyer ausreichend Tempo zum Abheben aufnehmen konnte, bauten die Brüder eine mobile Startschiene. Nach nur zwei Versuchen (bei einem stürzte der Flyer ab) hob Orville Wright am 13. Dezember 1903 für zwölf Sekunden ab. Es war der erste erfolgreiche bemannte motorisierte Flug in der Geschichte der Menschheit. Am 9. November 1904 flog Wilbur mit dem Flyer II über fünf Minuten lang.

Der Vin Fiz Flyer Am 30. Juli 1909 kaufte die US-Regierung ihr erstes Flugzeug, einen Doppeldecker der Gebrüder Wright. Der Kaufpreis betrug 25 000 Dollar, außerdem wurde ein Bonus in Höhe von 5000 Dollar fällig, weil das Flugzeug eine Geschwindigkeit von mehr als 40 Meilen (64 Kilometer) pro Stunde erreichte. 1911 flog Calbraith Perry Rodgers mit dem Vin Fiz Flyer, den er den Gebrüdern Wright abgekauft hatte, von Küste zu Küste in den USA. Seine vorherige Flugerfahrung belief sich auf eine 90-minütige Einweisung. Insgesamt dauerte Rodgers' Flug von Küste zu Küste 84 Tage mit 70 Zwischenstopps. Rodgers legte dermaßen viele Bruchlandungen hin, dass am Ende der Reise kaum noch etwas von dem ursprünglichen Flugzeug existierte.

Der Panamakanal

Panama Panama liegt am südöstlichen Ende der Landenge, die Nord- und Südamerika miteinander verbindet. Es ist außerdem eingerahmt vom Pazifischen und dem Atlantischen Ozean (steht man auf dem Gipfel des Volcán Barú, dem höchsten Berg des Landes, kann man tatsächlich beide Ozeane sehen). Panama ist etwas größer als die Niederlande und Belgien zusammen und gehörte von 1538 bis 1821 der spanischen Krone.

Erste Ideen für einen Kanal Bereits 1534 kam erstmals der Vorschlag auf, in Panama einen Kanal zu graben. Damals suchte Spaniens König Karl V., Kaiser des Heiligen Römischen Reichs, nach Möglichkeiten, Reisen zwischen Spanien und Peru zu erleichtern und dem spanischen Militär einen Vorteil gegenüber dem portugiesischen zu verschaffen. 1698 versuchten Schotten ihr Glück, dann zeigte der spanische Marineoffizier Alessandro Malaspina zwischen 1788 und 1793, dass ein Kanal tatsächlich realisierbar wäre, und entwickelte erste Baupläne. 1855 wurde eine Eisenbahnverbindung über den Isthmus gebaut, im selben Jahr regte ein amerikanischer Beamter in einem Bericht den Bau eines Kanals an.

Frankreich versucht, einen Kanal zu bauen Nach der erfolgreichen Fertigstellung des Sueskanals hielt man in Frankreich auch für Mittelamerika einen Kanal für die beste Lösung. Am 1. Januar 1880 begannen die Bauarbeiten in Panama – die Franzosen hatten sich gegen Nicaragua entschieden, weil sie glaubten, Panama sei ein besserer Standort für eine schleusenlose Wasserstraße. Die Bauarbeiten wurden übereilt durchgeführt und waren schlecht geplant, außerdem erwies sich das Gelände als zu anspruchsvoll für die Maschinen der Franzosen. Schwierige Wetterbedingungen und tropische Krankheiten kosteten 22 000 Menschenleben und 1888 ging auch noch das Unternehmen pleite, das den Bau des Kanals finanziert hatte. Das Vorhaben war gescheitert.

Amerikaner übernehmen den Isthmus 1902 stimmte der amerikanische Kongress dem Kauf der Vermögenswerte des französischen Kanalbauunternehmens zu. Zunächst jedoch mussten sich die USA und Kolumbien vertraglich darauf einigen, wie der Kanal geführt und genutzt werden soll. Die Verhandlungen scheiterten, woraufhin die Vereinigten Staaten Panamas Kampf für Unabhängigkeit unterstützten. Mit dem Hay-Bunau-Varilla-Vertrag räumte dann das inzwischen souveräne Panama den Vereinigten Staaten Exklusivrechte für das Kanalgebiet ein – obwohl die Unterhändler Panamas nicht einmal eine spanische Übersetzung des Vertrags erhielten. Amerikas Präsident Theodore Roosevelt machte sich für einen Kanal mit Schleusen stark und als man 1906 das Gelbfieber in der Gegend ausgemerzt hatte, war der Weg frei für einen neuen Anlauf.

Bau des Panamakanals Zum Chefingenieur wurde Oberstleutnant George Washington Goethals bestimmt. Er ließ an drei Stellen gleichzeitig arbeiten – vom Atlantik aus, vom Pazifik aus und im Inland. Eine große Hilfe war Panamas Eisenbahn, denn sie konnte die Gesteinsbohrer, Dampfbagger und den Sprengstoff transportieren, ohne die der Bau wohl auch dieses Mal gescheitert wäre. Extremes Klima und zahlreiche schreckliche Unfälle brachten dem Panamakanal den Ruf eines »Höllenschlunds« ein. Das von Goethals erdachte Drei-Schleusen-System ermöglichte Verkehr in beide Richtungen. Die Schleusen werden elektrisch betrieben.

Der Panamakanal heute 1979 traten die Torrijos-Carter-Verträge in Kraft und legten fest, dass Panama 20 Jahre später, also am 31. Dezember 1999, die vollständige Kontrolle über den Kanal erhalten werde. Aufgrund des Alters des Kanals, dem hohem Verkehrsaufkommen und dem tropischen Klima muss die Panamakanal-Behörde regelmäßig Wartungs- und Reparaturarbeiten an den Schleusen und der Maschinerie vornehmen und das Ufer vor Erosion schützen. 2007 begannen Modernisierungsarbeiten, die 2016 abgeschlossen wurden. Es wurden neue Kammern und die weltgrößten Sparbecken gebaut.

Die Oktoberrevolution

Ein Jahrhundert der Unterdrückung Nach den Napoleonischen Kriegen breiteten sich in Europa demokratische Ideen aus. Russlands Bevölkerung beispielsweise forderte eine Verfassung, die ihnen Grundrechte garantierte. Zar Alexander I. gewährte Polen eine Verfassung, aber für seine russischen Untertanen konnte er sich nicht zu diesem Schritt durchringen. Nach seinem Tod im Jahr 1825 herrschte großes Chaos, dann bestieg Alexanders jüngerer Bruder als Nikolaus I. den Thron. Dessen Sohn, Alexander II., ließ seine Polizei sehr repressiv gegen das Volk vorgehen, was zu starken Ressentiments führte.

Die Februarrevolution 1916 und 1917 litt Russland sehr unter den Auswirkungen des Ersten Weltkriegs. Die allgemeine Lebensmittelknappheit führte zu zahlreichen Streiks und Demonstrationen, die häufig gewaltsam verliefen. Die Feierlichkeiten zum Internationalen Tag der Frau am 23. Februar 1917 führten in der Hauptstadt Petrograd (dem heutigen Sankt Petersburg) zu großen Protestaktionen von Arbeitern und Arbeiterinnen. Zar Nikolaus II. befahl dem Militär, die Demonstrationen gewaltsam zu zerschlagen, woraufhin viele Soldaten überliefen und sich den Protestlern anschlossen. Chaos brach in der Stadt aus. Bis zum 27. Februar schlossen sich mehr als 80 000 Soldaten der Meuterei an. Nikolaus II. dankte ab und übertrug seinem Bruder, Großfürst Michail, die Macht. Doch der wollte nur den Thron besteigen, wenn ihn das Volk wählte. Am nächsten Tag dankte er ab und Russland stand ohne Staatsoberhaupt da.

Die Bolschewiken Der Intellektuelle Wladimir Lenin war als Revoluzzer und Sozialist bekannt und lebte, als die Unruhen losbrachen, in der Schweiz. Jetzt sei die Stunde für ihn und seine Partei, die Bolschewiken, gekommen, befand er und verhandelte mit dem Deutschen Reich über die Möglichkeit, nach Russland zu reisen. Im April 1917 kehrte er unter großem Jubel tatsächlich nach Russland zurück und stellte sein politisches Programm vor, die sogenannten Aprilthesen. Unter anderem forderte er, dass sich Russland aus dem Ersten Weltkrieg zurückziehe, dass die Menschen nicht mit der Provisorischen Regierung Russlands kooperieren und dass die Kontrolle über alles Land sowie die Produktion und den Vertrieb von Waren an die Arbeiterräte übertragen werde, die sogenannten Sowjets.

Der Sommer 1917 Im Sommer 1917 versuchte Lenin, die Provisorische Regierung zu stürzen, doch der Umsturzversuch scheiterte. Viele Bolschewiken wurden verhaftet, Lenin floh nach Finnland. Doch als sich die Sorge breitmachte, dass Kriegsminister Alexander Kerenski eine militärische Diktatur vorbereitet, benötigten Kerenskis Gegner die Bolschewiken und deren Miliz, die Rote Garde. Die Popularität der Bolschewiken wuchs und Leo Trotzki wurde zum Vorsitzenden des Petrograder Sowjets gewählt.

Die Oktoberrevolution Lenin plante erneut den Sturz der Provisorischen Regierung, die immer mehr an Effektivität einbüßte. Er wollte stattdessen die Bolschewiken an die Macht bringen. Lenin traf sich mit zwölf Führungspersönlichkeiten der Partei und versuchte sie vom Erfolg einer Revolution zu überzeugen. Obwohl sich nur zehn Anführer auf seine Seite stellten, begann er mit den Planungen. Am 24. Oktober 1917 besetzten den Bolschewiken nahestehende Militäreinheiten Regierungsgebäude. Am 26. Oktober wurde die Provisorische Regierung verhaftet und eine neue Übergangsregierung, der ausschließlich Bolschewiken angehörten, übernahm die Macht.

Nach dem Umsturz Lenins Friedenspolitik führte dazu, dass Russland große Gebiete an das deutsche Kaiserreich abtreten musste, und war beim Volk ausgesprochen unbeliebt. Nach der Oktoberrevolution brach ein Bürgerkrieg zwischen Anti-Bolschewiken (den »Weißen«) und den Kommunisten (den »Roten«) los. Nach vierjährigen Auseinandersetzungen behielten schließlich die Roten die Oberhand und 1922 wurde die Sowjetunion ins Leben gerufen. Lenin starb 1923, daraufhin übernahm Josef Stalin die Macht.

Der Erste Weltkrieg

Die Ermordung von Erzherzog Franz Ferdinand Erzherzog Franz Ferdinand, Thronfolger der Doppelmonarchie Österreich-Ungarn, wurde am 28. Juni 1914 in Sarajewo erschossen. Täter war ein Mitglied der serbischen Terrororganisation »Schwarze Hand«. Das Attentat brachte Ereignisse in Gang, die im »Großen Krieg« mündeten, dem ersten Weltkrieg der Menschheitsgeschichte. Nach der Ermordung des Erzherzogs und dessen Gattin sah sich Österreich-Ungarn genötigt, Serbien seine Autorität aufzwingen, und bat dafür Deutschland um Unterstützung. Am 23. Juli 1914 stellte Österreich-Ungarn Serbien ein Ultimatum: Die Serben sollten die Terrorgruppen ausmerzen und die österreichfeindliche Stimmung eindämmen, ansonsten greife man zu militärischen Mitteln. Serbien rief daraufhin Russland zu Hilfe. Am 28. Juli erklärte Österreich-Ungarn Serbien den Krieg, am 1. August begann Russland, zur Unterstützung Serbiens seine Truppen zu mobilisieren. Das Deutsche Reich erklärte Russland den Krieg, woraufhin Großbritannien und Frankreich ihrem Verbündeten, dem Zaren, zur Seite sprangen.

Die Schlacht an der Marne Die Schlacht an der Marne war die erste größere Kampfhandlung des Ersten Weltkriegs und zeigte, dass dieser Krieg nicht so schnell vorüber sein würde. Sie war der Auftakt für eine Kampfart, die ganz typisch für den Ersten Weltkrieg werden sollte – der Grabenkrieg. Ende August 1914 rückten drei deutsche Armeen auf Paris vor, um zunächst die französische Hauptstadt zu besetzen und dann das ganze Land unter ihre Kontrolle zu bringen. Bis zum 3. September war eine halbe Million Zivilisten aus der Stadt geflohen. Frankreichs Generalstabschef Joseph Joffre befahl am 6. September den Gegenangriff auf die 1. Armee der kaiserlichen Streitkräfte und es gelang ihm, einen Keil zwischen die deutschen Armeen zu treiben. Franzosen und Briten konnten nun vorrücken, Durchbruchsversuche der Deutschen scheiterten. Am 9. September zogen sich die Deutschen zurück, am 10. September endete die Schlacht.

Die Schlacht bei Tannenberg Die Schlacht bei Tannenberg wurde vom 26. bis zum 30. August 1914 ausgetragen und gilt als Deutschlands größter Sieg und Russlands verheerendste Niederlage des Ersten Weltkriegs. Zwei russische Armeen unter Führung der Generäle Paul von Rennenkampf und Alexander Samsonow rückten auf Ostpreußen vor, doch der Kontakt zwischen den beiden Armeen riss ab. Das nutzten die Deutschen zu einem Angriff auf Samsonows isoliert dastehende Truppen. Samsonow verlor innerhalb einiger weniger Tage die Hälfte seiner Armee und am 29. August erschoss er sich selbst. Die Deutschen machten 92 000 Gefangene.

Die Schlacht von Cambrai Die Schlacht von Cambrai begann am 20. November 1917 und dauerte bis in den Dezember hinein. Die Auseinandersetzungen in Nordfrankreich gelten als erste große Panzerschlacht des Ersten Weltkriegs. Nachdem Panzer bei der dritten Schlacht von Ypern (unter ausgesprochen ungeeigneten Bedingungen) enttäuscht hatten, litt ihre Beliebtheit, sie galten fortan als fehlerbehaftet und von begrenztem Nutzen. Die Briten verloren die Schlacht von Cambrai, aber speziell bei dieser Auseinandersetzung stellten die neuartigen Kampfmaschinen ihren Nutzen unter Beweis.

Eintritt der USA in den Krieg Zu Beginn des Kriegs blieben die Vereinigten Staaten neutral und verfolgten eine Politik des Isolationismus, auch wenn im Land probritische Propaganda dominierte. Am 7. Mai 1915 versenkte ein deutsches U-Boot die *Lusitania*, einen britischen Passagierdampfer, der die Transatlantikroute befuhr. An Bord der *Lusitania* befanden sich auch amerikanische Staatsbürger und die Versenkung ließ die antideutsche Stimmung in den USA hochkochen. Das Lager derer, die für Neutralität plädierten, wurde kleiner und kleiner. Just zu diesem Zeitpunkt fing die britische Regierung eine Geheimbotschaft ab, die Arthur Zimmermann, Staatssekretär des Auswärtigen Amts in Berlin, nach Mexiko geschickt hatte. Inhalt der »Zimmermann-Depesche«: Mexiko wurde aufgefordert, die USA anzugreifen, sollten diese dem Kaiserreich den Krieg erklären. Am 6. April 1917 erklärten die USA daraufhin Deutschland tatsächlich den Krieg.

Die Versailler Verträge Der Erste Weltkrieg endete im November 1918, 1919 wurde in Versailles bei Paris ein Friedensvertrag unterzeichnet. Federführend bei der Pariser Friedenskonferenz, die im Frühjahr 1919 begann, waren der britische Premier David Lloyd George, Frankreichs Ministerpräsident Georges Clemenceau und Amerikas Präsident Woodrow Wilson. Den Verlierern des Kriegs wurden sehr harte Bedingungen auferlegt. Deutschland musste einen Großteil der im Verlauf des Kriegs eroberten Gebiete zurückgeben, der Umfang seines Heers und seiner Marine wurde dramatisch beschnitten, eine Luftwaffe durfte Deutschland überhaupt nicht besitzen, Deutschland musste Reparationen in Höhe von 20 Milliarden Goldmark (was damals etwa 7000 Tonnen Gold entsprach) bezahlen, außerdem sollte Deutschland die vollständige Schuld am Krieg eingestehen. Mit dem Friedensvertrag von Versailles wurde auch der Völkerbund ins Leben gerufen. Als Organisation für internationale Zusammenarbeit gedacht, sollte der Völkerbund verhindern, dass sich eine derartige Zerstörung und derartiges Leid wiederholen.

Die Weltwirtschaftskrise

Die Konjunktur boomt Nach dem Ersten Weltkrieg erlebte Amerika einen wirtschaftlichen Aufschwung. Immer mehr Menschen investierten an der Börse, viele hielten es für einen sicheren und einfachen Weg, ihr Geld arbeiten und sich vermehren zu lassen. Man kaufte Aktien »auf Marge«, man legte also nicht den vollen Kaufpreis auf den Tisch, sondern nur 10 bis 20 Prozent, den Rest lieh man sich bei einem Broker. Nicht nur Einzelpersonen investierten an der Börse, auch Unternehmen und Banken kauften und verkauften Anteile.

Der Schwarze Donnerstag Der 24. Oktober 1929 ging als »Schwarzer Donnerstag« in die Geschichte ein. An diesem Tag brachen die Aktienkurse an der New Yorker Börse ein und zahlreiche Anleger begannen, ihre Aktien abzustoßen. Der Schwarze Donnerstag gilt als Auftakt der Weltwirtschaftskrise. Der 29. Oktober fünf Tage später war der schwärzeste Tag in der Geschichte der Börse. Panik griff um sich und die Menschen konnten sich gar nicht rasch genug von ihren Beteiligungen trennen. Da es aber keine Abnehmer gab, stürzten die Kurse ins Bodenlose. Am 29. Oktober, dem »Schwarzen Dienstag«, wurden über 16,4 Millionen Aktien verkauft, am nächsten Tag war die Börse geschlossen.

Elendsviertel Die Weltwirtschaftskrise stürzte viele Menschen in die Armut. Zwischen 1929 und 1933 gingen allein in den USA über 100 000 Unternehmen bankrott und viele Menschen mussten in Barackenstädte oder Elendsviertel ziehen, die nach Präsident Hoover auch »Hoovervilles« genannt wurden und nun im ganzen Land aus dem Boden schossen. Die größte »Hooverville« entstand im New Yorker Central Park. Als Hoovers Amtszeit 1933 endete, waren 13 Millionen Amerikaner ohne Arbeit.

Dust Bowl Während des Ersten Weltkriegs und in den Folgejahren arbeiteten die Bauernhöfe im südlichen Teil der Great Plains (»Großen Ebenen«) der USA ausgesprochen rentabel. Die Nachfrage nach Weizen und Mais war hoch und die Farmer produzierten für den Inlandsmarkt und für den Export. In den 1930er-Jahren jedoch verwandelten sich die südlichen Great Plains in eine Dust Bowl (»Staubschüssel«). Die bis dahin üblichen Anbaumethoden forderten ihren Tribut von dem stark beanspruchten Ackerland, zusätzlich brach die schwerste

Dürre in der Geschichte der USA über das Land herein und hielt mehrere Jahre lang an. Die einstmals so prosperierende Landwirtschaft der südlichen Great Plains lag am Boden. Der Wind trug den knochentrockenen Oberboden viele Zentimeter tief ab und Staubstürme schlugen viele Bewohner der Städte und Dörfer in die Flucht.

Der New Deal Nach seiner Wahl zum Präsidenten konzentrierte sich Franklin Delano Roosevelt auf ein Reformpaket für die Nation – einen »New Deal«, wie er es bei seiner Wahl zum Präsidentschaftskandidaten genannt hatte. Der New Deal erfolgte in zwei Phasen: In der ersten Phase (1933/34) ging es darum, die Landwirtschaft und die Geschäftswelt zu regulieren. Behörden wie die National Recovery Administration, die Agricultural Adjustment Administration und die Federal Communications Commission entstanden. In der zweiten Phase (1935–1941) standen Maßnahmen im Mittelpunkt, die der Arbeiterklasse und dem Sozialwesen helfen sollten. Damals entstand auch die Sozialversicherung als Auffangnetz für ältere oder arbeitslose Menschen.

Zweiter Weltkrieg Roosevelt bewegte mit seinem New Deal sehr viel, aber erst mit Beginn des Zweiten Weltkriegs endete die Wirtschaftskrise für die USA. Innerhalb von drei Jahren sank die Zahl der Arbeitslosen um 7,05 Millionen und die Zahl der Militärangehörigen stieg um 8,59 Millionen. Weil die Männer in Übersee im Kampfeinsatz waren, übernahmen Frauen die Arbeitsplätze in den Fabriken und produzierten dort Waffen und sonstige Bedarfsgüter für die Kriegsführung. In Fabriken, wo vor dem Krieg Staubsauger hergestellt worden waren, wurden nun Maschinengewehre gefertigt. 1943 arbeiteten mehr als zwei Millionen Frauen in Fabriken.

Der Zweite Weltkrieg

Einfall in Polen Am 23. August 1939 vereinbarten Adolf Hitler und Josef Stalin einen Nichtangriffspakt zwischen dem Deutschen Reich und der Sowjetunion mit zehn Jahren Laufzeit. Ursprünglich wollte Deutschland am 26. August in Polen einfallen, aber Italiens Ministerpräsident Benito Mussolini informierte Hitler, Italien sei noch nicht bereit für einen Krieg, also wurde der Termin verschoben. Am 1. September 1939 marschierte die deutsche Wehrmacht schließlich in Polen ein und eroberte das Land innerhalb einer Woche. Es waren die ersten Kampfhandlungen des Zweiten Weltkriegs. Hitler rechnete mit einem schnellen und erfolgreichen Abschluss des Kriegs. Großbritannien erklärte Deutschland am 3. September den Krieg.

Einfall in die Sowjetunion Hitler war darauf aus, den Krieg rasch zu Ende zu bringen. Der Versuch, mit einem Luftkrieg gegen England die Regierung zur Kapitulation zu bewegen bzw. durch die Erringung der Lufthoheit eine Invasion vorzubereiten, führte nicht zum Erfolg. Ende September 1940 wurden die Invasionspläne faktisch aufgegeben. Nun richtete Hitler seine Aufmerksamkeit Richtung Osten und brach den Nichtangriffspakt mit Stalin. Am 22. Juni 1941 fiel die Wehrmacht in Russland ein (Unternehmen Barbarossa). Der als Blitzkrieg angelegte Überfall hatte zur Folge, dass innerhalb einer Woche 150 000 sowjetische Soldaten getötet wurden oder in Gefangenschaft gerieten. Am 3. Juli befahl Stalin eine Politik der »verbrannten Erde« – bei ihrem Rückzug sollten die Truppen sämtliche Einrichtungen und Vorräte vernichten oder unbrauchbar machen, damit die Deutschen sie nicht nutzen konnten. Straßen, Brücken, Fabriken und Felder wurden zerstört, wodurch der Vormarsch der Deutschen ins Stocken geriet. Der Feldzug dauerte viel länger als von Hitler erwartet und die deutschen Armeen waren nicht für den Winter ausgerüstet. Nun waren die Sowjets im Vorteil.

Pearl Harbor Die kaiserliche japanische Marine führte am 7. Dezember 1941 einen überraschenden Schlag gegen den Stützpunkt der US-Flotte im hawaiianischen Pearl Harbor und sorgte damit für den Kriegseintritt der Vereinigten Staaten. In zwei Angriffswellen versenkten die Japaner vier amerikanische Schlachtschiffe, töteten 2400 Amerikaner und verwundeten weitere 1200. Am nächsten Tag erklärten die USA Japan den Krieg. Präsident Roosevelt sagte in seiner Rede an das amerikanische Volk: »Gestern, am 7. Dezember 1941, ein Datum, das in Schande fortleben wird, wurden die Vereinigten Staaten überraschend und vorsätzlich von See- und Luftstreitkräften des Kaiserreichs Japan angegriffen.«

Der Holocaust 1933 lebten mehr als neun Millionen Juden in Europa. Nachdem Adolf Hitler an die Macht gekommen war, fachte er den Hass auf jüdische Mitmenschen massiv an. Er behauptete, die Deutschen seien eine überlegene Rasse und Juden würden eine Gefahr für die Allgemeinheit darstellen. Der von Nazi-Deutschland an den Juden verübte Genozid wird als Holocaust bezeichnet. Schätzungen zufolge wurden sechs Millionen Juden ermordet. Erst mussten die Juden in Gettos leben, dann in Konzentrationslagern und schließlich in Vernichtungslagern, wo sie vergast wurden. Zum Kriegsende hin wurden Juden in Zügen in die Lager gebracht oder auf sogenannte Todesmärsche geschickt. Die vorrückenden Einheiten der Alliierten befreiten schließlich ab Sommer 1944 die Lagerinsassen.

Die Invasion in der Normandie (D-Day) 1944 war der deutschen Führung klar, dass die Alliierten versuchen würden, Europa durch eine Landung in Frankreich zu befreien. Unter dem Decknamen Unternehmen Overlord bereiteten die Alliierten die Landung an der Nordwestküste Frankreichs vor, wobei die Wahl auf die Normandie fiel. An fünf Stränden landeten am 6. Juni 1944 Truppen der Alliierten, wo sie zunächst auf heftigen Widerstand der Deutschen stießen, letztlich jedoch durchbrachen und sich festsetzen konnten. Hitlers Vorhaben, ganz Europa unter das Joch der Nazis zu zwingen, war damit endgültig zum Scheitern verurteilt.

Ende des Kriegs Die deutschen Streitkräfte wurden nun immer weiter zurückgedrängt. Die Sowjets eroberten Berlin und Hitler, der sich während der Kämpfe in einem Bunker versteckt hielt, beging Selbstmord. Am 1. Mai kapitulierten die deutschen Truppen in Italien, am nächsten Tag endete auch der deutsche Widerstand in Berlin. Am 8. Mai 1945 war der Krieg in Europa beendet. Am 6. und 9. August warfen die Vereinigten Staaten zwei Atombomben auf Japan ab, das am 2. August kapitulierte.

Der Holocaust

Hitlers Propaganda Adolf Hitler ermöglichte die Massenvernichtung von Juden auch dadurch, dass er den Groll gegen diese Glaubensrichtung massiv anfachte. Er nutzte sämtliche Medien für seine Propagandazwecke, seien es Zeitungen, Film, Kunst, Musik, Bücher, Radio oder die Presse. Die deutsche Wochenzeitung *Der Stürmer* druckte Karikaturen, auf denen Juden wie Affen aussahen. Filme zeigten die Deutschen als überlegen und unterstrichen den Nationalstolz der Deutschen. Juden dagegen wurden als minderwertig oder sogar als Untermenschen porträtiert. Nach der Machtübernahme schaltete Hitler alle Kritiker mit einer Kombination aus Propaganda und Polizeistaat stumm.

Konzentrationslager Von 1933 bis 1939 wurden Juden in Konzentrationslager weggesperrt und dort unter furchtbaren Bedingungen festgehalten. Bereits kurz nach Hitlers Ernennung zum Reichskanzler im Jahr 1933 entstanden die ersten Konzentrationslager, das allererste in Dachau. Zunächst wurden in den KZs politische Gefangene interniert, später folgten auch Juden, Homosexuelle, Sinti, Roma und geistig Kranke sowie alle, die sich gegen das Regime stellten. Es gab unterschiedliche Arten von Konzentrationslagern, ab 1939 kamen Arbeitslager für Zwangsarbeiter hinzu. Die Insassen mussten unter schrecklichen Bedingungen harte körperliche Arbeit leisten. Viele Insassen starben und dennoch war dies alles nichts im Vergleich zu den Lagern, in denen die Nazis Hitlers »Endlösung« umzusetzen suchten.

Gettos Nach dem Einmarsch der Deutschen in Polen 1939 mussten alle polnischen Juden in Gettos umziehen. Die Menschen mussten ihre Häuser verlassen, ihre Habe zurücklassen und in Stadtteile umsiedeln, die mit Wachen, Mauern und Stacheldraht abgeriegelt wurden. Ab Oktober wurden auch Juden aus der Tschechoslowakei und Österreich nach Polen deportiert und in den dortigen Gettos untergebracht. Die größten Gettos waren die in Warschau und Lodz. Die Bedingungen in Warschau waren furchtbar, von 1940 bis 1942 starben dort rund 100 000 Juden an Krankheiten und Hunger.

Pogrome Gewaltsame Judenpogrome gab es erstmals im Jahr 1011 auf der iberischen Halbinsel – und sie wiederholten sich in regelmäßigen Abständen in ganz Europa bis in die frühe Neuzeit. Spätestens seit der Machtübernahme der Nationalsozialisten nahm auch die ablehnende Haltung gegenüber den Juden stark zu und es kam in Deutschland wieder häufiger zu Pogromen. Die Nazi-Regierung duldete dies nicht nur, sondern fachte die Stimmung auch noch so weit an, dass teilweise ganze Gemeinden loszogen und sämtliche Juden in ihrer Stadt töteten. Selbst nach Kriegsende kam es noch zu Pogromen, das bekannteste war das Pogrom von Kielce am 4. Juli 1946. Wütende Volksmengen gingen in der polnischen Stadt auf jüdische Bürger los, die den Krieg überlebt hatten und nach Kriegsende zurückgekehrt waren. 40 Juden starben, 80 wurden verletzt.

Die »Endlösung« Im Juni 1941 begann Deutschland damit, die »Endlösung der Judenfrage« umzusetzen, die endgültige Auslöschung sämtlicher europäischer Juden. Juden mussten damals einen gelben Stern auf ihrer Kleidung tragen, um auf den ersten Blick als Juden erkennbar zu sein. Mobile Tötungskom-

mandos trieben sämtliche Juden einer Stadt zusammen, ließen sie antreten und erschossen sie der Reihe nach. Bis 1942
wurden sechs Todeslager errichtet, und zwar bewusst in der
Nähe von Eisenbahnstrecken, um die Juden aus Konzentrationslagern besser dorthin verlegen zu können. In den Todes-
lagern wurden sie dann vergast. Etwa 3,5 Millionen Menschen
starben in den Vernichtungslagern, von denen das größte das
in Auschwitz war.

Befreiung Als die alliierten Streitkräfte Deutschland eroberten, befreiten sie auch die Konzentrationslager. Insgesamt
wurden Schätzungen zufolge sechs Millionen Juden im Verlauf des Holocausts getötet. Etwa 50 000 bis 100 000 Juden
blieben in den Besatzungszonen. Viele weigerten sich, in ihr
altes Zuhause zurückzukehren, und wurden später in die Vereinigten Staaten und nach Palästina gebracht. Im November
1945 begann der Kriegsverbrecherprozess von Nürnberg unter
dem Vorsitz von Richtern aus den USA, Großbritannien,
Frankreich und Russland. Beim ersten Verfahren waren
21 Vertreter des »Dritten Reichs« angeklagt, darunter viele
Verantwortliche für den Holocaust.

Der Kalte Krieg

Der Eiserne Vorhang 1955 schlossen die Sowjetunion, Polen,
die Tschechoslowakei, die DDR, Rumänien, Albanien, Bulgarien und Ungarn den Warschauer Vertrag. Das Militärbünd-
nis, das im Westen als Warschauer Pakt bezeichnet wurde, sah

vor, dass bei einem Angriff auf ein Mitgliedland alle Vertrags-
partner militärische Hilfe leisten würden. Mit dem Warschauer Pakt wollte die Sowjetunion dem wenige Jahre zuvor
gegründeten Nordatlantikpakt etwas entgegensetzen. Die
Spaltung Europas wurde als »Eiserner Vorhang« bezeichnet,
was genauso sinnbildlich wie wortwörtlich zu verstehen war,
denn in einigen Bereichen trennten Metallzäune Westen und
Osten voneinander und verhinderten jeglichen Kontakt.

Der Marshallplan Nach Ende des Zweiten Weltkriegs lagen
Europas Industrie, Wirtschaft und Landwirtschaft völlig am
Boden. Die Vereinigten Staaten waren die einzige Großmacht,
deren Wirtschaft in den Kriegsjahren nicht massiv gelitten
hatte. 1947 entwickelte der amerikanische Außenminister
George Marshall einen Plan, wie die USA den Ländern des
Westens unter die Arme greifen und politische und wirtschaftliche Stabilität wiederherstellen konnten. Marshall vertrat die Ansicht, sein European Recovery Program, das als
Marshallplan in die Geschichte einging, könne dem Westen
beim Wiederaufbau helfen und gleichzeitig den Vormarsch
des Kommunismus stoppen. Insgesamt 16 Nationen waren in
das Programm involviert, die finanzielle Unterstützung belief
sich auf insgesamt 13,12 Milliarden Dollar (das entspricht nach
heutigem Wert rund 139 Milliarden Dollar).

Die Kubakrise Während der Kubakrise gerieten die Vereinigten Staaten nach Auffassung vieler Historiker so dicht an den
Rand eines Atomkriegs wie nie zuvor und wie seitdem nie
wieder. In den 1960er-Jahren verfügten die USA über Raketen,
die die Sowjetunion erreichen konnten, während die sowjetischen Raketen nur Europa bedrohten. 1962 richteten die Sowjets deshalb ihre Aufmerksamkeit auf Kuba und begannen,

dort Mittelstreckenraketen zu stationieren. Auf Fotos entdeckten die Amerikaner die Raketen und verhängten eine Seeblockade gegen Kuba. Obwohl die USA und die Sowjetunion im ständigen Austausch standen, nahmen die Spannungen weiter zu. Schließlich lenkten die Sowjets ein und erklärten sich bereit, die Raketen wieder abzuziehen, um auf diese Weise eine amerikanische Invasion in Kuba abzuwenden.

Wettlauf ins All Die USA und die Sowjetunion lieferten sich ein Wettrüsten und bedrohten sich gegenseitig mit Atomwaffen. Kein Wunder, dass in den USA die Angst vor den Sowjets zunahm. Diese wuchs noch, als die UdSSR am 4. Oktober 1957 mit Sputnik 1 den ersten Satelliten ins All schoss. Es war ein böses Erwachen für die Amerikaner, denn sie hatten bis dahin geglaubt, technisch im Vorteil zu sein. Viele fürchteten auch, dass es sich beim Sputnik um eine Waffe handeln könnte. Vier Monate nach dem Start des Sputnik starteten die USA mit Explorer 1 ihrerseits einen Satelliten. Dennoch behielt die Sowjetunion beim Wettlauf ins All zunächst die Nase vorn – im April 1961 (23 Tage vor den USA) schickten die Sowjets mit Juri Gagarin erstmals einen Menschen ins Weltall, im Juni 1963 folgte die erste Frau, Walentina Tereschkowa. Letztlich gewannen jedoch die Amerikaner den Wettlauf ins All. 1961 verkündete Präsident Kennedy, man wolle einen Menschen auf den Mond schicken. Acht Jahre später wurde dieses Ziel erreicht.

Die Berliner Mauer Die Berliner Mauer war mehr als eine Abgrenzung zwischen West- und Ostdeutschland, sie war ein Symbol des Grabens zwischen Demokratie und Kommunismus. Nirgendwo war diese Spaltung offenkundiger als in Berlin. Westberlin war vom Gebiet der DDR umgeben und während die Bundesrepublik ein starkes Wirtschaftswachstum erlebte, verlief der Aufschwung in der DDR deutlich schleppender, zudem wurden die Freiheiten der Menschen im Osten erheblich beschnitten. Viele Menschen flohen deshalb in den 1950er-Jahren aus der DDR nach Westberlin. Von dort aus konnten sie mit dem Flugzeug weiter in die Bundesrepublik reisen. Bis 1961 verließen 2,5 Millionen Menschen Ostdeutschland. Unterstützt von der Sowjetunion versuchte die DDR wiederholt, Westberlin unter ihre Kontrolle zu bringen, aber schließlich wurde eine Mauer gebaut, die sich über Hunderte Kilometer entlang der Grenze zog.

Die UdSSR löst sich auf 1985 wurde Michail Gorbatschow Generalsekretär des Zentralkomitees der Kommunistischen Partei der Sowjetunion und machte sich fortan für dringend benötigte Reformen stark. Unter den Schlagworten Perestroika (»Umbau«) und Glasnost (»Offenheit«) leitete er eine Neuordnung der Wirtschaft ein und gewährte den Menschen mehr politische Freiheit. Im Zuge der Reformen gewannen die Sowjetstaaten zwischen 1986 und 1990 an Autonomie, während gleichzeitig Gorbatschows Macht und seine Möglichkeiten, das Land zusammenzuhalten, schwanden. 1991 kam es zum Putschversuch. Der blieb zwar erfolglos, aber Gorbatschow verlor weiter an Rückhalt. Boris Jelzin kam an die Macht. Die UdSSR wurde aufgelöst, es entstand die Russische Föderation.

Die Mondlandung

Apollo 1 Ihren Kalten Krieg trugen die Vereinigten Staaten und die Sowjetunion nicht nur auf der Erde aus, sondern auch im Weltraum. Das amerikanische Apollo-Raumfahrtprogramm wurde in der ausdrücklichen Absicht gestartet, einen Menschen auf den Mond zu bringen. Am 27. Januar 1967 führte die Besatzung des Raumschiffs Apollo 1 eine Übung durch, einen Monat später sollte der tatsächliche Start erfolgen. Der Tag war geprägt von Problemen und Verzögerung und um 18 Uhr 30 setzte Funkenflug das Kapselinnere in Brand. Die drei Astronauten in der Raumkapsel erstickten. Wie es zu den Funken gekommen sein kann, ist bis heute ungeklärt, aber wenn man berücksichtigt, dass innerhalb von Apollo 1 brennbares Material, eine stark sauerstoffhaltige Atmosphäre und blankliegende Kabel zusammenkamen, war eine Katastrophe im Grunde nur eine Frage der Zeit gewesen. Nach dem Brand änderte die Raumfahrtbehörde NASA für das restliche Apollo-Programm Abläufe und Zuständigkeiten.

Apollo 7 Die Apollo-Missionen 4, 5 und 6 waren erfolgreiche unbemannte Flüge. Am 11. Oktober 1968 testete Apollo 7 erstmals das bemannte Kommandomodul in einer Umlaufbahn um die Erde. Die dreiköpfige Besatzung führte im Orbit Manöver durch, die für den Flug zum Mond gebraucht werden würden. Apollo 7 war nicht nur der erste bemannte Apollo-Flug, es war auch der erste Flug, der live im Fernsehen übertragen wurde. Die Kapsel verließ erfolgreich ihre Umlaufbahn um die Erde, trat wieder in die Atmosphäre ein und landete schließlich im Atlantischen Ozean.

Apollo 8 Am 21. Dezember 1968 wurde Apollo 8 ins All geschossen. Knapp drei Stunden nach dem Start erfolgte die »Translunar Injection«, das Schiff wurde also auf Kurs Mond gebracht. Nach 69 Stunden und acht Minuten trat Apollo 8 als erste bemannte Mission in eine elliptische Laufbahn um den Mond ein. Am 27. Dezember landete die Kapsel dann wieder im Atlantik. Die Mission war ein Erfolg.

Apollo 9 Am 3. März 1969 startete Apollo 9. Bei dieser Mission wurden alle Gerätschaften erfolgreich getestet, die später bei der Mondlandung zum Einsatz kommen sollten. Gleichzeitig war es der erste bemannte Raumflug, bei dem die Mondfähre verwendet wurde. Dieses eigenständige Vehikel sollte die Astronauten zur Mondoberfläche und zurück zum Raumschiff bringen. Apollo 9 blieb zehn Tage im All und die Besatzung führte erfolgreich alle vorgesehenen Manöver durch. Unter anderen wurden der Einsatz der Mondfähre und Sicherheitsmanöver simuliert. Bei einer Sicherheitsübung wurde geprobt, was zu tun ist, wenn das Kommandomodul nicht mehr reagiert und die Mondfähre als Rettungsboot genutzt werden muss – bei Apollo 13 trat genau dieser Fall ein.

Apollo 10 Apollo 10 startete am 18. Mai 1969 und war sozusagen die »Trockenübung« für Apollo 11. Die Mission verlief exakt so, wie später die Mondlandung erfolgen sollte – mit dem Unterschied, dass die Astronauten bei diesem Flug noch nicht auf dem Mond landen würden. Bei der Apollo-10-Mission flog erstmals das komplette Raumfahrzeug zum Mond und es näherte sich dem Erdtrabanten bis auf etwa 14 Kilometer an. Es war zugleich die zweite Mission, die den Mond umkreiste. Insgesamt waren die Astronauten acht Tage im All, die Kapsel landete schließlich unbeschadet im Pazifik.

Apollo 11 Apollo 11 startete erfolgreich am 16. Juli 1969 und am 20. Juli landeten Neil Armstrong und Edwin »Buzz« Aldrin als erste Menschen auf dem Mond. 21 Stunden und 36 Minuten stand die Mondfähre auf der Oberfläche des Monds und die Besatzung verbrachte insgesamt zwei Stunden und 31 Minuten außerhalb der Fähre. Zwei Tage nach der Landung hob die Mondfähre wieder ab und hatte dabei über 20 Kilogramm Boden- und Gesteinsproben an Bord. Insgesamt dauerte die Mission acht Tage und die Kapsel landete im Pazifischen Ozean. Apollo 11 ist das erste bemannte Raumfahrzeug, das auf einem anderen planetaren Körper landete und sicher heimkehrte.

Die Kulturrevolution

Mao Zedong Mao Zedong, Gründer der Volksrepublik China, wurde 1893 geboren und gehörte in jungen Jahren zu den ersten Mitgliedern der Kommunistischen Partei Chinas. 1931 wurde er zum Vorsitzenden der chinesischen Sowjetrepublik gewählt und stieg zu einem der wichtigsten kommunistischen Anführer der damaligen Zeit auf. Nach dem Zweiten Japanisch-Chinesischen Krieg (1937–1945) brach in China ein Bürgerkrieg zwischen den Kommunisten und der nationalistischen Kuomintang-Partei aus. Bis 1949 eroberten die Kommunisten weite Teile des Landes. Es entstand die Volksrepublik China mit Mao als erstem Vorsitzenden.

Der große Sprung 1958 unternahm Mao Zedong den Versuch, Chinas Wirtschaft zu modernisieren und sie auf Augenhöhe

zu den Vereinigten Staaten zu führen. Im Mittelpunkt der als
»Großer Sprung« bezeichneten Bemühungen sollten die Industrie und die Landwirtschaft stehen. Maos Überlegung: Damit die Industrie wachsen kann, müssen die Arbeiter gut ge-
nährt sein; damit es mit der Landwirtschaft aufwärts geht,
müssen neue Gerätschaften zur Verfügung stehen, und das
wiederum wird am besten gelingen, indem man China in
zahllose Kommunen aufteilt. Bis 1958 wurden 700 Millionen
Chinesen auf 26 578 Kommunen verteilt. Der Große Sprung
scheiterte jedoch katastrophal. Das Vorhaben wurde schlecht
umgesetzt, es fehlte die Unterstützung durch die Sowjetunion
und zu allem Überfluss wurde China von einer Reihe Naturkatastrophen heimgesucht. Chinas Landwirtschaft und die
Volkswirtschaft insgesamt nahmen ernsten Schaden. Schätzungen zufolge kosteten die Hungersnöte, die durch den Großen Sprung verschlimmert wurden, 20 Millionen bis 30 Millionen Chinesen das Leben.

Der Bruch mit Moskau Nachdem sich der Große Sprung als
Fehlschlag erwiesen hatte, zog sich Mao Zedong aus dem öffentlichen Leben zurück. In den 1950er-Jahren waren Maos
Volksrepublik China und Stalins Sowjetunion die größten
kommunistischen Staaten der Welt und unterstützten sich
gegenseitig. Nach Stalins Tod 1953 kam in der UdSSR Nikita
Chruschtschow an die Macht und schlug einen anderen politischen Kurs als Stalin ein. Für Mao Zedong stellte Chrusch-
schows Politik einen Verrat am Marxismus dar und nach dem
Debakel um den Großen Sprung, stellte Chruschtschow auch
noch die finanzielle Unterstützung für die Volksrepublik ein.
Mao Zedong wurde 1959 von seinem Widersacher Liu Shaoqi
als Vorsitzender der Volksrepublik China abgelöst, aber er behielt seine Position im Politbüro der Kommunistischen Partei.

Die Kulturrevolution Weil er nicht wollte, dass China ein so bürokratischer und kapitalisierter Staat wie die Sowjetunion wird, entwickelte Mao Zedong Pläne für die »Große Proletarische Kulturrevolution«. Die von 1966 bis 1976 während Kulturrevolution gilt als einer der düstersten Abschnitte in der Geschichte Chinas. Sämtliche Schulen wurden geschlossen, Schüler und Studenten wurden ermutigt, sich den Roten Garden anzuschließen, deren Hauptaufgabe darin bestand, Intellektuelle und Lehrer zu verfolgen. Die Garden gingen dabei mit wachsender Brutalität vor (über eine Million Menschen starben im Zuge der Säuberungen) und zerfielen schließlich in Fraktionen. Daraufhin befahl Mao der Volksbefreiungsarmee, den internen Streitigkeiten der Roten Garde ein Ende zu bereiten. Während der Kulturrevolution wurde Maos Ideologie sehr streng durchgesetzt. Jugendliche Städter wurden in ländliche Regionen geschickt, wo sie auf Bauernhöfen arbeiten mussten. Besonders streng verfolgt wurden Künstler, die antisozialistische Arbeiten produzierten, sowie ethnische Minderheiten.

Der Tian'anmen-Zwischenfall Am 8. Januar 1976 starb Premierminister Zhou Enlai, der Gründer der Volksbefreiungsarmee. Als die herrschende »Viererbande« (eine Gruppe von Führungskräften aus dem linken Flügel der Kommunistischen Partei Chinas) allen untersagte, Zhous Tod öffentlich zu gedenken, brach enormer Unmut bei der Bevölkerung aus. Am 4. April 1976, am Vorabend eines Fests, an dem traditionell der Toten gedacht wird, versammelten sich geschätzte zwei Millionen Menschen in Peking auf dem Tian'anmen-Platz (»Platz des Himmlischen Friedens«), wo sie Zhou Enlai ehrten und ihre Wut über die Kulturrevolution zum Ausdruck brachten. Als die Menschen am nächsten Tag feststellten, dass man die

Kränze und sonstigen Gegenstände entfernt hatte, die sie auf dem Platz zum Gedenken an Zhou Enlai niedergelegt hatten, kochte die Stimmung endgültig über. Es kam zu gewaltsamen Unruhen, bei denen Polizeifahrzeuge in Brand gesetzt wurden und Tausende Menschen gewaltsam in Regierungsgebäude eindrangen.

Das Ende der Kulturrevolution 1968 stand Chinas Wirtschaft kurz vor dem Zusammenbruch und die internen Streitigkeiten der Roten Garden sorgten für Chaos. 1971 hatte die Volksbefreiungsarmee die Lage wieder beruhigen können. Da es sowohl dem Vorsitzenden Mao als auch Premierminister Zhou Enlai gesundheitlich immer schlechter ging, kam es zwischen 1972 und 1976 zu heftigen parteiinternen Kämpfen in der Frage, ob man nach dem Ableben der beiden die Kulturrevolution fortsetzen solle. Dass die Kulturrevolution dermaßen chaotisch verlief, war Maos Propagandisten zufolge die Schuld von vier Personen, der »Viererbande« (der auch Maos Frau angehörte). Mao Zedong starb am 9. September 1976. Im Oktober 1976 wurde die »Viererbande« verhaftet, die Kulturrevolution war damit beendet.

Der Vietnamkrieg

Vietnam nach der Indochinakonferenz Im Indochinakrieg erhoben sich die Vietnamesen nach 100 Jahren Kolonialisierung gegen die Franzosen und vertrieben sie aus dem Land. In Genf kamen die beiden Seiten im Sommer 1954 zusammen, um ein

Abkommen auszuhandeln. Dieses sah vor, dass 1956 Wahlen stattfinden und die Aufspaltung in Nord- und Südvietnam aufgehoben werden solle (die Grenze verlief entlang des 17. Breitengrads). Die amerikanische Regierung war der Meinung, die Kommunisten würden auf diese Weise zu viel Macht bekommen, deshalb befürwortete sie die Gründung der Southeast Asia Treaty Organisation (»Manilapakt«) als konterrevolutionäres Gegengewicht. Unterstützt von den USA und den Mitgliedern des Manilapakts rief Südvietnam die neue Republik Vietnam aus.

Geteiltes Vietnam Erster Präsident der Republik Vietnam wurde 1956 Ngo Dinh Diem, der schon bald öffentlich erklärte, Nordvietnams Kommunisten bereiteten einen Angriff in der Absicht vor, den Süden zurückzuerobern. Unterstützt vom amerikanischen Militär ging Diem 1957 zum Gegenangriff über. Diems Regierung galt als unterdrückerisch, korrupt und unbeliebt. Zwischen 1956 und 1960 versuchte der Norden, eine friedliche Wiedervereinigung von Nord und Süd herbeizuführen, doch nach Diems Angriffen wurde deutlich, dass ein gewaltsamer Umsturz notwendig sein würde. 1960 gründeten die Kommunisten die Nationale Front für die Befreiung Südvietnams, besser bekannt als Vietcong.

Die Kennedy-Jahre 1961 entsandte US-Präsident John F. Kennedy eine Delegation nach Vietnam, die über die Situation vor Ort Bericht erstatten sollte. Ihre Rückmeldung: Um das Regime von Präsident Diem zu stützen und die Vietcong zu besiegen, benötige das Land militärische, wirtschaftliche und technische Hilfe sowie Berater für den Präsidenten. Kennedy stimmte zu, Berater und Gerät zu entsenden, aber Soldaten wollte er keine abstellen. Der Plan ging nicht auf, die Vietcong wurden immer erfolgreicher. Auch das »Wehrdorfprogramm«, das die Dorfbewohner von dem Einfluss der Vietcong fernhalten sollte, erwies sich als Fehlschlag. 1963 plünderte Diems Bruder eine Pagode, was massive Proteste nach sich zog und dazu führte, dass sich buddhistische Mönche selbst anzündeten. Bilder von den Mönchen sorgten für weltweite Empörung und die USA beschlossen, einen Staatsstreich zu unterstützen. Am 1. November 1963 wurden Ngo Dinh Diem und sein Bruder gefangen genommen und hingerichtet.

Die Johnson-Jahre Nach Kennedys Ermordung wurde Lyndon B. Johnson neuer Präsident der Vereinigten Staaten. Er war davon überzeugt, dass Amerika in Vietnam eine aktivere Rolle spielen müsse. 1964 wurden im Golf von Tonkin zwei amerikanische Kriegsschiffe von Nordvietnam angegriffen. Johnson nutzte den Vorfall, um sich vom Kongress die Erlaubnis einzuholen, Bombenangriffe auf Nordvietnam anzuordnen (Tonkin-Resolution). Bis 1968 griff Nordvietnam immer wieder erfolgreich Städte im Süden ab und wollte die USA auf diese Weise an den Verhandlungstisch zwingen. In jenem Jahr beschloss Johnson, sich nicht zur Wiederwahl zu stellen.

Kriegsgegner Johnson hatte gehofft, dass der Krieg in Vietnam sich nur minimal auf das Leben in den USA auswirken würde, doch stattdessen trat der militärische Einsatz gewaltige Protestaktionen los. In vielen Großstädten und Uni-Campus im ganzen Land demonstrierten Menschen gegen den Krieg. Einer der berühmtesten Zwischenfälle trug sich 1968 während des Parteitags der Demokraten in Chicago zu, als Hunderttausende Menschen gegen den Krieg demonstrierten. Es kam zu Straßenschlachten mit der Polizei.

Das Ende des Vietnamkriegs Als Richard Nixon Präsident wurde, brachte er einen als Nixon-Doktrin bezeichneten Plan mit. Dieser sah eine »Vietnamisierung« des Konflikts vor, was nichts anderes bedeutete, als die Kontrolle über die militärischen Aktivitäten mehr und mehr in die Hände der Südvietnamesen zu legen und die amerikanischen Truppen nach Hause zu holen. Amerika wollte sich künftig auf Luftangriffe beschränken. Unter Präsident Nixon weiteten die USA in einem Verstoß gegen internationales Recht den Krieg auf Laos und Kambodscha aus, um die Nachschubwege der Kommunisten zu zerstören und ihnen ihre Rückzugsmöglichkeiten zu nehmen. Im Dezember 1972 bombardierten die USA die größten Städte Nordvietnams, doch angesichts scharfer Kritik der Völkergemeinschaft musste Nixon seine Strategie überdenken. 1973 unterzeichneten Nordvietnam, Südvietnam und die USA in Paris einen Friedensvertrag. Die Feindseligkeiten zwischen Nordvietnam und den USA endeten dadurch, während der Krieg in Vietnam selbst erst am 30. April 1975 mit der Eroberung Saigons durch die Kommunisten ein Ende fand.

Der Koreakrieg

Vorgeschichte Nach dem Ende des Zweiten Weltkriegs drängte die Sowjetunion nach Korea. Die USA allerdings wollten nicht, dass Korea zu einem weiteren kommunistischen Staat wird, also setzten sie sich dort ebenfalls fest. Als Trennlinie zwischen dem von Amerika kontrollierten Süden und dem von den Sowjets kontrollierten Norden wurde der 38. Breitengrad

festgelegt. Im Norden entstand die als Übergangslösung gedachte Demokratische Volksrepublik Korea, die immer stärker kommunistisch geprägt wurde. Die Sowjetunion erkannte
die neue Regierung an, die USA nicht, weshalb sich der Norden in Richtung Moskau orientierte. Die USA versuchten, in
Südkorea eine freie Marktwirtschaft einzuführen, doch das
zog höhere Preise und Hungernöte nach sich. Die Vereinigten
Staaten übertrugen das Thema den Vereinten Nationen und in
ganz Korea wurde 1948 gewählt. Nach den Wahlen stellte der
Norden die Versorgung des Südens mit Elektrizität ein.

Überraschungsangriff des Nordens 1949 hatten die Vereinigten Staaten ihre Truppen größtenteils aus Südkorea abgezogen. Allzu viele Waffen wollte man auch nicht zurücklassen,
denn Südkoreas Präsident Rhee Syng-man sprach immer
wieder davon, den Norden anzugreifen. Am 25. Juni 1950 jedoch waren es nordkoreanische Einheiten, die den 38. Breitengrad überschritten und den Süden angriffen. Die Invasion
erwischte die USA kalt, sie hatten keinerlei Vorbereitungen
für einen derartigen Fall getroffen. Nach dem Abzug der US-
Truppen verfügten die südkoreanischen Truppen über nur
wenige Waffen, während die Nordkoreaner in sowjetischen
Panzern in den Süden rollten. Die Vereinten Nationen verurteilten die Handlungen Nordkoreas, in den USA war die
Rede davon, General Douglas MacArthur zu entsenden, damit er einen Gegenangriff anführe.

Die Landung bei Incheon Dass der Norden sich immer größere
Teile Südkoreas einverleibte, alarmierte die Vereinigten Staaten. Washington bewegte die Vereinten Nationen dazu, Südkorea zu Hilfe zu eilen. Im Juli 1950 wurden 300 000 Soldaten
(davon 260 000 aus den USA) im Auftrag der Vereinten Na-

tionen in Marsch gesetzt. Angeführt von General MacArthur landeten Einheiten in der Hafenstadt Incheon, vertrieben die Nordkoreaner und eroberten Südkorea zurück. Dann gingen die Uno-Truppen ihrerseits zum Angriff über und stießen bis an die Grenze zwischen Nordkorea und China vor. Jetzt reagierte China besorgt, hatte man doch die Nordkoreaner unterstützt. Die Furcht war groß, dass die Amerikaner als Vergeltungsmaßnahme chinesische Städte bombardieren könnten, deshalb griffen die Chinesen nun ihrerseits an. Mit nächtlichen Infanteriewellen warfen sie die Amerikaner zurück, brachten Nordkorea unter ihre Kontrolle und stießen auf südkoreanisches Gebiet vor. MacArthur forderte den Einsatz von Atomwaffen, aber Präsident Truman lehnte das ab und erhöhte stattdessen das Truppenkontingent. Schließlich gelang es, die chinesischen Einheiten zurückzuschlagen.

MacArthur wird entlassen Ohne Rücksprache mit Washington stellte General MacArthur den Chinesen ein Ultimatum: »Zieht euch zurück oder ich greife an.« Als Truman davon erfuhr, war er aufgebracht und wusste, er würde den General entlassen müssen. Zunächst einmal wartete Truman ab und nachdem der Kongress der Gründung der NATO zugestimmt hatte, musste sich Truman einen anderen Grund für die Entlassung suchen. Gerüchte kursierten, wonach MacArthur Trumans Politik unterlaufen und mit chinesischen Oppositionellen kooperieren wollte, um Rotchina wütend zu machen. Nachdem ein Kongressabgeordneter MacArthurs Vorhaben öffentlich machte, leitete Truman Gespräche über die Ablösung MacArthurs ein. Am 11. April 1951 folgte die Entlassung.

Ende des »Ziehharmonika-Kriegs« Das Kommando über die US-Truppen übernahm nun Matthew Ridgway. Am 22. April

1951 versuchten chinesische Streitkräfte, Seoul zu erobern, doch der Angriff konnte abgewehrt werden. Nach einem weiteren Fehlschlag wuchs auf amerikanischer Seite die Zuversicht, mit einem Gegenangriff erfolgreich zu sein. Tatsächlich standen die Truppen von Vereinten Nationen, USA und Südkorea am 30. Mai wieder am 38. Breitengrad. Es herrschte eine Pattsituation. Truman begann, auf ein Ende der Kampfhandlungen zu drängen, und die USA kontaktierten die Sowjetunion, wo man sich verhandlungswillig zeigte. Am 8. Juli 1951 begannen die Friedensverhandlungen.

Das Ende des Kriegs Als Dwight Eisenhower 1953 US-Präsident wurde, waren die Verhandlungen nicht wirklich weit vorangekommen. Am 8. Juni des Jahres einigten sich beide Seiten darauf, wie man mit chinesischen und nordkoreanischen Kriegsgefangenen umgehen wolle, die nicht nach China oder Nordkorea zurückkehren wollten. Anschließend konzentrierten sich die Unterhändler auf einen Friedensvertrag. Am 27. Juli 1953 unterzeichneten China, Nordkorea und die Vereinten Nationen einen Waffenstillstand (Südkorea verweigerte die Unterschrift). Entlang des 38. Breitengrads wurde eine drei Kilometer breite demilitarisierte Pufferzone (DMZ) zwischen Nord- und Südkorea errichtet. Bis heute sind Norden und Süden nicht wiedervereinigt und rein technisch betrachtet herrscht noch immer Krieg zwischen den beiden Landesteilen, denn der Süden hat die Vereinbarung nie unterschrieben.

Die Bürgerrechtsbewegung in den USA

Brown vs. Board of Education Am 17. Mai 1954 verkündete der Oberste Gerichtshof der USA eines der wichtigsten Urteile. Im Mittelpunkt stand die Drittklässlerin Linda Brown. Das kleine afroamerikanische Mädchen musste jeden Tag über 1,5 Kilometer zu ihrer Grundschule laufen, dabei lag eine andere Schule deutlich näher an ihrem Zuhause – doch diese Schule war ausschließlich weißen Kindern vorbehalten. Der Rektor verweigerte Brown den Besuch seiner Schule und der Fall ging schließlich bis zum Obersten Gericht. Dieser befand, dass der Grundsatz »Separate but equal« (»Getrennt, aber gleich«) alles andere als Gleichheit bedeute und dass die Rassentrennung an den staatlichen Schulen einen Verstoß gegen die Verfassung darstellt.

Rosa Parks Am 1. Dezember 1955 bestieg Rosa Parks einen Bus in Montgomery, Alabama. Ein weißer Fahrgast forderte sie auf, ihren Sitzplatz im für weiße Fahrgäste reservierten Bereich aufzugeben, und sich in den Abschnitt »für Farbige« hinten im Bus zu setzen. Parks weigerte sich und wurde daraufhin verhaftet. Die afroamerikanische Gemeinde Montgomerys boykottierte daraufhin die öffentlichen Verkehrsmittel der Stadt, angeführt von ihrem baptistischen Geistlichen und Bürgerrechtler Martin Luther King Jr. Der Boykott dauerte 381 Tage und bescherte der Stadt Umsatzeinbußen von 80 Prozent. Am 21. Dezember 1956 wurde schließlich die Rassentrennung in den Bussen aufgehoben.

Project C Um etwas gegen die Rassentrennung in Birming-
ham, Alabama, zu unternehmen, entwickelten Martin Luther
King und die afroamerikanische Bürgerrechtsorganisation
Southern Christian Leadership Conference das »Project C«,
wobei das C für »Confrontation« stand, also Konfrontation.
Mithilfe von gewaltlosen Maßnahmen wie Boykotten, Ver-
sammlungen und friedlichen Demonstrationen sollte in der
Öffentlichkeit ein Bewusstsein für die Schrecken der Rassentrennung entstehen. Die Polizei reagierte auf die gewaltlosen
Proteste mit Hundestaffeln, Gewalt und Feuerwehrschläuchen.
Am 12. April 1963 wurde Martin Luther King verhaftet. Im Gefängnis schrieb er seinen berühmten »Brief aus dem Gefängnis
von Birmingham«.

Aufhebung der Rassentrennung an der Universität von Alabama

1963 wurde George Wallace Gouverneur von Alabama. Er
hatte seinen Wahlkampf unter dem Slogan »Rassentrennung
jetzt, Rassentrennung morgen, Rassentrennung für immer«
geführt. Im Juni wurde der Regierung von Alabama unter-
sagt, sich in die Zulassung zweier afroamerikanischer Studenten zur Universität von Alabama einzumischen. Wallace
ernannte sich übergangsweise selbst zum Archivar der Universität und postierte sich an der Eingangstür des Gebäudes,
um zu verhindern, dass sich die afroamerikanischen Studenten einschreiben konnten. US-Präsident John F. Kennedy
setzte daraufhin die Nationalgarde von Alabama in Gang und
100 Mitglieder der Nationalgarde begleiteten die beiden Studenten. Der Kommandeur der Einheit, General Henry V.
Graham, wies Wallace persönlich an, Platz zu machen.

Der Marsch auf Washington

Am 28. August 1963 fand ein ge-
waltiger gemischtrassiger Protestzug in Washington statt.

Rund eine Viertelmillion Menschen, von Bürgerrechtlern bis hin zu ganz gewöhnlichen Menschen, demonstrierten friedlich unter anderem für eine raschere Umsetzung der Bürgerrechte, die Aufhebung der Rassentrennung in staatlichen Schulen, das Wahlrecht, Schutz vor Polizeigewalt und ein gesetzliches Verbot von Rassentrennung am Arbeitsplatz. Es traten Künstler wie Bob Dylan und Joan Baez auf, Hollywood-Stars wie Paul Newman und Sidney Poitier veranstalteten Lesungen. Am wichtigsten war jedoch der Auftritt von Martin Luther King, der vor dem Lincoln Memorial seine historische »I have a dream«-Rede hielt.

Civil Rights Act von 1964 Präsident Kennedy brachte 1963 ein neues Bürgerrechtsgesetz ein, das zu dem Zeitpunkt, als Kennedy ermordet wurde, noch den Kongress durchlief und schließlich am 2. Juli 1964 in Kraft trat. Der *Civil Rights Act* von 1964 verbot es, Menschen an öffentlichen Orten wie Restaurants, Hotels oder Kinos zu diskriminieren. Arbeitgeber mussten für Chancengleichheit am Arbeitsplatz sorgen. Sollte bei Projekten, die öffentliche Mittel erhielten, aufgrund von Rasse, Hautfarbe oder Nationalität diskriminiert werden, wurden die Mittel gekürzt. Zudem wurde die Ungleichbehandlung verboten, die bis dahin für Afroamerikaner gegolten hatte, wenn sie sich als Wähler registrieren lassen wollten.

Der Zweite Golfkrieg

Invasion in Kuwait Zwischen 1980 und 1988 trugen Irak und Iran den ersten Golfkrieg aus, ein extrem blutiger Konflikt, nach dessen Ende Irak hochverschuldet war. Am 2. August 1990 ließ der irakische Präsident Saddam Hussein 100 000 Soldaten in Kuwait einmarschieren. Saddam war der Meinung, dass Irak dringend benötigte Öleinnahmen entgingen, weil Kuwait zu viel Öl förderte und dadurch den Preis am Weltmarkt drückte. Nach zwei Tagen heftiger Kämpfe waren die kuwaitischen Streitkräfte aufgerieben oder hatten sich nach Bahrain und Saudi-Arabien abgesetzt. Sieben Monate lang hielt Irak Kuwait besetzt, während dieser Zeit kam es dort zu Plünderungen und Menschenrechtsverletzungen.

Wüstenschild und *Wüstensturm* Die USA fühlten sich durch das Vorgehen Saddam Husseins bedroht, da sie Gefahren für die Ölproduktion am Persischen Golf ausmachten. Mit Zustimmung Saudi-Arabiens verlegte US-Präsident George H.W. Bush amerikanische Bodentruppen und Kampfflugzeuge nach Saudi-Arabien, während irakische Truppen auf die saudi-arabische Grenze vorrückten – offenbar mit einem Auge auf die Ölfelder des Königreichs. Der amerikanische Truppeneinsatz in Saudi-Arabien firmierte als Unternehmen *Wüstenschild* und war groß angelegt. Mehr US-Soldaten als zu diesem Zeitpunkt waren zuletzt während des Vietnamkriegs im Einsatz gewesen. 30 andere Nationen schlossen sich den Vereinigten Staaten an. Als klar wurde, dass Saddam Hussein freiwillig nicht abziehen würde, wurde aus *Wüstenschild* das Unternehmen *Wüstensturm* – unter amerikanischer Führung begann die Koalition mit massiven Luftschlägen gegen Irak.

Beschuss mit Scud-Raketen Das irakische Militär verfügte über Scud-Raketen, taktische ballistische Flugkörper aus sowjetischer Herstellung, die auch für chemische Waffen und Nuklearsprengköpfe ausgelegt waren. Am 17. Januar feuerte Irak insgesamt sieben Scud-Raketen auf Israel ab, das sich auf den Angriff eingestellt hatte. Die USA baten Israel, keinen Vergeltungsschlag zu führen, und Israel willigte ein, weil die Amerikaner versprachen, sämtliche Scud-Abschussbasen in Irak zu zerstören.

Die Schlacht um Chafdschi Am 29. Januar begann die Schlacht um Chafdschi, die drei Tage dauern sollte. Vier Tage zuvor hatten die USA einen großen irakischen Truppenaufmarsch nahe der kuwaitischen Grenze bemerkt. Die Iraker verstärkten ihre Artilleriestellungen und ihre Bunker. In der Nacht des 29. Januar waren Einheiten der US-Marineinfanterie angriffsbereit in Stellung, als sich Panzer sowjetischer Bauart näherten. Es folgte ein Konvoi irakischer Panzer, die – wie es international üblich ist – zum Zeichen ihrer Kapitulationsbereitschaft die Kanonen nach hinten gedreht hatten. Plötzlich jedoch schwangen die Kanonen herum und die Panzer eröffneten das Feuer. Den Irakern gelang es, die saudi-arabische Grenzstadt al-Chafdschi zu erobern. Die Alliierten schlugen aus der Luft und mit Artillerie zurück, dem hatten Saddams Streitkräfte wenig entgegenzusetzen. Am 31. Januar war die irakische Offensive am Ende.

Kriegsende Der Krieg endete mit einer Reihe Bodenangriffen, die drei Tage dauerten und von ständigem Beschuss aus der Luft begleitet waren. Am 24. Februar rückten alliierte Truppen in Irak ein. Sie zielten auf Kuwait-Stadt ab und wollten über die westliche Flanke der irakischen Stellungen hinter die Linien gelangen. Am nächsten Tag erreichte die US-Marineinfanterie Kuwait-Stadt und nahm damit dem irakischen Westflügel sämtliche Rückzugsmöglichkeiten. Am dritten Tag kam es zu einer der größten Panzerschlachten der Geschichte, bei der die amerikanischen Streitkräfte zahlreiche irakische Panzer vernichten konnten, ohne selbst einen einzigen Panzer zu verlieren. Bei ihrem Abzug aus Kuwait setzten die irakischen Streitkräfte am 26. Februar rund 700 Ölquellen in Brand. Ein gewaltiger Konvoi irakischer Einheiten zog über einen großen Highway und sah sich dabei massiven Luftangriffen ausgesetzt (»Highway of Death«). Am 27. Februar 1991 erklärte Präsident Bush, Kuwait sei befreit und der Krieg vorüber.

Spätfolgen für die Soldaten Nach ihrer Rückkehr in die Heimat klagten viele US-Soldaten über unerklärliche chronische Symptome wie Übelkeit, Ausschlag, Krämpfe, Gedächtnisprobleme, Atemnot und Kopfschmerzen, es kamen sogar Kinder mit Geburtsfehler zur Welt. Man sprach vom »Golfkriegssyndrom«. 1994 schloss die US-Gesundheitsbehörde NIH nach einer Untersuchung biologische und chemische Waffen als Verursacher aus. 2008 hieß es, den Indizien zufolge hätten möglicherweise Nervengas, ein Gegenmittel gegen Nervengas oder Pestizide zur Bekämpfung von Sandflöhen das Syndrom ausgelöst. Eine 2019 veröffentlichte Studie ergab, dass bei Golfkriegsveteranen, die nach eigenem Bekunden Kontakt mit chemischen Waffen hatten, das Risiko für chronische Erkrankungen wie Bluthochdruck, Diabetes, Arthritis und chronische Bronchitis signifikant höher war.

Der Krieg gegen den Terror

9/11 Am 11. September 2001 (nach der amerikanischen Datumsschreibweise auch »Nine-Eleven«, 9/11, genannt) veränderte eine Anschlagserie die Geschichte der Vereinigten Staaten nachhaltig. 19 Terroristen von al-Kaida entführten vier Passagierflugzeuge. Zwei der Flugzeuge stürzten in die Zwillingstürme des World Trade Center in New York. Innerhalb von zwei Stunden fielen beide Türme in sich zusammen, dabei kamen 2753 Menschen ums Leben, darunter 343 Feuerwehrleute und 60 Polizisten. Das dritte Flugzeug stürzte ins Pentagon und tötete dabei 184 Personen. Nachdem sie von den anderen Angriffen erfahren hatten, versuchten die Passagiere und die Besatzung des vierten Flugzeugs, ihre Entführer zu überwältigen. Das Flugzeug stürzte letztlich in der Nähe von Shanksville im US-Bundesstaat Pennsylvania ab, alle 40 Menschen an Bord kamen dabei ums Leben. 2004 übernahm Osama bin Laden sämtliche Verantwortung für die Angriffe.

Der Krieg gegen den Terror Nach den Anschlägen vom 11. September verkündete die Regierung von US-Präsident George W. Bush einen Krieg gegen den Terror. Bei diesem Konflikt ging es darum, die Terroristen und ihre Organisationen zu besiegen (inklusive Osama bin Laden und Abu Musab al-Sarkawi), die internationale Kooperation bei der Terrorbekämpfung zu verbessern, den Terrororganisationen alle Zufluchtsorte und Finanzierungswege zu nehmen, einem terrorismusförderlichen Klima entgegenzuwirken und die Interessen der USA im In- und Ausland zu verteidigen. Im Oktober startete die Nato das Unternehmen *Active Endeavour*, das den Transport von Massenvernichtungswaffen und Terroristen im Mittelmeerraum unterbinden sollte.

Afghanistankrieg Am 7. Oktober 2001 begann mit der Operation *Enduring Freedom* der Afghanistankrieg. Unter Führung der USA ging es bei diesem Kampfauftrag darum, al-Kaida zu zerschlagen, dafür zu sorgen, dass die Terrororganisation nicht länger Afghanistan als Stützpunkt nutzt, die Taliban zu stürzen und Osama bin Laden zu finden. In der ersten Phase von *Enduring Freedom* vertrieb die Koalition die Taliban aus Afghanistans Hauptstadt Kabul. 2002 wurde die Operation *Anaconda* gestartet, die das Ziel hatte, alle in Afghanistan verbliebenen Kämpfer von al-Kaida und Taliban zu vernichten. Die Taliban gruppierten sich in Pakistan neu und führten Offensiven gegen die Soldaten der Koalition. Die Kämpfe zwischen den Taliban und den Koalitionstruppen halten bis heute an, allerdings sind Friedensverhandlungen im Gange. US-Präsident Joe Biden kündigte Mitte April 2021 den Abzug aller US-Streitkräfte aus Afghanistan bis zum 11. September 2021 an. Dem schlossen sich auch die übrigen beteiligten NATO-Länder an.

Der Zweite Irakkrieg Im März 2003 begann der Zweite Irakkrieg (teilweise auch nur Irakkrieg oder Dritter Golfkrieg genannt) mit einem amerikanischen Luftangriff auf einen Bunker, in dem sich angeblich der irakische Präsident Saddam Hussein und sein Führungsstab aufhielten. Es folgten Luftschläge gegen staatliche und militärische Einrichtungen, dann rückten Bodentruppen in Irak ein. Die Regierung Bush begründete ihr Vorgehen damit, es sei Teil des Kriegs gegen den Terror und Irak gewähre Terroristen Zuflucht und bunkere Massenvernichtungswaffen. Die Begründung wird inzwischen stark angezweifelt. Im April 2003 fiel Bagdad, kurz darauf löste sich die Regierung von Saddam Hussein auf. Präsident Bush erklärte das Ende des Kriegs, aber in Irak brach ein Aufstand los, der letztlich mehr Opfer fordern sollte als die ursprüngliche Invasion. Massenvernichtungswaffen fand man keine. Im Dezember 2003 wurde Saddam Hussein gefasst, 2006 wurde er hingerichtet. Offiziell endete der Kampfeinsatz der USA in Irak am 1. September 2010 mit der Operation *New Dawn*.

Kämpfe in Pakistan Nach den Anschlägen vom 11. September stellte sich Pakistan auf die Seite der Vereinigten Staaten – nachdem US-Präsident Bush dem Land zuvor ein Ultimatum gestellt hatte. Pakistans Präsident Pervez Musharraf erklärte, er lehne islamischen Extremismus ab und sein Land sei fest entschlossen, den Terrorismus zu bekämpfen. 2002 nahm Pakistan einige hochrangige Mitglieder von Dschihadisten-Organisationen fest, darunter auch führende Al-Kaida-Vertreter. 2004 machte sich die pakistanische Armee mit 80 000 Soldaten daran, al-Kaida und die Taliban aus ihrem Land zu vertreiben. Nach dem Sturz der Taliban in Afghanistan waren viele Mitglieder nach Pakistan geflohen, wo sie später getötet oder gefangen wurden. Bis heute kämpft eine pakistanische Taliban-Widerstandsbewegung in Pakistan.

Der Tod von Osama bin Laden Am 2. Mai 2011, zehn Jahre nach 9/11, töteten amerikanische Soldaten Osama bin Laden. Die Operation *Neptune Spear* war von US-Präsident Barack Obama befohlen worden. Ein Team der Navy Seals, einer Spezialeinheit der US-Marine, stürmte die Wohnanlage in Pakistan, in der bin Laden lebte. Bin Ladens Leichnam wurde anschließend zur Identifikation nach Afghanistan gebracht und in Einklang mit muslimischen Gebräuchen im Meer bestattet. Am 6. Mai bestätigte al-Kaida den Tod bin Ladens.

Der Nahostkonflikt

Die Geschichte der Region Die Geschichte von Israel und Palästina ist sehr vielschichtig. In der Antike hieß das Gebiet Judäa und wurde vom jüdischen Volk bewohnt. Die Römer eroberten Judäa und tauften es in Palästina um. Palästina wiederum wurde später von den Arabern erobert, die dort über 1000 Jahre lebten. Im 19. Jahrhundert entstand die zionistische Bewegung, die sich dafür einsetzte, einen jüdischen Nationalstaat in Palästina zu erschaffen, dem jüdischen Heimatland. Mit der Balfour-Erklärung unterstützte Großbritannien 1917 das Vorhaben, dem jüdischen Volk zu einem eigenen Staat in Palästina zu verhelfen. Das brachte die dort lebenden Araber auf. Es kam zu Unruhen und die Briten stoppten die Einwanderung von Juden nach Palästina. Nach dem Holocaust ließen die Briten wieder zu, dass Juden nach Palästina zogen, und 1947 teilten sie das Gebiet in einen jüdischen und einen arabischen Staat.

Palästinenserstaat Die Araber waren nicht bereit, diese Teilung zu akzeptieren. 1948 brach der Palästinakrieg zwischen Arabern und Israelis aus, der 1949 durch eine Waffenstillstandserklärung beigelegt wurde und damit endete, dass die Juden ihr Territorium ausweiten konnten. Hunderttausende Palästinenser flohen oder wurden vertrieben. Endgültig verständigten sich die beiden Lager 1988 auf die Zwei-Staaten-Lösung, doch auch damit fanden Gewalt und Landnahme kein Ende. Im September 2000 kam es erneut zum offenen Konflikt. In Form der sogenannten Roadmap legte die Regierung von US-Präsident George W. Bush einen Plan für die friedliche Entstehung eines Palästinenserstaats vor.

Terror durch die Palästinenser Auf Seiten der Palästinenser entstanden viele Parteien und Untergrundbewegungen, die ein einziges Ziel verfolgen – die gewaltsame Zerstörung Israels. Die Palästinensische Befreiungsorganisation (PLO) hat als einzige Organisation der Gewalt abgeschworen und Israels Existenzberechtigung anerkannt. Im Gegenzug ließ Israel zu, dass die PLO im Gazastreifen und im Westjordanland einzog. Ein Großteil dieser Region wird eigenständig von den Palästinensern regiert. Dennoch werden von palästinensischer Seite weiterhin Akte des Terrors begangen, in erster Linie von militanten islamischen Gruppen wie der Hamas, die sich nicht an die von der PLO getroffenen Vereinbarungen gebunden fühlt. Die Gewalt und der Widerstand der Palästinenser gegen die Israelis sind als Intifada bekannt.

Unterdrückung durch die Israelis Als Reaktion auf die palästinensische Gewalt hat Israel die Zahl der Palästinenser begrenzt, die Israel betreten dürfen. An den Grenzübergängen finden strenge Kontrollen statt und immer wieder kommt es an den Checkpoints von beiden Seiten zu Akten der Gewalt. Es fanden Angriffe seitens der Palästinenser statt und israelische Grenzer töteten Palästinenser. 2002 begann Israel mit der Errichtung der Sperranlagen, einer Kombination aus Metallzäunen und Mauern aus Stahlbeton. Die Sperranlage verläuft in der Nähe der »Grünen Linie« zwischen Israel und dem

Westjordanland und soll das Eindringen von Palästinensern auf israelisches Territorium unterbinden. Für den Bau besetzte Israel im Westjordanland erneut Land, das eigentlich den Palästinensern überlassen worden war. Um Selbstmordanschläge zu unterbinden, haben israelische Militäreinheiten Tausende Palästinenser getötet, zahlreiche Häuser zerstört und viele zusätzliche Checkpoints errichtet.

Hamas Die Hamas (kurz für »Harakat al-Muqawama al-Islamiyya«, »Islamische Widerstandsbewegung«) ist ein Zusammenschluss radikaler islamischer Fundamentalisten, die größtenteils im Gazastreifen aktiv sind. Die Hamas will einen islamischen Palästinenserstaat erschaffen und Israel zerstören und arbeitet zu diesem Zweck mit politischen Mitteln und Mitteln des Terrors. Die Hamas steht hinter vielen großangelegten Selbstmordattentaten und Anschlägen auf militärische Ziele. Sie greift ausschließlich Israel und israelisch besetzte Gebiete an, Gewalt gegen die Vereinigten Staaten wurde nicht verübt.

Anerkennung Israels Viele Palästinenser wünschen sich, dass die Hamas Israels Existenzrecht anerkennt, damit Friedensverhandlungen eingeleitet werden können. Die Hamas erkennt an, dass Israel existiert, aber sie weigert sich, das Land als jüdischen Staat anzuerkennen, und hat auch nicht den Wunsch, Frieden zu schließen. Staats- und Regierungschefs aus den USA und Europa verweigern der Hamas die Zusammenarbeit und sperren sich dagegen, Palästina Hilfe zukommen zu lassen, solange die Hamas Israel nicht anerkennt und ihre Waffen niederlegt. Eine große Mehrheit der Palästinenser möchte Frieden, doch die Hamas weigert sich, auf sie zu hören. Die Bewegung wird Israel nicht anerkennen und beharrlich sein Ziel eines islamischen Palästinenserstaats verfolgen.

Teil 2
Die Sprache

Das Alphabet

Die phönizische Schrift Um 3000 vor unserer Zeitrechnung gab es in Mesopotamien Keilschrift und in Ägypten die Hieroglyphen. Die phönizische Schrift dagegen unterschied sich stark von diesen beiden Schreibsystemen. Sie arbeitete nicht mit Bildzeichen (Piktogrammen), es handelte sich vielmehr um eine Konsonantenschrift, bei der bestimmte Symbole für bestimmte Töne stehen. Dieses Schreibsystem breitete sich rasch im Mittelmeerraum aus und wurde von zahlreichen Kulturen übernommen.

Die aramäische Schrift Bei der aramäischen Schrift handelt es sich um eine Weiterentwicklung der phönizischen Schrift. Sämtliche Alphabete des Nahen Ostens lassen sich auf sie zurückführen. Ähnlich wie bei der phönizischen Schrift standen die Buchstaben ausschließlich für Konsonanten, aber es gab auch bestimmte Stellen, die lang gesprochene Vokale signalisierten. Engster Verwandter der aramäischen Schrift, wie sie im fünften Jahrhundert vor unserer Zeit verwendet wurde, ist bis heute das hebräische Alphabet. Was die Zahl und die Form der Buchstaben angeht, sind die beiden praktisch identisch.

Die griechische Schrift Die Griechen übernahmen die phönizische Schrift und überarbeiteten sie, bis im 8. Jahrhundert vor unserer Zeit das erste echte Alphabet entstanden war, es also sowohl Konsonanten als auch Vokale gab. Die Griechen nutzten sogar die Konsonantensymbole der Phönizier für Vokale – ihre Sprache verfügte nicht über dieselben Töne wie die der Phönizier und sie benötigten diese Symbole für die Vokale. Das griechische Alphabet hatte starken Einfluss auf das lateinische Alphabet, das bis heute am häufigsten verwendete Alphabet weltweit.

Das lateinische Alphabet Das lateinische oder römische Alphabet resultiert daraus, dass Etrusker und Römer das griechische Alphabet weiterentwickelten. Das lateinische Alphabet bestand aus 21 Buchstaben, nämlich:

A, B, C, D, E, F, G, H, I, K, L, M, N, O, P, Q, R, S, T, V und X.

In diesem Alphabet wurde auf Latein geschrieben und während sich das Römische Reich ausbreitete, breiteten sich auch die Sprache und die Schrift aus. Im Laufe der Zeit bildeten sich die romanischen Sprachen heraus und mit ihnen auch unterschiedliche Alphabete.

Altenglisches Alphabet Das erste Alphabet für die englische Sprache war eine Futhark genannte Runenschrift, die die Angelsachsen in den Gebieten verwendeten, die heute England bilden. Im 7. Jahrhundert machten christliche Missionare die Angelsachsen mit der lateinischen Schrift vertraut und mit der Zeit nahm die lateinische Schrift Teile des angelsächsischen Futhark auf. Das altenglische Alphabet bestand aus 24 Buchstaben des lateinischen Alphabets und fünf aus dem englischen.

Das moderne englische Alphabet Das moderne englische Alphabet entstand um das Jahr 1550 und ist das Alphabet, wie es heute in den Vereinigten Staaten genutzt wird. Mit dem Aufkommen des Buchdrucks wandelte sich das altenglische Alphabet zum modernen englischen Alphabet. Viele der angelsächsischen Buchstaben gingen dabei verloren, während die lateinische Schrift beibehalten wurde. Das altenglische Alphabet umfasste die folgenden Zeichen:

A, B, C, D, E, F, G, H, I, K, L,
M, N, O, P, Q, R, S, T, V, X, Y, Z
&, ¬, ¶, Þ, Ð und Æ.

Das moderne englische Alphabet unterschied zwischen den Buchstaben *I* und *J* sowie *U* und *V* und es wird vermutet, dass das *W* zu einem späteren Zeitpunkt ergänzt wurde.

Die Interpunktion

Wie alles begann Die Anfänge der Interpunktion sind bei den alten Griechen und den alten Römern zu suchen. Redner markierten ihre Redetexte, damit sie wussten, an welcher Stelle sie eine Pause zu machen hatten. Diese Markierungen erhielten je nach Art der benötigten Pause Namen wie Punkt, Komma oder Semikolon. Interpunktion wurde lange Zeit nur unregelmäßig verwendet, erst mit der Erfindung und dem Aufstieg des Buchdrucks im 15. Jahrhundert wurde sie auf eine Art und Weise verwendet, wie wir es heute kennen.

Der Punkt Der Punkt steht am Satzende, um eine Aussage oder einen Gedanken abzuschließen. Ein Punkt kann auch am Ende eines Befehls verwendet werden: »Wenn ihr fertig seid mit dem letzten Teil der Prüfung, legt die Stifte weg.« Gleichzeitig schließt der Punkt eine Frage in indirekter Rede ab: »Ihr Chef fragte sie, warum sie am Montag nicht zur Arbeit gekommen war.«

Das Komma Im Englischen wird das Komma angewendet, um Hauptsätze zu trennen, die durch Konjunktionen (Bindewörter wie »und«, »aber«, »oder«) verbunden sind. Im Deutschen ist aus dem Pflichtkomma zwischen zwei durch Konjunktionen verbundenen Hauptsätzen nach der Rechtschreibreform ein »Kann«-Komma geworden. Das Komma dient zur Trennung von Punkten in einer Aufzählung, es kann auch einen Satz für ergänzende Informationen unterbrechen. Zum Beispiel: »Ihr Hund, der in die Pfütze gesprungen war, war völlig durchnässt.«

Das Semikolon Grundsätzlich gilt: Zwei Hauptsätze ohne Konjunktion kann man statt mit einem Punkt auch mit einem Semikolon trennen: »Geben Sie mir Ihre Nummer; ich rufe Sie an, sobald ich zuhause bin.« Das Semikolon oder Strichpunkt kann auch bei Aufzählungen zur besseren Verständlichkeit genutzt werden, etwa wenn Aufzählungspunkte ihrerseits ein Komma enthalten.

Der Doppelpunkt Ein Doppelpunkt wird verwendet, wenn man zwei Hauptsätze schreibt und den zweiten besonders betonen möchte. »Die verabredete Zeit war verstrichen: Seine Verabredung war nicht erschienen.« Ein Doppelpunkt kann auch eine Liste, ein Zitat, eine Apposition (zwei Sätze stehen direkt nebeneinander und der eine dient dazu, den anderen zu definieren oder zu verändern) oder eine andere Idee einleiten, die im Bezug zum Hauptsatz steht.

Der Gedankenstrich und der Bis-Strich Ein Gedankenstrich hebt Inhalt vom restlichen Text ab oder betont ihn. »Im Zuschauerraum waren sehr viele Menschen unterwegs – unter ihnen auch Tom und Scott.« Der Bis-Strich wird dafür genutzt, einen Wert zwischen zwei Zahlen darzustellen: »Öffnungszeiten 10–19 Uhr«.

Der Satzaufbau

Wortarten Wörter werden im Deutschen in zehn Hauptkategorien oder Wortarten unterteilt und wer diese Kategorien nicht kennt, wird Probleme haben zu begreifen, wie der Satzaufbau funktioniert. Bei diesen Wortarten handelt es sich um Substantive (Menschen, Orte oder Dinge), Pronomen (Wörter wie »er«, »sie«, »es«, die Substantive ersetzen können), Adjektive (Wörter, die Substantive beschreiben), Verben (Handlungen), Adverbien (Wörter, die Adjektive, Verben oder Substantive verändern, indem sie wann/was/wie/warum/wie viel beschreiben), Konjunktionen (Bindewörter, die Sätze oder Ausdrücke verknüpfen), Artikel (Wörter, die das Geschlecht eines Substantivs bestimmen), Numerale (Zählwörter wie eins, zwei, der dritte, der vierte), Präpositionen (Wörter, die Substantive, Pronomen oder Ausdrücke mit anderen Teilen des Satzes verbinden) und Interjektionen (Wörter, die

Gefühle ausdrücken und nicht im Zusammenhang mit dem Rest des Satzes stehen).

Satzaufbau Ein Satz besteht zunächst einmal aus Subjekt, Prädikat (Verb) und Objekt. Das Subjekt ist üblicherweise das Substantiv, gefolgt vom Prädikat, das bestimmt, welche Handlung erfolgt. Schließlich folgt das Objekt als Empfänger der Handlung. Im Satz »Tom wirft den Ball zu Sally« ist Tom das Subjekt, weil es im Satz um ihn geht. Das Werfen des Balls ist das Prädikat, Sally ist das Objekt, denn sie bekommt den Ball, den ihr das Subjekt zugeworfen hat.

Attribute Attribute sind Worte, Teilsätze oder Phrasen, die einem anderen Wort oder Satzteil Bedeutung verleihen. Man unterscheidet zwischen Linksattributen und Rechtsattributen. Ein Linksattribut wird einem Wort vorangestellt, ein Rechtsattribut hintenan.

Präpositionalphrasen Eine Präpositionalphrase verleiht den Verben und Substantiven in einem Satz Bedeutung. Sie besteht aus zwei Teilen – einer Präposition (einem Wort, welches das Verhältnis zwischen einem Substantiv/Pronomen und den anderen Wörtern innerhalb eines Satzes beschreibt) und dem Objekt der Präposition. Bei »im Gebäude« ist »im« die Präposition, weil sie auf den Ort hinweist, und »Gebäude« ist das Objekt der Präposition.

Relativsatz Relativsätze helfen anzugeben, welcher Teil eines Satzes wichtiger als der Rest des Satzes ist. Dieser Prozess wird als Hypotaxe bezeichnet. Relativsätze sind eine abhängige Wortgruppe, die das Hauptwort beeinflussen. Normalerweise enthalten sie Relativpronomen (der, die, das, welcher, welche, welches): »Der Hund, der seinen Napf leergefressen hatte, wollte noch mehr Futter.« »Der seinen Napf leergefressen hatte« ist der Relativsatz.

Partizipialsätze Ein Partizip ist eine Verbform, die als Adjektiv verwendet wird. »Kochend« und »gekocht« sind Partizipien des Verbs »kochen«. Ein Partizipialsatz enthält Partizip (Partizip Präsens oder Perfekt), Bestimmungswörter, Objekte und Ergänzungen. Ein Beispiel: »Um die Ecke biegend, stieß sie mit einem Mann zusammen.« »Um die Ecke biegend« ist in diesem Fall der Partizipialsatz.

Menschliche Sprache

Warum Menschen anders sind Die menschliche Sprache ist einzigartig und unterscheidet sich deutlich von der Sprache anderer Lebewesen. Menschen können mit einer extrem breiten Spanne an Tönen arbeiten und auf diese Weise Sprache erzeugen. Die Töne und Wörter, die wir verwenden, sind dabei rein willkürlich und werden durch soziale Interaktion erlernt. Andere Spezies verfügen nur über eine sehr begrenzte Auswahl an Tönen, die sie produzieren können. Welche das sind, wird über die Gene vererbt.

Linguistik Als Linguistik wird das Studium der menschlichen Sprachen bezeichnet und es geht im Wesentlichen um drei Bereiche: Grammatik (die Regeln, die beim Sprechen der Sprache gelten), Bedeutung (wie eine Sprache mit Referenzen arbeitet, um Bedeutungen zu verarbeiten und zuzuweisen) und Kontext (die Entwicklung der Sprache). Die Fähigkeit, Sprachen zu erlernen und mit ihnen zu kommunizieren, ist nach Auffassung von Linguisten ähnlich wie die Fähigkeit, aufrecht zu gehen, angeboren.

Semantik Sprache weist einem Zeichen Bedeutung zu. Als Lexikon wird die Anordnung von Zeichen bezeichnet, die willkürlich und an bestimmte Bedeutungen geknüpft sind. Anders formuliert: Das Lexikon sind die Wörter, die Sie in einer bestimmten Sprache kennen, der Wortschatz. Beim Lexem handelt es sich um ein einzelnes Zeichen, das für eine bestimmte Bedeutung steht. *Elefant* beispielsweise hat nur eine Bedeutung. Ein Elefant kann nie mit einer Katze oder einem Hund verwechselt werden.

Pragmatik Die Pragmatik untersucht, wie der Kontext einer Äußerung zu Bedeutung führt. Sie erklärt, wie Menschen die Mehrdeutigkeiten von Sprache überwinden können, die so stark mit Zeit, Raum, Art und Weise und weiteren Faktoren verbunden ist. Eine Äußerung ist ein konkretes Beispiel von Sprache mit spezifischem Kontext, und die Pragmatik untersucht, wie der spezifische Kontext die Bedeutung der Äußerung beeinflusst.

Phonetik Die Phonetik befasst sich mit den Lauten der menschlichen Sprache. Es gibt dabei drei grundsätzliche Bereiche: Die artikulatorische Phonetik untersucht, wie Sprache im Sprachtrakt eines Menschen entsteht. Die akustische Phonetik befasst sich mit der Übertragung von Sprache von Redner zu Zuhörer. Die auditive Phonetik untersucht, wie der Zuhörer Sprache empfängt und wahrnimmt.

Syntax Syntax ist die Satzlehre, sie untersucht die Regeln und Grundsätze, nach denen Sätze aufgebaut werden. Zur Syntax gibt es zahlreiche Theorien, eine der bekanntesten ist die von Noam Chomsky entwickelte Transformationsgrammatik. Sie befasst sich mit der Beziehung zwischen den unterschiedlichen Elementen eines Satzes und der Vielzahl von Sätzen in einer Sprache und erklärt dann mithilfe von Regeln diese Beziehung.

Dialekte

Was sind Dialekte? Ein Dialekt oder eine Mundart ist eine Variante einer bestimmten Sprache, die charakteristisch für eine bestimmte Gruppe von Nutzern dieser Sprache ist. Gemeint sind abweichende Sprachmuster innerhalb derselben Sprache, häufig hängen Dialekte mit gesellschaftlichen, geografischen und wirtschaftlichen Faktoren sowie dem Hintergrund der Sprechenden zusammen. Dialekte unterscheiden sich durch ihre Nutzung von Grammatik, Satzbau, Morphologie und Vokabular.

Standardsprache Eine Standardsprache ist ein Dialekt, der nicht länger nur durch die kleine Gruppe seiner ursprünglichen Nutzer verwendet wird, sondern auch auf andere Weise. Standarddialekte tauchen beispielsweise in der Literatur und der Verwaltungssprache auf und werden auch von Institutionen unterstützt. Australisches Englisch, kanadisches Englisch und schottisches Englisch sind allesamt Dialekte der englischen Sprache.

Soziolekte Unterschiede der Dialekte stehen in direktem Zusammenhang mit dem gesellschaftlichen Status. Menschen mit hohem Bildungsniveau gehören zumeist einer höheren gesellschaftlichen Schicht an und verwenden den Standarddialekt, wohingegen niedrigere – und zumeist weniger gut ausgebildete – Schichten den ursprünglichen Dialekt der Region bewahren. Innovationen der Dialekte finden oftmals in urbanen Gebieten statt, wohingegen der in ländlichen Gebieten gesprochene Dialekt meist die traditionelle geografische Variante darstellt.

Geografische Dialekte Die große Vielfalt an Dialekten hängt zumeist mit geografischen Faktoren zusammen. Die Art und Weise, wie an einem Ort gesprochen wird, wird sich immer in irgendeiner Form von der Sprechweise an einem anderen Ort unterscheiden. Als Isoglosse bezeichnet man eine geografische Grenze zwischen Regionen, die einen linguistischen Unterschied markiert. Isoglosse treten häufig gebündelt auf, was auf Migration und politische Grenzen zurückzuführen ist. Ein Beispiel für eine Isoglosse ist die La-Spezia-Rimini-Linie, die die mittelitalienischen Dialekte von den norditalienischen Dialekten abgrenzt.

Interlingua Zwischen 1937 und 1951 wurde Interlingua als Sprache entwickelt, die die Sprachen der westlichen Zivilisation als ihre Dialekte verwenden würde. Linguisten erkannten, dass viele Begriffe in unterschiedlichen Sprachen ähnlich sind, also erschufen sie mit Wörtern aus dem Englischen, dem Spanischen, dem Portugiesischen, dem Italienischen, dem Französischen, dem Russischen und dem Deutschen eine Laut- und Schriftsprache, die von allen Menschen verstanden werden soll. Interlingua gilt als Welthilfssprache.

Kernzonen und Reliktzonen In Kernzonen kommt es zu Innovationen der Dialekte. Häufig sind sie deckungsgleich mit städtischen Gebieten oder Gebieten mit hoher kultureller und wirtschaftlicher Aktivität. Reliktzonen dagegen sind Gebiete, die von den Innovationen aus der Kernzone noch nicht erreicht wurden. Auch in Reliktzonen finden Innovationen statt, aber sie breiten sich geografisch nicht so weit aus wie aus Kernzonen. Boston ist ein Beispiel für eine Kernzone, Cape Cod für eine Reliktzone.

Wortfiguren

Was sind Wortfiguren? Wortfiguren sind ein literarischer Weg, Wörtern zusätzliche Interessantheit, Betonung, Frische oder eine besondere Bedeutung zu verleihen. Wortfiguren können als rhetorische Vorrichtungen oder Ausdrucksweise bezeichnet werden. Sie werden im übertragenen – und nicht im wortwörtlichen – Sinne verwendet, was mehr Raum für die Fantasie erschafft und für Möglichkeiten, etwas kreativ zu beschreiben.

Vergleiche Vergleiche zählen zu den häufigsten Wortfiguren. Eine Sache wird dazu herangezogen, um eine andere zu beschreiben. Wichtig ist die Verwendung von Begriffen wie »wie«. »Er isst wie ein Schwein« oder »Es ist leicht wie eine Feder« sind zwei Beispiele für Vergleiche. Andere Vergleichsformen finden sich in Sätzen mit »als«, beispielsweise: »Ich wusste gar nicht mehr, wie dieses Gerät funktioniert – als würde ich es das erste Mal sehen« oder »Ich liebe dich mehr als mein Leben«.

Metaphern Metaphern sind ähnlich wie Vergleiche, arbeiten aber nicht mit Begriffen wie »wie« oder »als«. Stattdessen besagen sie einfach, dass eine Sache eine andere Sache ist. Bei dem Satz »Ihr Zimmer ist ein Schweinestall« ist uns klar, dass die genannte Person nicht tatsächlich in einem Schweinestall lebt, sondern dass es dort vielmehr sehr unordentlich ist. Metaphern und Vergleiche sagen dasselbe aus, unterscheiden sich aber in der Formulierung. »Er ist eine Schlange« ist eine Metapher, aber als »Er ist wie eine Schlange« formuliert, wird derselbe Gedanke zu einem Vergleich.

Hyperbel Hyperbeln sind eine Form der Übertreibung, die eine starke Reaktion hervorrufen sollen. Sie sind nicht wortwörtlich zu verstehen und werden häufig humorig eingesetzt. »Er ist älter als die Dinosaurier« und »Ich bin eine Million Mal klüger als du« sind zwei Beispiele für Hyperbeln. Diese Sätze sind stark übertrieben. Hyperbeln werden häufig von den Medien und in der Werbung eingesetzt.

Oxymoron Bei einem Oxymoron werden zwei gegensätzliche oder widersprüchliche Ideen kombiniert, um eine neue Bedeutung oder ein paradoxes Bild zu erschaffen. »Bittersüße Schokolade« ist so ein Beispiel. »Bitter« und »süß« sind Gegensätze, aber zusammengefügt nehmen sie eine völlig neue Bedeutung an. Andere Beispiele: »ohrenbetäubende Stille«, »Gefrierbrand« oder »alter Knabe«.

Andere häufige Wortfiguren Ebenfalls häufig verwendet werden beispielsweise Alliterationen, bei denen der Anfangsbuchstabe wiederholt wird (»Wehmütig wabern warme Wellen westwärts.«); Anaphora, bei denen ein einzelnes Wort oder eine einzelne Phrase wiederholt wird; Onomatopoetika, Lautmalerei, bei der Wörter die Töne imitieren, auf die sie sich beziehen (bellen, krachen, miauen); und Antithesen, bei denen in einem einzelnen, ausgewogenen Satz widersprüchliche Ideen gegenübergestellt werden.

Literarische Begriffe

Genres In der Literatur bezeichnet ein Genre eine spezielle Kategorie, die sofort erkennbar ist und bestimmten, für diese Gattung typischen Konventionen folgt. Beispiele für Genres sind Sachliteratur (ausschließlich faktenbezogen), Krimis (es geht um ein Verbrechen oder ein Ereignis, das erst am Ende des Buchs aufgelöst wird) oder Fantasy (enthält Elemente, die nicht realistisch sind).

Allegorien In der Literatur ist eine Allegorie eine Erzählung, die symbolisch für etwas Anderes ist. Hinter der wörtlichen Bedeutung der Geschichte steht eine zweite, bedeutsamere Geschichte oder Idee. Beim Roman *Herr der Fliegen* beispielsweise geht es vordergründig um Kinder, die auf einer Insel stranden, woraufhin Chaos ausbricht. Die Allegorie hingegen befasst sich mit der Zivilisation insgesamt und dem Bösen im Menschen.

Katharsis In der Literatur stellt die Katharsis einen Punkt in der Erzählung dar, an dem negative Gefühle freigesetzt werden. Das hilft dem Charakter oder dem Verständnis des Publikums für den Charakter. Der Begriff kommt aus dem Altgriechischen und bedeutet »Reinigung«. Zuerst taucht er in Aristoteles' *Poetik* auf, der griechische Philosoph beschreibt dort, wie sich Drama auf das Publikum auswirkt.

Motiv Motive in der Literatur sind wiederkehrende Bilder, Phrasen, Elemente, Ausdrücke, Wörter, Handlungen oder Gegenstände, die für die Geschichte von symbolischer Bedeutung sind. Motive können dazu beitragen, das Thema einer Erzählung herzustellen. Ein Motiv kann auch eine Situation, ein Charakter, ein Bild, eine Idee oder ein Zwischenfall sein, wie man ihn in anderer Literatur findet. Eine Dreiecksbeziehung oder die Korruption der Macht sind Beispiele für Motive.

Mehrdeutigkeit Mehrdeutigkeiten lassen Raum für unterschiedliche Interpretationen und sorgen für Offenheit im Text. Wegen fehlender Details oder allgemein gehaltener Charakterisierungen werden Unklarheiten in der Literatur gelegentlich als Schwäche ausgelegt, sie lassen sich aber auch geschickt nutzen und gereichen der Geschichte dann zum Vorteil.

Metanoia Metanoia ist ein Begriff aus dem Griechischen und steht für eine Änderung der Weltsicht. Ein Charakter erlebt einen völligen Zusammenbruch, gefolgt vom Prozess der Heilung, oder der Charakter erlebt einen Sinneswandel oder eine Transformation. Metanoia ist eine Form der Katharsis.

Literarische Elemente

Der Plot Einfach gesagt ist der Plot die Geschichte, wie sie in der Literatur, im Film, im Fernsehen oder einem anderen erzählerischen Werk geschildert wird. Es ist der Ablauf von Ereignissen, die die Geschichte ausmachen. Der deutsche Schriftsteller Gustav Freytag definierte den Plot als Geschichte, die sich aus fünf Teilen zusammensetzt: Exposition, die Einführung der zentralen Charaktere, ihrer Geschichte und Beziehungen; die Komplikation, eine steigende Handlung, die mit einem wie auch immer gearteten Konflikt beginnt (im Allgemeinen geht es darum, dass der Charakter danach strebt, ein bestimmtes Ziel zu erreichen); die Klimax, der Wendepunkt der Geschichte; die Retardation, bei der lose Enden verknüpft werden, und schließlich das Dénouement, die Lösung aller Konflikte.

Der Protagonist Als Protagonisten werden die zentralen Charaktere einer Geschichte bezeichnet. Um sie dreht sich die gesamte Handlung der Geschichte. *Der Zauberer von Oz* beispielsweise handelt davon, den Zauberer von Oz zu finden, der dem Buch auch seinen Namen gibt. Protagonistin des Romans allerdings ist Dorothy, denn es geht um ihre Reise und nicht die des Zauberers. Der Protagonist kann manchmal der Erzähler der Geschichte sein, es gibt jedoch auch das Stilmittel des falschen Protagonisten, der überraschend entsorgt wird. Ein berühmtes Beispiel dafür findet sich im Film *Psycho* von Alfred Hitchcock, wo mitten im Film die Hauptdarstellerin getötet wird.

Der Antagonist Der Antagonist ist der Gegenspieler des Protagonisten. Er kann auch eine Bedrohung des Protagonisten darstellen oder für eine gegensätzliche Idee stehen. Wenn beispielsweise der Superheld der Protagonist ist, dann übernimmt der Bösewicht die Rolle des Antagonisten. Ein klassisches Beispiel ist Lord Voldemort oder auch Severus Snape aus der »Harry Potter«-Reihe. Harry ist der Protagonist, sie sind seine Antagonisten.

Vorahnungen Vorahnungen dienen dazu, Entwicklungen anzudeuten, die im weiteren Verlauf des Plots eintreten werden. Bestimmte Ereignisse, Handlungen oder Gesten lassen den Leser erahnen, was geschehen wird. Führen diese Hinweise allerdings vorsätzlich in die falsche Richtung, spricht man von einer Finte, einer falschen Fährte oder einem *red herring*.

Die Erzählperspektive Handelt es sich um einen Ich-Erzähler, schildert er selbst, was ihm passiert. Manchmal ist die Geschichte dann auf die Informationen im jeweiligen Augenblick begrenzt. Wird die Geschichte aus der Sicht einer dritten Person erzählt, handelt es sich um einen objektiven, neutralen Beobachter, der sich nicht in einen der Charaktere versetzt. Ein allwissender Erzähler kann die Handlung aus der Sicht mehrerer Personen schildern und weiß alles bis hin zu den Gedanken der Charaktere. Ein begrenzt allwissender Erzähler dagegen weiß auch alles, aber nur von ein, zwei Charakteren.

Das Setting Das Setting legt den Schauplatz oder Ort der Handlung fest und ist mehr als nur ein Hintergrund, vor dem bestimmte Handlungen geschehen. Das Setting gibt Stimmung und Ton der gesamten Geschichte vor und liefert den Rahmen, der für das Verständnis erforderlich ist. Es gibt vor, in welcher Zeit die Geschichte spielt, in welcher Kultur und in welchem geografischen Rahmen. In einigen Fällen kann das Setting genauso wichtig sein wie die Charaktere.

Aufbau eines Absatzes

Was ist ein Absatz? Ein Absatz ist eine Gruppe von Sätzen, die mit dem erörterten Thema zusammenhängen. Wenn man ein guter Autor sein möchte oder einfach nur danach strebt, dass das Geschriebene für den Leser Sinn ergibt, sind gute Absätze unerlässlich. Absätze organisieren Sätze so, dass die zentrale Idee auf einfache und zusammenhängende Weise vermittelt werden kann. Eine gute Daumenregel besagt: Niemals mehr als eine Idee pro Absatz.

Der Einleitungssatz Im Einleitungssatz wird dem Publikum vermittelt, worum es im Rest des Absatzes geht. Es muss nicht zwingend der allererste Satz eines Absatzes sein, aber grundsätzlich ist es eine gute Idee, mit dem Einleitungssatz zu beginnen. Der Leser sollte aus dem Einleitungssatz ableiten können, worum es in dem Absatz geht. Solange der Absatz verständlich ist, muss das Thema nicht überdeutlich ausgeführt werden.

Der Mittelteil Der Mittelteil heißt auch »unterstützende Sätze«, weil dort exakt das geschieht – es stehen dort Sätze, die die Idee unterstützen. Wenn in der Einleitung die zentrale Idee hinter dem Absatz präsentiert wird, sollten im Mittelteil die

Informationen (Bilder, Daten, Analysen) folgen, die erforderlich sind, um die Aussage zu untermauern. Grundsätzlich sollten Ihre Absätze fünf bis sieben Sätze lang sein, damit die zentrale Idee, die Sie vermitteln wollen, ausreichend unterstützt werden kann.

Der Schlusssatz Der Schlusssatz ist wie der Einleitungssatz, nur umgekehrt. Anstatt ein Thema zur Diskussion zu öffnen, soll der Schlusssatz die zentrale Idee des Absatzes abschließen. Beispielsweise könnte er alles in der Einleitung und dem Mittelteil Gesagte noch einmal zusammenfassen. Nicht jeder Absatz benötigt einen Schlusssatz, aber wenn es sich um einen langen Absatz handelt oder der Absatz viele Informationen enthält, kann ein Schlusssatz von großem Nutzen sein.

Achten Sie bei Ihrem Absatz auf eine gute Struktur Wann ist die Menge an Informationen in einem Absatz ausreichend, wann mangelt es möglicherweise an Informationen? Das ist nicht immer einfach abzuschätzen. Hier sind einige Tipps, wie Sie Ihren Absatz gut strukturieren: Achten Sie darauf, das Thema, über das Sie sprechen werden, zu beschreiben, es zu analysieren und alle Informationen anzuführen, die Ihnen helfen, Ihre Idee zu vermitteln. Wann immer Sie können, sollten Sie Fakten und Details zitieren, über Ursache und Wirkung sprechen, mit Geschichten und Anekdoten arbeiten, Bedingungen festlegen und Vergleiche und Gegenüberstellungen anstellen.

Wann beginnt man einen neuen Absatz? Es gibt mehrere Wege festzustellen, dass man einen neuen Absatz einleiten sollte. Die offensichtlichste Methode besteht darin, dass man beginnt, über ein neues Thema oder eine neue Idee zu sprechen.

Auch wenn der Inhalt im Kontrast zu dem bisherigen Material steht, sollte ein neuer Absatz begonnen werden. Aber selbst wenn die Idee noch nicht abgeschlossen ist, kann ein Absatz zu lang und leseunfreundlich werden, sodass es sich empfiehlt, einen neuen Absatz zu beginnen und den Augen der Lesenden auf diese Weise eine kurze Erholungspause zu verschaffen. Und schließlich sollten Sie auch für die Einführung und den Schlusssatz einen neuen Absatz beginnen.

Poesie

Rhythmus Der Rhythmus ist das Gegenstück zum Takt in der Musik. In der Dichtung können bestimmte Wörter länger gezogen oder anders betont werden als andere Wörter. Mit diesem Betonungsmuster lässt sich eine Art Rhythmuseffekt erzeugen. Manchmal ist der Rhythmus offensichtlich, manchmal kann er verhaltener und unterschwelliger sein.

Metrik Die Metrik ist das sich wiederholende Muster betonter und unbetonter Silben in Verszeilen. Enthält eine Verszeile beispielsweise 15 Silben, ist die erste Silbe unbetont, die zweite betont, die nächste unbetont und so weiter. Ein Versfuß ist eine Kombination aus betonten und unbetonten Silben. Bei unterschiedlichen Arten von Poesie kommt unterschiedliche Metrik zum Einsatz. Die Jambe beispielsweise ist ein Versfuß, bei der eine kurze (unbetonte) Silbe von einer langen (betonten) Silbe gefolgt wird. Ein Daktylus dagegen besteht aus einer betonten Silbe, der zwei unbetonte folgen.

Stanze Eine Stanze ist eine Serie von zwei oder mehr zusammenhängenden Zeilen eines Gedichts. Sie sind üblicherweise von gleicher Länge und folgen denselben metrischen und rhythmischen Mustern. Ein Zweizeiler zählt zu den Stanzen und besteht aus zwei, sich reimenden Zeilen. Ein Terzett besteht aus drei Verszeilen, die sich reimen können, aber nicht müssen. Vierzeiler heißen auch Quartett oder Quartine und können in allen möglichen Reimformen auftreten.

Narrative Poesie Narrative Poesie ist wie eine Geschichte, denn es gibt einen Plot, doch diese Geschichte wird in Versform erzählt. Zur narrativen Poesie zählen Epen, Balladen und Idyllen. Narrative Poesie kann lang oder kurz sein, verwickelt und komplex aufgebaut oder eher simpel. Normalerweise handelt es sich um nicht dramatische Erzählgedichte, die einer regelmäßigen Metrik folgen. Ein Beispiel für narrative Poesie sind die *Canterbury Tales* von Geoffrey Chaucer.

Heldendichtung Heldendichtungen sind längere narrative Gedichte, im Mittelpunkt stehen dabei üblicherweise ein Held und seine Heldentaten. Epen haben eine lange Tradition in der mündlichen Poesie und schriftliche Beispiele finden sich bis zurück zu den alten Griechen. Eine der berühmtesten Heldendichtungen ist Homers *Odyssee*, bei der es um die Heimreise des Odysseus im Anschluss an den Krieg um Troja geht.

Sonette Sonette zählen zu den häufigsten Formen der Dichtkunst. Der berühmteste Verfasser von Sonetten dürfte William Shakespeare sein. Sonette sind 14 Zeilen lang und im sogenannten jambischen Fünfheber geschrieben. Das erste Quartett befasst sich mit dem Hauptthema und der Metapher, das zweite Quartett kompliziert oder erweitert das

Thema. Im dritten Quartett wird eine Wende eingeführt und schließlich fasst ein Zweizeiler das Gedicht zusammen und lässt das Publikum mit einem neuen Bild im Kopf zurück.

Horror

Gothic Horror Was früher einmal Schauerromane hieß und heute eher als Gothic Novel bezeichnet wird, zählt zu den berühmtesten Spielarten der Horror-Romane. Als erstes Werk des Genres gilt das 1764 von Horace Walpole verfasste *Das Schloss von Otranto*. Im 18. und 19. Jahrhundert war Gothic unglaublich beliebt. Das Genre kombiniert Elemente des Horrorromans, der Romanze und des Pathos. Ganz besonderes Gewicht kommt der Atmosphäre zu. Auch Monster spielen in der Gothic Fiction eine wichtige Rolle. Aus diesem Genre stammen einige der berühmtesten Schauerromane aller Zeiten.

Robert Louis Stevenson Robert Louis Stevenson ist der Autor zahlreicher berühmter Bücher, darunter die Schauernovelle *Der seltsame Fall des Dr. Jekyll und Mr. Hyde* von 1886. Das Werk erzählt die Geschichte eines Arztes, der ein Medikament entwickelt und an sich selbst erprobt. Daraufhin verwandelt er sich in ein schreckliches Monster. Es geht um die Zwiespältigkeit der menschlichen Natur und die Fähigkeit des Menschen, Gutes wie Böses zu bewirken.

Bram Stoker Bram Stoker ist der Erfinder einer der berühmtesten Horrorfiguren aller Zeiten – Graf Dracula. Schon bevor Stoker 1897 *Dracula* veröffentlichte, hatte es Vampirromane gegeben, aber keiner hatte eine derartige Wirkung wie Stokers Gothic Novel. In dem Roman reist der Londoner Anwalt Jonathan Harker nach Transsylvanien, wo er Graf Dracula bei einem Immobiliengeschäft helfen soll. Doch schon bald muss er erleben, welchen Schrecken der berühmte Vampir verbreitet. In dem Buch geht es um Sexualität, Religion und Aberglauben. Auch Draculas Gegenspieler Professor Van Helsing wurde weltberühmt.

Mary Shelley 1818 erschuf Mary Shelley in *Frankenstein oder Der moderne Prometheus* ein Monster, das bis heute zu den weltweit bekanntesten Wesen gehört. In *Frankenstein* werden Elemente des Gothic Horror und der Romanze verwoben, der Roman zählt zu den frühesten Werken der Science-Fiction. Shelley begann als 18-Jährige mit der Arbeit an dem Buch; Auslöser war eine Wette mit anderen Schriftstellern, wer den besseren Horrorroman würde schreiben können. Drei Jahre später begann das Monster des Doktor Frankenstein seinen Siegeszug um die Welt.

H.P. Lovecraft Howard Philips Lovecraft ist nicht so bekannt wie Mary Shelley oder Bram Stoker, aber er wurde zu einer Kultfigur, die häufig mit Größen wie Edgar Allan Poe verglichen wurde. Am bekanntesten ist sein Cthulhu-Mythos, ein literarisches Universum, das er sich mit anderen Horror-Autoren teilte. Zu seinen populärsten Werken gehört die Erzählung *The Call of Cthulhu*.

Stephen King In den vergangenen 45 Jahren überragte in der Welt der Horrorromane ein Name alle anderen – Stephen King. King wurde 6-mal mit dem Horror Guild Award ausgezeichnet, 12-mal mit dem Bram Stoker Award, 19-mal mit dem World Fantasy Award, 47-mal mit dem Locus Award, außerdem erhielt er einen Lifetime Achievement Award. Zu seinen bekanntesten Werken zählen *Shining, Carrie, Brennen muss Salem* und *Es*.

Humor

Mark Twain Mark Twain zählt zu den bekanntesten Humoristen Amerikas. Er hat Klassiker wie *Die Abenteuer des Tom Sawyer* und *Die Abenteuer des Huckleberry Finn* verfasst. Vor allem letzteres gilt als eines der großartigsten Werke der amerikanischen Literatur. Twains Einfluss als Humorist und Beobachter der Gesellschaft hält bis heute an. Seit 1998 verleiht das Kennedy Center jährlich den Mark Twain Prize an komödiantische Persönlichkeiten, die etwas in der Welt bewegen. Zu den Ausgezeichneten zählen Carol Burnett, Eddie Murphy, David Letterman und Julia Louis-Dreyfus.

John Kennedy Toole Toole lebte von 1937 bis 1969 und schuf mit *Die Verschwörung der Idioten* einen der bekanntesten komödiantischen Romane des 20. Jahrhunderts. Das Buch erschien erst 1980, elf Jahre, nachdem sich Toole umgebracht hatte. Nachdem er *Die Verschwörung der Idioten* abgeschlossen hatte, schickte Toole das Manuskript an einen Verlag, doch der lehnte es ab. Tooles Mutter drängte nach dem Tod ihres Sohnes den Autor Walker Percy, das Manuskript zu lesen. Als er es schließlich tat, verliebte er sich in das Buch. Das Buch wurde veröffentlicht und im Jahr darauf erhielt John Kennedy Toole posthum den Pulitzer-Preis zuerkannt.

P.G. Wodehouse Sir Pelham Grenville Wodehouse (1881–1975) veröffentlichte 1915 mit *In alter Frische* sein erstes komödiantisches Werk. Insgesamt verfasste Wodehouse über 90 Bücher, am bekanntesten sind seine Erzählungen von Bertram Wooster und dessen Diener Jeeves, Geschichten voller exzentrischer Charaktere und vielschichtigen Handlungssträngen. Wodehouse verfasste Theaterstücke und arbeitete als Texter. Er schrieb beispielsweise den Text für Musicals wie *Anything Goes*.

Terry Pratchett Sir Terence Pratchett lebte von 1948 bis 2015, 1971 veröffentlichte er mit *Alarm im Teppich-Reich* seinen ersten Roman. In seinen Werken kombiniert er Humor und Fantasy, am bekanntesten sind seine Scheibenwelt-Romane, von denen 41 erschienen sind. 1990 schrieb er gemeinsam mit Neil Gaiman den Roman *Ein gutes Omen*, eine Parodie auf den Film *Das Omen* und Weltuntergangsromane.

Douglas Adams Douglas Adams erschuf die beliebte Reihe *Per Anhalter durch die Galaxis*. Entdeckt wurde er von Graham Chapman aus der Komikertruppe Monty Python. Zu Beginn seiner Laufbahn schrieb Adams für Radiosendungen der BBC und auch *Per Anhalter durch die Galaxis* begann als Hörspielserie in der BBC. Adams entwickelte im Laufe der Zeit daraus eine Reihe von fünf Büchern. *Per Anhalter durch die Galaxis* war vom Start weg sehr beliebt, wurde als Fernsehserie verfilmt, es gab ein Videospiel, einen Kinofilm und Comicbücher.

David Sedaris David Sedaris (dessen Schwester die Comedienne Amy Sedaris ist) zählt zu den aktivsten Humoristen unserer Zeit. Seine Bücher sind meistens Sammlungen kurzer Essays voller beißender, absurder und leicht neurotischer Kommentare zu seinem Leben. In einem seiner bekanntesten Stücke, *Santaland Diaries*, erzählt er von der Zeit, als er im Kaufhaus Macy's im Advent einen Weihnachtselfen gespielt hat. Seine Essays wurden in zahlreichen Büchern veröffentlicht, eines der bekanntesten ist *Ich ein Tag sprechen hübsch*.

Detektivgeschichten

Edgar Allan Poe Edgar Allan Poe mag in erster Linie für seine dunklen Gedichte wie *Der Rabe* bekannt sein oder für Horrorgeschichten wie *Das verräterische Herz*, aber er gilt auch als der Schöpfer des Mystery-Genres. Seine 1841 veröffentlichte Geschichte *Der Mord in der Rue Morgue* gilt als allererste Detektivgeschichte. Sie handelt von dem Detektiv C. Auguste Dupin, der versucht, den Mord an zwei Frauen aufzuklären, und zu diesem Zweck Hinweise sammelt und analysiert. Viele Elemente moderner Detektivgeschichten finden sich bereits in Poes Arbeiten, beispielsweise in *Der entwendete Brief* oder *Der Goldkäfer*.

Sherlock Holmes Denkt man an Detektivgeschichten, fällt rasch der Name Sherlock Holmes. Erfunden wurde er von Sir Arthur Conan Doyle, seinen ersten Fall löste Holmes 1887 in *Eine Studie in Scharlachrot*. Doyles bekanntestes Buch war *Der Hund von Baskerville*, das 1902 veröffentlicht wurde. Für seinen Charakter schaute sich Doyle einiges von Poes Detektiv C. Auguste Dupin ab. Sherlock Holmes spielte in vier Romanen und zahllosen Erzählungen die Hauptrolle und bis heute werden seine Fälle in Spielfilmen und im Fernsehen aufgegriffen.

Das Goldene Zeitalter der Detektivgeschichten Der Zeitraum zwischen 1920 und 1939 gilt als Goldenes Zeitalter der Detektivgeschichten. In dieser Zeit erschufen produktive Autoren und Autorinnen wie Dorothy L. Sayers, Agatha Christie und Freeman Wills Crofts ihre bekanntesten Werke. Poe und Doyle erweckten das Genre zum Leben, im Goldenen Zeitalter erhielt es seinen letzten Schliff. Die Bücher wollten ihr Publikum einbinden und dazu bringen, gemeinsam mit dem Ermittler den Fall zu lösen. Deshalb folgten diese Werke bestimmten Vorgaben: Der Verbrecher sollte bereits frühzeitig im Buch Erwähnung finden, die Detektive durften sich nicht von Intuition oder Zufällen helfen lassen, es durfte keine übernatürlichen Lösungen geben und dem Publikum sollten keine Hinweise vorenthalten werden. Mit Beginn des Zweiten Weltkriegs ließ die Beliebtheit der Detektivgeschichten nach.

Dorothy L. Sayers Ihren Debütroman *Der Tote in der Badewanne* veröffentlichte Dorothy L. Sayers 1923. In dem Werk tritt erstmals der Ermittler auf, den Sayers in elf weiteren Romanen und 21 Erzählungen an den Start schickt – Lord Peter Wimsey. 1929 gründete Sayers den Detection Club, eine Vereinigung britischer Kriminalautoren, der beispielsweise auch G.K. Chesterton und Agatha Christie angehörten. Ab den 1930er-Jahren schrieb Sayers keine Detektivromane mehr, sondern verlegte sich auf das Verfassen von Hörspielen und theologischen Dramen.

Agatha Christie Agatha Christie (1876 bis 1976) zählt zu den bekanntesten und produktivsten Kriminalautorinnen. Den belgischen Privatermittler Hercule Poirot lässt sie in 42 ihrer 78 Bücher auftreten, darunter in dem 1926 veröffentlichten *Alibi*. Ähnlich wie bei Dorothy L. Sayers spielen auch Christies Romane in den Landhäusern der britischen Ober- und Mittelschicht, in Dörfern und sogar in Zügen. Agatha Christie schuf Werke voller Details, Komplexität und einer Prise Humor. Sie recherchierte sehr gründlich und entwickelte sich sogar zur Expertin für Gifte.

Louise Penny Mit dem Ende des Goldenen Zeitalters war aber keineswegs auch das Ende des Detektivromans insgesamt gekommen. Bis heute gibt es viele großartige Kriminalautoren, die die Tradition der Detektivgeschichte fortführen. Louise Pennys erster Roman *Denn alle tragen Schuld* (auch: *Das Dorf in den roten Wäldern*) wurde 2005 von den Kritikern bejubelt und gewann mehrere Preise, darunter den Dagger Award, den Arthur Ellis Award und den Barry Award. Pennys Ermittler ist Chief Inspector Armand Gamache, der die Mordkommission in Quebec leitet. Auch wenn die Handlung in Quebec spielt, enthalten die Gamache-Romane doch viele Elemente englischer Detektivromane. Penny hat bislang 14 Bücher veröffentlicht und sechsmal den Agatha Award in der Kategorie Bester Roman gewonnen.

Fantasy

Das Gilgamesch-Epos Das Gilgamesch-Epos stammt aus der Zeit der alten Sumerer und ist nicht nur die älteste erhaltene fantastische Geschichte der Menschheit, sondern die älteste schriftliche Geschichte überhaupt. Das Epos wurde auf Tontafeln geschrieben und handelt von König Gilgamesch, der sich auf eine Reise macht, um das furchtbare Ungetüm Humbaba zu erschlagen und das Geheimnis der Unsterblichkeit zu enthüllen. Gilgamesch basierte auf einem realen Herrscher jener Zeit, dem König von Uruk, der während des 21. Jahrhunderts vor unserer Zeitrechnung regierte.

Die Chroniken von Narnia Die Chroniken von Narnia sind eine siebenbändige Romanserie von C.S. Lewis. Sie umfasst einige der bekanntesten Fantasy-Romane aller Zeiten, etwa *Der König von Narnia*, *Prinz Kaspian von Narnia* und *Das Wunder von Narnia*. Lewis hat die Bücher zwischen 1949 und 1954 geschrieben und verlegt die Handlung in die fiktive Welt Narnia. Die Romane decken die gesamte Geschichte dieses Reichs von Anbeginn bis zu seinem Ende ab. Im Mittelpunkt der Erzählung stehen häufig Kinder, sprechende Tiere, Magie und der Kampf zwischen Gut und Böse.

Harry Potter Zu den erfolgreichsten und beliebtesten Fantasiereihen der Neuzeit gehören die Harry-Potter-Romane von Joanne K. Rowling. In sieben Büchern erzählt sie die Geschichte des jungen Zauberers Harry, der mit zwei Freunden die Hogwarts-Schule für Hexerei und Zauberei besucht und gegen den bösen Zauberer Lord Voldemort kämpft. Ein wesentlicher Unterschied zwischen der Harry-Potter-Reihe und anderen Fantasy-Romanen besteht darin, dass Harry in der Jetztzeit lebt und die Handlung teilweise im heutigen London spielt.

Der Herr der Ringe 1937 verfasste der Oxford-Professor John Ronald Reuel Tolkien den Roman *Der kleine Hobbit*, der in der fiktiven Welt Mittelerde spielt, die von Zauberern, Elben, Trollen und Hobbits bevölkert wird. 1954 erschien der drei Bände umfassende *Herr der Ringe* als Fortsetzung. Darin werden die Ereignisse aus *Der kleine Hobbit* fortgeführt und die Hauptcharaktere versuchen, einen Ring zu zerstören, der in den falschen Händen zum Untergang der Welt führen könnte. Frodo Beutlin macht sich zusammen mit einem Freund und zwei Vettern auf eine Reise, die das Ziel hat, die Welt zu retten.

Ein Lied von Feuer und Eis *Ein Lied von Feuer und Eis* ist eine laufende Buchreihe, deren erster Band 1991 veröffentlicht wurde. Autor ist George R.R. Martin, Schauplatz der Handlung ist der Kontinent Westeros und die östlich davon gelegene Landmasse Essos. In allen Büchern geht es um Bürgerkrieg in Westeros, die Bedrohung durch eine geheimnisvolle, »Andere« genannte Macht und den Versuch einer im Exil lebenden Königstochter, den ihr zustehenden Thron zu besteigen. Die Bücher werden aus der Erzählperspektive unterschiedlicher Charaktere erzählt. Die ersten fünf von bislang sieben Büchern dienten als Grundlage für die Fernsehserie *Game of Thrones*.

Die Eragon-Reihe Die laufende Fantasy-Buchreihe *Eragon* umfasst bislang fünf Werke des Autors Christopher Paolini. Das erste Buch der Reihe, *Das Vermächtnis der Drachenreiter*, schrieb Paolini mit gerade einmal 15 Jahren. Nach einem Jahr

Arbeit verlegte er das Buch selbst. Ein großer Verlag wurde darauf aufmerksam und veröffentlichte es neu. Die *Eragon*-Romane spielen in Alagaësia, wichtigste Charaktere sind der Teenager Eragon, dessen Eltern gestorben sind, sowie sein Drachen Saphira. Die Bücher begleiten Eragon dabei, wie er ein Drachenreiter wird und gegen den bösen König kämpft, der aus Angst, sie hätten es auf seinen Thron abgesehen, Drachenreiter tötet.

Science-Fiction

Jules Verne Der französische Schriftsteller gehört zu den bekanntesten und meistgelobten Science-Fiction-Autoren aller Zeiten und gilt als »Vater der Science-Fiction«. Er hat Klassiker wie *20 000 Meilen unter dem Meer, Die Reise zum Mittelpunkt der Erde* und *In 80 Tagen um die Welt* verfasst. Verne lebte von 1828 bis 1905, die ersten englischen Übersetzungen seiner Werke erschienen in den 1870er-Jahren.

H.G. Wells Herbert George Wells genießt in der Welt der Science-Fiction-Literatur einen herausragenden Ruf. Zu seinen bekanntesten Romanen zählen *Der Unsichtbare, Die Insel des Dr. Moreau, Die Zeitmaschine* und *Der Krieg der Welten*. *Die Zeitmaschine* aus dem Jahr 1895 gilt als einer der ersten modernen Science-Fiction-Romane. *Der Krieg der Welten* sorgte 1938 für enorme Schlagzeilen, als Orson Welles und das Mercury Theatre on the Air ein Hörspiel daraus machten. So realitätsnah war die Schilderung einer Invasion Außerirdischer, dass viele Zuhörer an den Radiogeräten in Panik gerieten und glaubten, es wären tatsächlich Wesen aus dem All auf der Erde gelandet.

Robert Heinlein Robert Heinlein (1907–1988) zählt zu den umstrittensten Science-Fiction-Autoren. Zu Beginn seiner Laufbahn schrieb er für Pulp-Magazine, aber er gilt als der Autor, der Science-Fiction in ein ernstzunehmendes Literaturgenre verwandelte. Seine Werke enthalten politische Botschaften und er befasst sich mit der Heuchelei der Religion. Heinlein schrieb viele Kurzgeschichten und 32 Romane, darunter bekannte Werke wie *Fremder in einer fremden Welt*, *Starship Troopers* und *Mondspuren* (auf Deutsch auch als *Revolte auf Luna* und *Der Mond ist eine herbe Geliebte* veröffentlicht). In seinem Roman *Space Cadet* (auf Deutsch auch als *Weltraum-Piloten* und *Weltraum-Kadetten* veröffentlicht) aus dem Jahr 1948 spielen Atomwaffen eine Rolle und es gibt sogar Mobiltelefone!

Arthur C. Clarke Während des Zweiten Weltkriegs arbeitete Arthur C. Clarke (1917–2008) an der Entwicklung des britischen Radars mit. 1945 veröffentlichte er einen Artikel, in dem er anregte, drei Satelliten in eine Umlaufbahn um die Erde zu bringen und auf diese Weise die globale Kommunikation zu erleichtern. Sein erstaunlich erfolgreicher Vorschlag führte zur Erfindung des Kommunikationssatelliten. Clarke hat zahlreiche Erzählungen veröffentlicht und seine Kurzgeschichte *The Sentinel* inspirierte Stanley Kubrick zu seinem Film *2001: Odyssee im Weltraum*.

Isaac Asimov Asimov (1920–1992) gilt als einer der größten Autoren im Bereich der Science-Fiction. Er schrieb um die

500 Bücher, darunter Horrorromane, wissenschaftliche Werke, Komödien und sogar Gedichtbände. Seine bekanntesten Werke sind die Kurzgeschichte *Und Finsternis wird kommen* … und seine Roboterromane (beispielsweise *Ich, der Roboter*). Asimovs Arbeiten dienten als Inspiration für den Charakter Data aus der Film- und TV-Reihe *Star Trek*.

Ray Bradbury Der Amerikaner Ray Bradbury (1920–2012) verfasste mehr als 500 Werke und das bekannteste davon zählt wohl zu den umstrittensten Science-Fiction-Büchern aller Zeiten - *Fahrenheit 451*. Der Roman spielt in einer dystopischen Welt, in der man den Hedonismus feiert und das Lesen von Büchern verboten ist. Bradbury hat zahlreiche weitere bekannte Werke verfasst, darunter *Löwenzahnwein, Die Mars-Chroniken, Der illustrierte Mann* und *Das Böse kommt auf leisen Sohlen*.

Märchen

Die Fabeln des Äsop Nach aktuellem Kenntnisstand gibt es 725 äsopische Fabeln. Einige davon (beispielsweise *Die Schildkröte und der Hase*) zählen zu den populärsten Märchen überhaupt, aber über Äsop selbst wissen wir nur sehr wenig. Was wir wissen, ist, dass er Grieche war und im sechsten Jahrhundert vor unserer Zeitrechnung in Thrakien zur Welt kam. Man geht davon aus, dass er einen Großteil seines Lebens als Sklave auf der Insel Samos verbrachte, dass er aber trotzdem zahlreiche Freiheiten genoss und seine Fabeln vor Gericht nutzte, um seine

Argumentation zu unterstreichen. Wie viele der Fabeln tatsächlich von ihm stammen und wie viele ihm später einfach zugeschrieben wurden, ist unbekannt.

Charles Perrault Perrault kam am 12. Juli 1628 in Paris zur Welt und starb 1703. Im Alter von 67 Jahren verlor er seinen Posten als Sekretär des königlichen Finanzministers. Daraufhin beschloss er, mit dem Schreiben zu beginnen. Er ist der Verfasser einiger der bis heute bekanntesten Märchen, darunter *Rotkäppchen*, *Aschenputtel*, *Der gestiefelte Kater* und *Schneewittchen*. Diese Geschichten und vier weitere wurden unter dem Namen *Erzählungen aus alter Zeit* beziehungsweise *Geschichten meiner Mutter Gans* in Buchform veröffentlicht. Perrault hat diese Märchen nicht erfunden, aber er war der erste, der sie durch eine Kombination aus Witz und Stil in ein literarisches Werk verwandelte.

Hans Christian Andersen Der dänische Autor (1805–1875) gilt als Vater des modernen Märchens. Andersen verfasste mehr als 150 Märchen, zu den berühmtesten zählen *Die kleine Meerjungfrau*, *Das hässliche Entlein*, *Des Kaisers neue Kleider* und *Däumeline*. Indem er mit Mundart und gesprochener Sprache arbeitete, brach Andersen mit althergebrachten Traditionen der dänischen Literatur, aber nicht nur das: Fast alles, was er verfasste, stammte tatsächlich von ihm, unter den 156 Märchen waren gerade einmal zwölf Volksmärchen. Andersens Arbeit beeinflusste Autoren wie Charles Dickens (mit dem er befreundet war) und Oscar Wilde.

Die Gebrüder Grimm Jakob und Wilhelm Grimm kamen 1785 und 1786 zur Welt. Unter dem Einfluss der damals in Deutschland beliebten Romantik-Bewegung begannen die Brüder im ersten Jahrzehnt des 19. Jahrhunderts damit, Märchen zusammenzutragen. 1812 erschien der erste, 86 Geschichten umfassende Band, zwei Jahre später folgte ein weiterer Band mit 70 Geschichten. Die Geschichten ließen sich die Brüder von Bauern und Dorfbewohnern erzählen, dann überarbeiteten sie die Erzählungen und fügten zahlreiche Anmerkungen hinzu. Durch Jakob und Wilhelm Grimm wurden Märchen wie *Schneewittchen, Der Froschkönig, Hänsel und Gretel* und *Rapunzel* einer breiten Masse bekannt, während die Brüder enorme Beliebtheit erfuhren.

Gabrielle-Suzanne Barbot de Villeneuve Die französische Autorin Gabrielle-Suzanne Barbot de Villeneuve lebte von 1695 bis 1755. Sie ist vor allem für die Geschichte *Die Schöne und das Tier* bekannt, die im Rahmen der 1740 erschienenen Sammlung *La Jeune Américaine, et les Contes marins* von einer alten Frau während einer langen Seereise erzählt wird. Ihre Version von *Die Schöne und das Tier* war mit 362 Seiten viel länger als spätere Varianten und bei ihr war das Tier auch deutlich wilder. Die französische Adlige Madame Jeanne-Marie Leprince de Beaumont schrieb die Geschichte um, kürzte sie drastisch zusammen und erschuf die uns heute vertraute Version von *Die Schöne und das Biest.*

Carlo Collodi Der italienische Autor Carlo Lorenzini, der unter dem Namen Carlo Collodi bekannt wurde, lebte von 1826 bis 1890. Er arbeitete zunächst als Journalist im satirischen Bereich, wandte sich dann aber vom Journalismus ab, schrieb für ein Magazin und verfasste Theaterkritiken. Zu dieser Zeit begann er, Arbeiten von Charles Perrault zu übersetzen. Das inspirierte ihn so sehr, dass er selbst Märchen erdachte. Er schrieb *Die Geschichte einer Puppe*, die später unter dem Namen *Die Abenteuer des Pinocchio* zu Weltruhm gelangen sollte. 1905 erschien der Roman als *Hippeltitsch's Abenteuer* oder in anderen Fassungen *Das hölzerne Bengele* auch auf Deutsch.

Journalismus

Johann Carolus Johann Carolus (1575–1634) war Herausgeber der allerersten Zeitung, der *Relation aller Fürnemmen und gedenckwürdigen Historien*. Er verdiente sein Geld damit, händisch Mitteilungsblätter zu schreiben und sie gegen einen hohen Abonnementspreis zu verkaufen. Er erkannte, dass er mehr Geld verdienen würde, wenn er diese Schreiben in größeren Mengen drucken und dann zu günstigeren Preisen vertreiben würde. 1604 kaufte Carolus eine Druckerei in Straßburg, das damals Teil des Heiligen Römischen Reichs Deutscher Nation war, und begann, eine Wochenzeitung zu drucken.

Die *Oxford Gazette* Einer der wichtigsten Meilensteine in der Geschichte des Journalismus war das Erscheinen der *Oxford Gazette* im Jahr 1665. Sie gilt als erste richtige Zeitung Englands, stand Lesern aus sämtlichen Gesellschaftsschichten zur Verfügung und vor allem war der Text erstmals in Spalten unterteilt. Die *Gazette* erschien zweimal die Woche unter demselben Namen, womit sie sich von anderen Veröffentlichungen der Zeit abhob, die unter wechselnden Namen erschienen. Als offizielles Mitteilungsblatt von König Karl II. wurde die *Gazette* in London und Oxford gedruckt. Die

Oxford Gazette änderte später ihren Namen in *The London Gazette* und existiert bis heute als *The Gazette*.

Der Amerikanische Bürgerkrieg und die Zeitungen Zum Zeitpunkt der Amerikanischen Revolution waren in den USA Zeitungen recht weit verbreitet. Um 1800 herum existierten hier über 200 Zeitungen. Dabei handelte es sich aber keineswegs um unabhängige Publikationen, die objektiv berichteten, sondern um Organe der politischen Parteien, die auf diesem Weg ihre Botschaft unter das Volk bringen wollten. Der Bürgerkrieg veränderte die Art und Weise der Berichterstattung in den Zeitungen. Reporter wurden als Kriegskorrespondenten damit beauftragt, wahrheitsgetreu über Ereignisse zu berichten. Dank des gut ausgebauten Schienen- und Telegrafennetzes gelangten Informationen nun schneller von A nach B. Weil Telegramme damals allerdings ausgesprochen kostspielig waren, musste der Text sehr präzise sein. Das hat bis heute die Art und Weise, wie Nachrichtentexte geschrieben werden, beeinflusst.

Henry Stanley Die New Yorker Tageszeitungen prägten den Journalismus weiter. Henry Stanley wurde 1867 zum Sonderberichterstatter des *New York Herald*. 1866 war der berühmte schottische Missionar und Entdecker David Livingstone wieder einmal nach Afrika gereist, um den Nil zu erforschen. Nachdem er spurlos von der Bildfläche verschwunden war und man schon länger nichts mehr von ihm gehört hatte, schickte der *New York Herald* 1871 Stanley nach Afrika, um nach Livingstone zu suchen. Im November 1871 fand Stanley tatsächlich Livingstone und begrüßte ihn mit dem berühmt gewordenen Ausspruch »Dr. Livingstone, I presume?«. Stanleys Suche nach Livingstone war die Geburtsstunde des investigativen Journalismus.

William Randolph Hearst William Randolph Hearst (1863 bis 1951) war der Sohn eines Selfmade-Millionärs und studierte an der Uni Harvard Journalistik. Noch während seines Studiums erklärte er seinem Vater, er wolle den *San Francisco Examiner* leiten. Am 7. März 1887 übernahm er die Zeitung tatsächlich, 1895 kaufte er das erfolglose *New York Morning Journal* und änderte den Namen in *New York Journal*. Fortan konkurrierte er mit seinem ehemaligen Harvard-Kommilitonen und Mentor Joseph Pulitzer und dessen *New York World*. Die beiden Verleger gelten als Erfinder der »Yellow Press«, des Sensationsjournalismus voller künstlich überhöhter Meldungen und wahnwitziger Geschichten. Sie sollen verantwortlich dafür sein, dass die USA Ende des 19. Jahrhunderts gegen Spanien in den Krieg zogen.

Enthüllungsjournalismus Nach dem Ersten Weltkrieg begannen Investigativjournalisten, Fälle von Missbrauch und Korruption in der Geschäftswelt und der Politik aufzudecken. Theodore Roosevelt hielt diese Arbeit grundsätzlich für lobenswert, kritisierte die Methoden jedoch als unverantwortlich. Zu den berühmtesten Enthüllungsjournalisten zählt Upton Sinclair, dessen Roman *Der Dschungel* aus dem Jahr 1906 die furchtbaren Arbeitsbedingungen und die unhygienischen Methoden in der Lebensmittelindustrie und der Arzneimittelherstellung beleuchtet. Nachdem Präsident Roosevelt das Buch gelesen hatte, ordnete er eine Untersuchung der fleischverarbeitenden Industrie an, noch im selben Jahr wurden Gesetze verabschiedet, die die Zustände in der Fleischproduktion verbesserten und für mehr Verbraucherschutz sorgten, was Lebensmittel und Arzneimittel anbelangte.

Biografien

Die Unsterblichkeit der Henrietta Lacks Bei Henrietta Lacks handelt es sich um eine arme afroamerikanische Tabakfarmerin, die 1951 mit 31 Jahren an Gebärmutterhalskrebs starb. Im Rahmen einer Biopsie wurden Lacks Zellen entnommen, die man später kultivierte, ohne die Frau darüber zu informieren. Lacks ist seit sieben Jahrzehnten tot, aber ihre Krebszellen leben bis heute weiter, denn es handelt sich um eine »unsterbliche Zelllinie«, die erste Zellpopulation, die sich aus eigener Kraft heraus reproduziert. Die »HeLa-Zelllinie« gilt als eines der wichtigsten Werkzeuge der heutigen Medizin. In *Die Unsterblichkeit der Henrietta Lacks* erzählt Rebecca Skloot die Geschichte von Lacks' Leid, wie ihre Zellen berühmt und zur Geburtsstunde einer viele Millionen Dollar schweren Industrie wurden und dass die Familie Lacks viele Jahre nichts davon wusste, was Wissenschaftler mit den Zellen angestellt hatten.

In die Wildnis Jon Krakauer erzählt in *In die Wildnis* die Geschichte von Chris McCandless, einem Elitestudenten der Universität Emory, der sich von der Gesellschaft abwandte, quer durch Amerika reiste und als Vagabund lebte. Schlussendlich trampte er nach Alaska, um dort in der Wildnis zu leben. Zwei Jahre lang schlug sich McCandless ganz auf sich gestellt durch, dann verhungerte er. Krakauer versucht – so gut es geht –, McCandless' Reise nachzuerzählen, und spricht dafür mit Menschen, die McCandless unterwegs getroffen hat, mit Freunden und Familie und mit den Behörden. Die genauen Umstände von McCandless' Ableben sind unbekannt, aber Krakauer beschreibt sehr ausführlich ein plausibles Szenario, wie es dazu kommen konnte.

Bonhoeffer: Pastor, Agent, Märtyrer und Prophet Eric Metaxas erzählt in *Bonhoeffer: Pastor, Agent, Märtyrer und Prophet*
die Geschichte von Dietrich Bonhoeffer, einem lutherischen
Theologen, der in Nazi-Deutschland lebte. Während andere
Kirchen Adolf Hitlers Judenhass nacheiferten, sah es Bonhoeffer als Aufgabe der Kirchen an, dem zum Opfer auserko-
renen jüdischen Volk zu helfen. Er gründete ein illegales Pre-
digerseminar und war an einem Anschlagsversuch auf Hitler
beteiligt. Diese Beteiligung sollte letztlich dazu führen, dass
Bonhoeffer drei Wochen vor Hitlers Selbstmord hingerichtet
wurde. Metaxas konzentriert sich in seinem Buch auf das Pri-
vatleben Bonhoeffers, seine theologischen Ansichten und
seine Spiritualität.

Schmetterling und Taucherglocke 1995 erlitt Jean-Dominique
Bauby einen schweren Schlaganfall, der dazu führte, dass der
französische Autor und Journalist (*Elle*) drei Wochen lang im
Koma lag. Als er aus dem Koma erwachte, erlitt er ein Locked-
in-Syndrom: Sein Geist funktionierte, aber sein Körper war
völlig regungslos, er konnte nur sein linkes Augenlid bewegen.
1996 schrieb er seine Erinnerungen unter dem Titel *Schmetterling und Taucherglocke* nieder. Dazu sprach ihm jemand das
Alphabet vor und er zwinkerte, wenn der gewünschte Buchstabe erreicht war.

*Genie und Wahnsinn – Das Leben des genialen Mathemati-
kers John Nash* John Nash (1928–2015) war eine Mathematik-
genie. Er begründete die Spieltheorie, arbeitete während des
Kalten Kriegs für die Rand Corporation, erhielt 1994 den Nobelpreis für Wirtschaftswissenschaften und stellte bereits im
Alter von 20 Jahren Einsteins Theorie zur Quantenmechanik
infrage. Außerdem litt er sehr stark an paranoider Schizophre-

Die Sprache

nie. Sylvia Nasar befasst sich in *Genie und Wahnsinn* mit Nashs Krankheit, wie er sich in seinen eigenen Welten verlor und wie ihm atemberaubende mathematische Durchbrüche gelangen.

Malcolm X. Die Autobiographie Malcolm X (1925–1965) zählte zu den bedeutendsten und umstrittensten Anführern der Bürgerrechtsbewegung. In seiner Autobiographie erzählt er, wie er als Sohn eines Baptisten-Predigers in Boston aufwuchs, wie sich sein Leben auf die Straße verlagerte, wie er ins Gefängnis kam und wie er den Islam für sich entdeckte. Er spricht über seine Bildung, die er seiner Aussage nach von den Schulen, der Straße, den Gefängnissen und seinem Mentor bezog. Das Buch entstand aus Interviews, die Alex Haley mit Malcolm X führte. Malcolm las zwar die Entwürfe, das fertige Buch bekam er jedoch niemals zu sehen, weil er vorher ermordet wurde. Haley schrieb später den Roman *Roots*, der 1977 als Miniserie verfilmt wurde.

Sachbücher

Eine Geschichte des amerikanischen Volks Howard Zinn schildert in *Eine Geschichte des amerikanischen Volks* Geschichte auf völlig neue Weise. Historische Ereignisse werden hier aus unterschiedlichen Perspektiven beleuchtet. Das erste Kapitel beispielsweise befasst sich mit dem Eintreffen von Christoph Kolumbus in der Neuen Welt. Zinn schildert das Treffen aus der Sicht der Arawak, dem indigenen Volk, auf das

Kolumbus stieß. Zinn schildert dann Einzelheiten zu den Morden, die Kolumbus' Leute begingen – ein Detail, das in der traditionellen Geschichtsschreibung kaum Erwähnung findet. In jedem Kapitel des Buchs befasst sich Zinn mit einem zentralen Ereignis, erzählt dieses aus neuen Sichtweisen und baut Ereignisse und Informationen ein, die in der Mainstream-Geschichtsschreibung fehlen. Zinn befasst sich auch mit der Frage, wie die Elite versucht hat, die Kontrolle über diese Information zu bewahren.

Helter Skelter – Der Blutrausch des Charles Manson

Im August 1969 fand in Los Angeles über zwei Tage hinweg eine Reihe schrecklicher Morde statt, die die Welt erschütterten. Bei den Tätern handelte es sich um eine Gruppe junger Männer und Frauen, die von Charles Manson angeführt wurde. *Helter Skelter* wurde verfasst von Vincent Bugliosi, dem Chefankläger im Manson-Fall, und Curt Gentry. Das Buch schildert, wie es Manson gelang, anderen Menschen seinen Willen aufzuzwingen. Ausführlich gehen die Autoren auf die Morde und andere furchtbare Eskapaden Mansons ein und sie erklären, was mit »Helter Skelter« gemeint ist, Mansons Vorstellung von einem apokalyptischen Krieg zwischen den Schwarzen und den Weißen.

Kaltblütig

Bis 1966 war Truman Capote für seine Schreibkunst und seine schillernde Persönlichkeit bekannt. Sein bekanntestes Werk war die Romanze *Frühstück bei Tiffany* aus dem Jahr 1958 gewesen. Nach zehn Jahren in Europa beschloss Capote, sich dem Sachbuch zuzuwenden. 1966 veröffentlichte er *Kaltblütig*, für viele der erste Sachbuch-Roman. In dem Werk geht es um den Mord an Herbert Clutter, seiner Frau und ihren Kindern, der sich 1959 in Holcomb im US-Bundesstaat Kansas zugetragen hatte. Fünf Jahre lang recherchierte Capote für das Buch, sprach mit den beiden Mördern und kam ihnen dabei sehr nahe. In *Kaltblütig* erzählt er sowohl die Geschichte der Täter als auch der Opfer.

Fast Food Nation Fastfood ist ein fester Bestandteil unseres Alltags. Wenn wir es gerade nicht essen, sehen wir im Fernsehen Werbung für Fastfood oder unsere Kinder spielen mit Spielzeug aus Fastfood-Restaurants. In *Fast Food Nation* untersucht Eric Schlosser die stetig wachsende Fastfood-Industrie in den USA. Sehr ausführlich befasst er sich unter anderem damit, wie Fastfood entsteht und wie es vermarktet wird, und verpackt das Ganze mit vielen interessanten Informationen über zahlreiche Themengebiete. Schlosser wirft nicht einfach nur einen Blick darauf, woraus dieses Essen besteht, er nimmt auch die Branche unter die Lupe und geht beispielsweise darauf ein, dass Fastfood-Unternehmen ihren Firmensitz in US-Bundesstaaten wie Kansas, Iowa, Texas und Nebraska verlegt haben, weil Gewerkschaften dort einen schweren Stand haben. Auf diese Weise können die Firmen niedrigere Gehälter zahlen, als sie es beispielsweise in Gebieten wie New York und Chicago müssten.

Die Erziehung des Henry Adams Henry Adams war der Urenkel von John Adams und der Enkel von John Quincy Adams, dem zweiten beziehungsweise sechsten Präsidenten der Vereinigten Staaten. Er hat *Die Erziehung des Henry Adams* selbst verfasst, auch wenn es in der dritten Person geschrieben ist. In dem Buch schildert er seine Kindheit in Boston, sein Studium in Harvard, wie er das Leben in den Südstaaten kennenlernte und welche Schrecken die Sklaverei aus seiner Sicht darstellte. Während Adams sein Leben Revue passieren lässt, spricht er von der Erkenntnis, dass seine formale Bildung ihn nicht auf die Welt als solche vorbereitet hat.

Mitternacht im Garten von Gut und Böse John Berendt schildert in *Mitternacht im Garten von Gut und Böse* ein Gerichtsverfahren wegen Mords, das 1981 in Savannah im US-Bundesstaat Georgia stattfand. Ähnlich wie bei Truman Capotes *Kaltblütig* ist auch *Mitternacht im Garten von Gut und Böse* eher ein Roman als eine neutrale Schilderung der Ereignisse. Das Verbrechen dient dabei als Hintergrund für das eigentliche Thema des Buchs, nämlich die Stadt Savannah mit ihrer reichen Geschichte und ihren schrulligen und farbenfrohen Einwohnern.

Existenzialismus

Was ist Existenzialismus? Beim Existenzialismus geht es darum, sich auf philosophische Weise mit der Bedeutung der Existenz zu befassen. Der Existenzialismus behandelt mehrere zentrale Ideen – die Vorstellung vom freien Willen; die Vorstellung, dass die Natur des Menschen durch die Entscheidungen beeinflusst wird, die er im Laufe seines Lebens trifft; die Vorstellung, dass Entscheidungen für Stress sorgen und Folgen haben; und die Vorstellung, dass ein Mensch dann am besten ist, wenn er um sein Leben kämpft. Beim Existenzialismus geht es sehr darum, den Sinn des Lebens auf eine persönliche Ebene herunterzubrechen, ohne dabei Faktoren wie Wohlstand, gesellschaftliche Normen oder andere externe Einflüsse zu berühren.

Die Ursprünge des Existenzialismus Gabriel Marcel verwendete Mitte der 1940er-Jahre als Erster den Begriff »Existenzialismus«, allerdings war er keineswegs der Erste, der über das Thema schrieb. Existenzialistische Ideen finden sich bei Henry David Thoreau und Voltaire, sogar in den Lehren des Buddha und in William Shakespeares *Hamlet*. Auch wenn er zu Lebzeiten kein hohes Ansehen genoss, gilt Søren Kierkegaard als erster Existenzialist. Der Existenzialismus spielt in seinen Schriften zur menschlichen Existenz und dem freien Willen eine zentrale Rolle. Beeinflusst von Kierkegaards Gedanken arbeitete Martin Heidegger in den 1920er-Jahren an seinen Thesen zum Dasein.

Existenzialistische Literatur Die Ideen des Existenzialismus schlagen sich nicht nur in der philosophischen Theorie nieder, sondern auch in der Literatur. Tatsächlich sind einige der am meisten gefeierten existenzialistischen Werke Romane und Bühnenstücke. Bei der existenzialistischen Literatur geht es darum, in einer vom Chaos erfüllten Welt Bedeutung zu finden und einen Sinn zu erkennen. Aus diesem Grund geht es in dieser Art der Literatur häufig um Themen wie das Absurde, Entfremdung und Isolation.

Fjodor Dostojewski Einer der wichtigsten Schriftsteller des Existenzialismus war der russische Essayist und Romancier Fjodor Dostojewski (1821–1881). Am bekanntesten sind seine Romane *Schuld und Sühne*, *Die Brüder Karamasow* und *Der Idiot*. Was den Existenzialismus anbelangt, ist sein wichtigstes Werk jedoch der Roman *Aufzeichnungen aus dem Kellerloch*.

Dostojewski konzentriert sich in seiner Arbeit auf das Problem der Freiheit. Aus Sicht Dostojewskis war der Mensch in jeder Hinsicht limitiert, sei es durch die Gesellschaft, die Wirtschaft, die Kirche oder Gott. Obwohl er extreme politische und soziale Ansichten vertrat, war Dostojewski gläubiger Christ.

Søren Kierkegaard Der dänische Philosoph Søren Kierkegaard (1813–1855) zählt zu den Gründern des Existenzialismus, auch wenn seine Arbeiten zu weiten Teilen auf seinem Gottesglauben beruhten. Sein Buch *Furcht und Zittern* ist der Schlüssel zu den Wurzeln des Existenzialismus. Kierkegaard versuchte die Furcht zu begreifen, die Abraham packte, als Gott ihm befahl, zum Beweis seines Glaubens Isaak zu töten, seinen einzigen Sohn. Um Abraham besser verstehen zu können, erschafft Kierkegaard die Figuren »Ritter des Glaubens« und den »tragischen Helden«. Der tragische Held handelt Kierkegaard zufolge im Rahmen gesellschaftlicher oder ethischer Kodizes, was Abraham laut Kierkegaard nicht tat. Stattdessen handelt es sich bei Abraham um einen Ritter des Glaubens, der wusste, dass es falsch ist, seinen Sohn zu töten, doch es nicht zu tun, würde bedeuten, sich gegen seinen Gott zu stellen. Ethische Vorstellungen werden nun zu Versuchungen und der Ritter des Glaubens zeigt, dass der Glaube ein Grund ist, sich über ethische Vorstellungen zu erheben.

Jean-Paul Sartre Der französische Existenzialist Jean-Paul Sartre (1905–1980) schuf unter anderem Romane, Drehbücher und Theaterstücke. Zu seinen berühmtesten Werken zählt *Das Sein und das Nichts*, das sich mit dem Bewusstsein des Seins befasst. Sartre stellt die These auf, dass die Faktizität die einzige Realität ist und dass es zwei Arten von Sein gibt: das »Für-

Die Sprache

Sich« und das »An-Sich«. Das »An-sich« bezieht sich auf leblose Gegenstände, die ohne eine Form von aktivem oder passivem Bewusstsein existieren. »Für-Sich« bezieht sich auf etwas, das sich seines Bewusstsein bewusst ist. Wenn eine Person eine andere Person betrachtet, verwandelt sich die betrachtete Person vom Fürsichsein in Ansichsein.

Viktorianische Literatur

Stil der viktorianischen Literatur Das viktorianische Zeitalter stellt den Übergang zwischen Romantik und 20. Jahrhundert dar und ist nach der britischen Königin Viktoria benannt, die von 1837 bis 1901 regierte. Die Literatur aus dieser Zeit behandelt vorwiegend Alltagsthemen. Vor allem die einsetzende Industrialisierung, die Reformbewegungen, die gegen Kinderarbeit, für die Rechte von Frauen und für Gleichberechtigung eintraten, sowie die Evolutionstheorie schlugen sich in den Werken nieder. Aus diesem Grund gilt das Viktorianische Zeitalter als Ära, die von Pessimismus und Zweifeln geprägt ist. Die Werke erfüllten einen moralischen Zweck und befassten sich mit Idealen wie Liebe, Gerechtigkeit und Wahrheit.

Der englische Roman Im Verlauf des 19. Jahrhunderts stieg der Roman zur beliebtesten Literaturgattung auf. Romane befassten sich mit den Schwierigkeiten des alltäglichen Lebens, wo sich Liebe, Hartnäckigkeit und harte Arbeit letztlich bezahlt machten. Ein besonders wichtiger Bestandteil der damaligen Romane war die Darstellung der Mittelschicht, die zu dieser Zeit entstand und aufblühte. Das stellte einen Bruch zu früheren Romanen dar, in denen es in erster Linie um aristokratische Figuren ging. Die meisten Romane erschienen kapitel- oder abschnittsweise als Serienromane in Journalen und versuchten, die Leserschaft mit verwickelten Handlungssträngen und überraschenden Wendungen bei der Stange zu halten.

Kinderliteratur Die Kinderliteratur durchlief im Viktorianischen Zeitalter einen grundlegenden Wandel. 1848 wurden erstmals die Werke von Hans Christian Andersen ins Englische übersetzt und sie weckten ein großes Interesse an Märchen. Während des Viktorianischen Zeitalters erschienen beispielsweise die *Alice im Wunderland*-Bücher von Lewis Carroll, die reißenden Absatz fanden. Dass es so viel mehr Kinderliteratur gab, hing direkt damit zusammen, dass sich die Haltung der Gesellschaft gegenüber Kindern und Kinderarbeit wandelte. Kindern eine angemessene Bildung zukommen zu lassen, war für die Gesellschaft der damaligen Zeit eines der wichtigsten Themen. Mehr und mehr Kinder lernten lesen und es entstand eine Industrie, die darauf abzielte, Lesestoff für diese Zielgruppe zu produzieren.

Poesie Als angesehenster Poet des Viktorianischen Zeitalters gilt Alfred Lord Tennyson. In seinen Gedichten spiegelt sich die Gefühlswelt der damaligen Zeit wider, sie drücken Melancholie und Zweifel an der Religion aus, vermitteln aber ein Vertrauen in das Klassensystem. In der Mitte des 19. Jahrhunderts konzentrierte sich die Bewegung der Präraffaeliten darauf, die Werke des Mittelalters und der Antike neu aufleben zu lassen. Das beste Beispiel für diese Bewegung ist Tennysons Gedicht *Idylls of the King*, das die Geschichte von König Artus mit Vorstellungen und Themen der Neuzeit verknüpft.

Wissenschaftliche und philosophische Schriften 1859 erschütterte Charles Darwin die Welt mit seinem Buch *Über den Ursprung der Arten*, in dem er seine Thesen zur Evolution und seine Erkenntnisse zur Natur präsentierte. Die Evolutionstheorie wurde sehr beliebt. Zur gleichen Zeit stellten einige große Philosophen ihre ersten Arbeiten vor, etwa John Stuart Mill, John Henry Newman und Henry Edward Manning. Ebenfalls im Viktorianischen Zeitalter schrieben Karl Marx und Friedrich Engels in England ihre Bücher, die zur Grundlage des Kommunismus wurden.

Spätes Viktorianisches Zeitalter Das Viktorianische Zeitalter lässt sich in eine frühe Phase (bis etwa 1870) und eine späte Phase (1890–1918) unterteilen. In der Spätphase wurden Grundsätze verworfen, die bislang in diesem Zeitalter gegolten hatten. Man kehrte zur fantastischen Literatur zurück, etwa mit Robert Louis Stevensons *Der seltsame Fall des Dr. Jekyll und Mr. Hyde*, außerdem bildete sich mit dem Gesellschaftsroman eine neue Unterart heraus. Diese Werke befassten sich mit der Einrichtung der Ehe, der Rolle der Geschlechter und der sexuellen Identität.

William Shakespeare

Shakespeares frühe Jahre William Shakespeare lebte von 1564 bis 1616 in England. Über seine Kindheit ist nur wenig bekannt, nicht einmal sein genaues Geburtsdatum ist überliefert. Shakespeare besuchte keine Hochschule – das Studium war damals den Wohlhabenden vorbehalten. 1582, im Alter von 18 Jahren, heiratete er. 1589 lebte er in London, arbeitete dort als Schauspieler und Dramaturg und begann die Arbeit an seinem ersten Werk, *Heinrich VI, Teil 1*. Schon 1590 zählte er zu den beliebten Dramaturgen, 1593 feierte er mit seinem Gedicht *Venus und Adonis* großen Erfolg. Ab 1594 bis zu seinem Tod war Shakespeare Mitglied der Theatertruppe King's Men.

Seine Werke William Shakespeare hat einige der bekanntesten Komödien, Tragödien und historischen Stücke aller Zeiten geschrieben, dazu unvergessliche Sonette und Gedichte. Wie viele Stücke tatsächlich aus seiner Feder stammen, ist bis heute umstritten. Nach vorherrschender Meinung sind es 37, es gibt aber auch Fachleute, die inklusive möglicherweise verloren gegangener Werke und Kollaborationen von knapp 40 ausgehen. Zudem verfasste er zahllose Gedichte, darunter 154 Sonette und zwei Versepen. Shakespeare schrieb sein ganzes Leben lang Sonette und der Verleger Thomas Thorpe veröffentlichte 1609 eine Sammlung davon. Da die Sonette ohne Shakespeares Zustimmung veröffentlicht wurden, geht man davon aus, dass es sich um private Werke handelt, die eigentlich gar nicht in Druck gehen sollten.

Shakespeares Schreibstil In Shakespeares Stücken spielt als Versmaß der Blankvers eine Rolle, ein jambischer Fünfheber, der sich nicht reimt. Bei Abweichungen innerhalb der Stücke griff Shakespeare zu einer anderen Form oder einfacher Prosa. Bis auf eine Ausnahme sind alle seine Sonette im jambischen Fünfheber verfasst. Shakespeare erfand zudem Begriffe und Phrasen (mindestens 1500 schreibt man ihm zu). Unter den Worten, die er erfand oder populär machte, sind »assassination« (»Ermordung«, »Attentat«), »bump« (»stoßen«), »submerge« (»eintauchen«), »frugal« (»sparsam«), »gnarled« (»knorrig«), »dishearten« (»entmutigen«), »obscene« (»obszön«), »generous« (»großzügig«) und »monumental«.

Das Globe Theatre Die bekanntesten Stücke Shakespeares wurden in London am Globe Theatre aufgeführt. Gebaut hat es Cuthbert Burbage, der Bruder des Schauspielers Richard Burbage, der mit Shakespeare arbeitete. 1592/93 musste das Theater wegen einer Pestepidemie schließen, Shakespeare wandte sich in dieser Zeit der Poesie zu. 1594 öffnete das Theater wieder und Shakespeare und seine King's Men wurden immens beliebt. Das Globe Theatre bot Platz für 2000 bis 3000 Menschen und die Aufführungen fanden nachmittags statt, damit man das Tageslicht nutzen konnte. Bei einer Aufführung von *Heinrich VIII.* am 29. Juni 1613 wurde eine Kanone abgefeuert, die das Dach in Brand setzte. Das Globe Theatre brannte komplett nieder.

Shakespeare und seine Sexualität Shakespeare hat zwar mit 18 Jahren geheiratet, aber dennoch gibt es zahlreiche Debatten um seine sexuelle Orientierung. Angeblich hatte Shakespeare mehrere Affären mit Frauen und zeigte auch Interesse an

Männern, aber dafür finden sich nur Indizienbeweise aus der Analyse seiner Sonette. Bei seinen eigentlich nicht zur Veröffentlichung gedachten Sonetten handelt es sich um Liebesgedichte an einen jungen Mann, den er als »schönen Jüngling« anspricht und dem er seine Liebe gesteht. Das Buch war einem »Master W. H.« gewidmet.

Streit um die Autorenschaft Seit dem 18. Jahrhundert gibt es das Lager der sogenannten Antistratfordianer, die anzweifeln, dass Shakespeare tatsächlich alle ihm zugeschriebenen Stücke verfasst hat. Sie vermuten, dass in Wirklichkeit Zeitgenossen die wahren Urheber sind. Dabei gelten vor allem drei Autoren als wahre Verfasser der Shakespeare'schen Werke – Edward de Vere, Francis Bacon und Christopher Marlowe. Insbesondere bei Edward de Vere, 17. Earl von Oxford und ein Höfling von Königin Elisabeth I., finden sich in der Biografie viele Punkte, die auch in Shakespeares Stücken auftauchen. Aber der möglicherweise überzeugendste Kandidat ist Francis Bacon, dessen persönliches und privates Buch *The Promus of Formularies and Elegancies* 4400 Begriffe und Phrasen enthält, die Wörtern aus Shakespeares Stücken entsprechen. Christopher Marlowe wiederum war ein Bühnenautor, der 1593 bei einer Kneipenschlägerei erstochen wurde. Einige vertreten die Ansicht, er sei ein Spion gewesen und habe seinen eigenen Tod vorgetäuscht. Anschließend habe er unter dem Künstlernamen William Shakespeare weiterhin Bühnenstücke verfasst.

Die Sprache

Edgar Allan Poe

Die frühen Jahre Edgar Poe kam am 19. Januar 1809 in Boston zur Welt. Seine Mutter hatte seinen Vater verlassen und die Kinder mitgenommen. Als Poe zwei Jahre alt war, starb seine Mutter und Edgar wurde von Frances und John Allan großgezogen. Er studierte fünf Jahre in England und besuchte 1826 die Universität von Virginia. Nach nicht einmal einem Jahr musste er wegen Alkoholproblemen und hoch verschuldet die Universität verlassen. Im Jahr darauf meldete er sich zur Armee. 1835 lebte Poe in Baltimore, wo er für eine Tageszeitung arbeitete. Im Jahr darauf heiratete er seine 13-jährige Cousine und zog nach New York. 1845, zwei Jahre nach der Veröffentlichung von *Der Rabe*, starb seine Frau an Tuberkulose.

Die amerikanischen Romantiker Poes Arbeit zählt zur Bewegung der amerikanischen Romantiker, einem der größten literarischen Genres Amerikas. Bei diesen Werken stehen die Natur, die Kraft der eigenen Fantasie und die Individualität im Mittelpunkt. Edgar Allan Poes Leben verlief dunkel und extrem emotional und seine Werke spiegeln das wider. Seine Arbeit enthält mystische, magische und mysteriöse Elemente, die sie von einem realitätsnäheren Schreibstil abheben. Andere Autoren dieser Bewegung sind beispielsweise Henry David Thoreau, Walt Whitman, Emily Dickinson, Washington Irving und Herman Melville.

Der Rabe Edgar Allan Poes wohl berühmtestes Gedicht erschien am 29. Januar 1845 im *New York Evening Mirror*. Die Kritiker waren begeistert. In *Der Rabe* erzählt Poe die Geschichte eines Manns, der sich nach seiner verstorbenen

Geliebten sehnt. Dem Mann erscheint ein sprechender Vogel, der nur ein einziges Wort sagt: »Nimmermehr.« Der Mann ist so in seiner Fantasiewelt gefangen, dass er glaubt, der Rabe sage ihm, dass er seine große Liebe niemals wiedersehen wird. Poe sagte, in *Der Rabe* gehe es um die Neigung des Menschen, sich selbst zu quälen.

Poes Tod Woran Edgar Allan Poe gestorben ist, weiß man nicht. Bekannt ist nur, dass er am 7. Oktober 1849 in Baltimore starb. Wenige Tage zuvor hatte man ihn vor einer Bar auf einer Holzplanke liegend vorgefunden und ins Krankenhaus gebracht. Aus der Krankenakte des Hospitals geht hervor, dass er delirierte, halluzinierte und Zitteranfälle hatte, bis er ins Koma fiel. Als er aus dem Koma erwachte, war er zunächst ruhig, wurde dann aber zusehends wahnsinnig und streitlustig. Vier Tage später war er tot. Auf seinem Totenschein steht als Todesursache »Verstopfung des Gehirns«. Viele vermuten, dass Alkohol eine Rolle gespielt hat, aber in den sechs Monaten vor seinem Tod hatte Poe nicht mehr getrunken. Heute vermuten Forscher Tollwut als Todesursache.

Griswolds Nachruf Der Verleger, Journalist, Redakteur und Kritiker Rufus Wilmot Griswold hatte mit Poe gearbeitet und sich mit ihm einen langlaufenden Zwist geliefert. Nach Poes Tod schrieb Griswold einen Nachruf, der unter dem Pseudonym »Ludwig« in der *New York Daily Tribune* abgedruckt wurde. In dem Nachruf hieß es, Poe sei ein unbekehrbarer Trinker gewesen, habe keine Freunde gehabt und sei verrückt gewesen, sodass ihn nur wenige Menschen vermissen würden. Griswold behauptete zudem, er sei der Verwalter von Poes literarischem Nachlass, und er schrieb ein Buch über sein Verhältnis zu Poe. Das Buch ist berühmt für seine furchtbar unzutreffende Darstellung Poes als drogenabhängigem Irren. Weite Teile des Buchs sind frei erfunden.

Der »Poe Toaster« 1949, 100 Jahre nach Poes Tod, erschien erstmals ein geheimnisvoller, schwarz gekleideter Mann mit einem weißen Schal an der Grabstätte des Dichters. In den folgenden Jahren legte er dort immer am Geburtstag des Dichters drei Rosen, eine Flasche Cognac und gelegentlich eine Notiz ab. Dieses Ritual wiederholte sich bis 1998, dann – so vermutet man – starb er und sein Sohn übernahm die Aufgabe. Es gab zwar immer wieder Versuche, die Identität des »Poe Toasters« (von *to toast*, »einen Toast auf jemanden ausbringen«) aufzudecken, doch das Rätsel konnte nicht gelöst werden. 2010 tauchte der neue »Poe Toaster« erstmals nicht auf, vermutlich ist auch er gestorben. 2016 ließ die historische Gesellschaft von Maryland die Tradition wieder aufleben, indem sie im Rahmen eines Wettbewerbs einen neuen »Poe Toaster« kürte, der nun öffentlich jedes Jahr das Ritual zelebriert.

Charles Dickens

Über Charles Dickens Charles Dickens (1812–1870) gehört zu den bekanntesten Autoren des Viktorianischen Zeitalters. In Dickens' Werk fließen viele persönliche Erfahrungen ein und er schildert Scheinheiligkeit, Ungerechtigkeiten und soziale Übel. Es treten komische Charaktere auf und Dickens äußert sich sozialkritisch. Wie auch bei anderen Werken aus dieser

Zeit erschienen Dickens' Werke zunächst als Fortsetzungsroman. Insgesamt verfasste er 15 Romane, zu den berühmtesten zählen *Oliver Twist*, *Nicholas Nickleby*, *Eine Weihnachtsgeschichte*, *Eine Geschichte zweier Städte*, *Große Erwartungen* und *Die Pickwickier*. Mit 16 Jahren begann Dickens, als Journalist zu arbeiten – ein Beruf, den er den Rest seines Lebens über ausüben sollte.

Oliver Twist

Oliver Twist erschien 1837 als Fortsetzungsroman. Nach dem sehr erfolgreichen *Die Pickwickier* war dies der zweite Roman von Charles Dickens. Im Mittelpunkt stand hier erstmals Kritik an der Gesellschaft und daran, wie in öffentlichen Einrichtungen mit den Armen umgegangen wurde. In *Nicholas Nickleby* griff Dickens das Thema erneut auf. Dickens begann mit der Arbeit an *Oliver Twist* unter anderem wegen eines 1834 verabschiedeten Gesetzes, das die Bürgerrechte der Armen beschnitt. Die Menschen mussten ihre politische Rechte aufgeben, um finanzielle Hilfe zu erhalten und in Fabriken arbeiten zu dürfen.

Eine Weihnachtsgeschichte

In *Eine Weihnachtsgeschichte* feiert Dickens das Weihnachtsfest, doch hintergründig ist das Werk ein Sozialkommentar zur Spaltung, die im Viktorianischen England zwischen Arm und Reich herrscht. Der Roman erschien Ende 1843, damals verabschiedete die Regierung gerade strengere Gesetze, die den Armen vorschrieben, im Armenhaus oder im Schuldgefängnis zu leben und unter furchtbarsten Bedingungen in den Fabriken zu schuften. Dickens' eigene Familie musste ins Schuldgefängnis ziehen, als Charles zwölf Jahre alt war, und er war gezwungen, in einer Fabrik zu arbeiten, die Schuhpolitur herstellte.

David Copperfield David Copperfield, Charles Dickens' achter Roman, erschien 1849 und gilt als das am stärksten autobiografisch gefärbte Werk des Schriftstellers. Im Juli 1849 erkrankte Dickens' Schwester (die als Vorbild für Ebenezer Scrooges Schwester Fan in *Eine Weihnachtsgeschichte* diente) schwer und starb im September. Dickens wollte eine Autobiografie schreiben, doch das Schreiben erwies sich als zu schmerzlich für ihn, deshalb erdachte er sich den Charakter David Copperfield und erzählte seine Geschichte durch ihn. Viele der Ereignisse, die David Copperfield (dessen Initialen »DC« die Umkehr von Charles Dickens' Initialen sind) in dem Buch durchlebt, sind dramatisierte Ereignisse aus dem Leben des Charles Dickens.

Eine Geschichte zweier Städte Der 1859 erschienene Roman *Eine Geschichte zweier Städte* war der zwölfte Roman aus der Feder von Charles Dickens und stellt in vielerlei Hinsicht eine Neuausrichtung für den Autor dar. Die Handlung ist historisch und spielt vor dem Hintergrund der Französischen Revolution, außerdem stehen hier weniger die Charaktere im Mittelpunkt als vielmehr die politischen Ereignisse. Dickens zeigt sowohl die Grausamkeit des französischen Adels als auch das Leiden der Armen. Er findet Rechtfertigungen dafür, dass sich das Volk erhoben hat, gleichzeitig unterschlägt er aber nicht, welch verabscheuenswürdige Taten die Revolutionäre bei ihrem Aufstieg zur Macht begingen.

Das Geheimnis des Edwin Drood Als er starb, arbeitete Charles Dickens gerade an einer Kriminalgeschichte, *Das Geheimnis des Edwin Drood*. Das Buch war noch nicht fertig, der Fall nicht gelöst. Seit Dickens' Tod gab es zahlreiche Versuche, das Buch zu beenden. Einer der wohl berühmtesten war das

Broadway-Musical *Drood,* das auf der Vorlage von Dickens basiert. Das fehlende Ende wird hier dadurch wettgemacht, dass man das Publikum abstimmen lässt, wer der Mörder ist. Das Musical wurde 1985 uraufgeführt und gewann fünf Tony Awards, unter anderem für das beste Musical.

Virginia Woolf

Über Virginia Woolf Virginia Woolf wurde 1882 als Adeline Virginia Stephen geboren. Sie besuchte keine Schule, sondern wurde zu Hause von ihrem Vater Leslie Stephen unterrichtet, dem ersten Herausgeber des *Dictionary of English Biography.* Woolf litt ihr Leben lang unter Depressionen und schweren psychischen Problemen. Als sie gerade 13 Jahre alt war, starb ihre Mutter, woraufhin Virginia ihre ersten Nervenzusammenbrüche erlitt. Als 1904 auch noch ihr Vater starb, musste sie ins Krankenhaus eingewiesen werden. Ihre Romane, Kurzgeschichten und Essays zählen zu den besten feministischen und modernistischen Arbeiten des 20. Jahrhunderts.

Die Bloomsbury Group Nach Virginias zweitem Nervenzusammenbruch kauften ihre Schwester Vanessa und ihr Bruder Adrian ein Haus im Londoner Stadtteil Bloomsbury. Woolf freundete sich mit einigen Intellektuellen der damaligen Zeit an, beispielsweise Roger Fry und Duncan Grant. Sie gründeten die »Bloomsbury Group«, einen Kreis von Künstlern, Literaten und Intellektuellen. Die Bloomsberries genannten Mitglieder erlangten Berühmtheit, als sie 1910 die Royal Navy hinters Licht führten. Sie gaben sich als Delegation Adliger aus Abessinien aus und wurden tatsächlich auf dem streng geheimen Schlachtschiff HMS *Dreadnought* herumgeführt. Virginia beteiligte sich als Mann verkleidet an dem »*Dreadnought*-Streich«. Die Bloomsbury Group pflegte einen sehr lockeren Umgang mit Sex und Virginia ließ sich auf eine Beziehung mit einer anderen Autorin ein.

Die Fahrt hinaus 1915 konnte Virginia Woolf ihren ersten Roman veröffentlichen, *Die Fahrt hinaus*. Zur damaligen Zeit kämpfte Virginia Woolf sehr mit Depressionen und versuchte mindestens einmal, sich das Leben zu nehmen. Das Gefühl, zuhause unterdrückt zu werden, und der Einfluss der Bloomsbury Group schlagen sich im Roman nieder. In *Die Fahrt hinaus* befasst sich Woolf auch erstmals mit Sexualität, weiblichem Selbstbewusstsein und dem Tod – Themen, die ihre späteren Werke dominieren sollten.

Mrs. Dalloway Zu Virginia Woolfs meistgelobten Romanen zählt *Mrs. Dalloway*, das 1925 erschien. In dem Buch wird ein einziger Tag im Leben (und Innenleben) einer Frau im England nach dem Ersten Weltkrieg untersucht, nämlich Clarissa Dalloway. Die Erzählstruktur springt in den Gedankenstrom der Hauptfigur und wieder hinaus und reist in der Zeit vor und zurück. Das Buch befasst sich mit psychischen Erkrankungen, Depressionen, Homosexualität, Feminismus und Existenzialismus.

Zum Leuchtturm Zum *Leuchtturm* gilt als eine der besten Arbeiten Virginia Woolfs und als modernistisches Meisterwerk. Der Handlungsfaden spielt hier eine nachrangige Rolle, wichtiger sind Introspektion und Bewusstsein der Charaktere. Es gibt keinen Erzähler, die Handlung wird dadurch vorangetrieben, dass man von einem Bewusstsein zum nächsten springt. Die Existenz Gottes wird diskutiert und infrage gestellt.

Der Tod von Virginia Woolf Nachdem sie ein weiteres Manuskript fertiggestellt hatte, verfiel Woolf erneut in tiefe Depressionen. Während die Zustände aufgrund des Zweiten Weltkriegs immer schlimmer wurden und eine Bombe ihr Haus in London zerstörte, litt auch ihr emotionaler Zustand. Am 27. März 1941 brachte Virginias Ehemann sie zum Arzt. Obwohl sie Stimmen gehört hatte, erklärte sie dem Arzt, es sei alles völlig normal. Am nächsten Tag formulierte Woolf zwei Abschiedsbriefe an ihren Mann und einen an ihre Schwester. Dann stopfte sie sich Steine in die Taschen ihres Mantels und ertränkte sich im Fluss Ouse.

Jane Austen

Über Jane Austen In unserem Wissen über Jane Austen klaffen einige Lücken. Geboren wurde Austen am 16. Dezember 1775 im englischen Hampshire. 1787 begann sie, Stücke, Gedichte und Erzählungen zu schreiben. Im Alter von 23 hatte sie bereits die ursprünglichen Versionen von *Stolz und Vorurteil*, *Sinn und Sinnlichkeit* und *Northanger Abbey* fertiggestellt. Von Anfang an schimmerte ihr Sinn für Humor durch ihre Texte durch und sie verfolgte mit großem Interesse den Umgang der gesellschaftlichen Klassen miteinander. Jane Austins Werke sind bekannt für ihren Realismus, ihren Humor und ihre Gesellschaftskritik.

Sentimentale Romane Im 18. Jahrhundert war eine Form der Literatur beliebt, die Gefühle und Befindlichkeiten ganz groß schrieb. In diesen Romanen ging es in erster Linie um die emotionalen Reaktionen der Leser und der Figuren. Die Handlungsstränge waren so ausgelegt, dass sie eher die Emotionen der Geschichte vorantrieben und nicht die Handlung selbst. Jane Austen schrieb mit *Sinn und Sinnlichkeit* eine Satire auf diese Art Literatur.

Sinn und Sinnlichkeit *Sinn und Sinnlichkeit* war der erste Roman, den Jane Austen veröffentlichen konnte. Das Buch erschien 1811 und Austen firmierte unter dem Pseudonym »By a Lady«. Bis zu ihrem Tod blieb Jane Austen als Autorin anonym und nur ihre Familie wusste, dass sie für die Bücher verantwortlich war. In *Sinn und Sinnlichkeit* geht es um zwei Schwestern, die nach dem Tod ihres Vaters umziehen und Romanzen genauso wie Herzschmerz erleben. Die Erstauflage von 750 Stück wurde komplett verkauft.

Stolz und Vorurteil 1813 folgte *Stolz und Vorurteil*. Wie bei fast all ihren Werken arbeitet Austen auch hier mit erlebter Rede (also in der dritten Person im Stil eines Ich-Erzählers). In dem Buch geht es darum, wie wichtig das eigene Umfeld ist und wie sich das Umfeld auf die Erziehung auswirkt, sowie darum, dass Vermögen und ein hoher gesellschaftlicher Rang nicht automatisch einen Vorteil darstellen.

Emma *Emma* erschien im Dezember 1815 und befasst sich erneut mit missdeuteter Romantik unter Frauen von Stand. »Ich werde eine Heldin nehmen, die außer mir niemand groß mögen wird«, erklärte Austen, als sie mit der Arbeit an dem Roman begann. Emma Woodhouse ist eine verzogene junge Frau, die ihre Fähigkeiten als Kupplerin überschätzt. Sie ist die erste Heldin eines Austen-Buchs, die sich keine Sorgen um ihr finanzielles Auskommen machen muss. *Emma* stellt einen größeren Bruch zu den Themen dar, die bis dahin Austens Werk dominiert hatten (beispielsweise die Suche nach einem Ehemann und das Streben nach finanzieller Absicherung).

Reaktionen damals und heute Austens Bücher fanden zu ihren Lebzeiten großen Anklang. Kritiker priesen den Realismus und die erzählerischen Qualitäten ihrer Romane. Im 19. Jahrhundert kamen Viktorianische und romantische Literatur auf und Austens Werk büßte an Popularität ein. Nur noch eine selbsternannte Elite hielt zu Jane Austen. Dann veröffentlichte 1869 Jane Austens Lieblingsneffe James Edward Austen-Leigh *A Memoir of Jane Austen*. Dadurch rückten auch Austens Werke wieder ins Rampenlicht und fanden erneut Anklang. Im 20. Jahrhundert schließlich standen Austens Werke im Mittelpunkt zahlreicher akademischer Untersuchungen, außerdem bearbeiteten andere Medien die Romane für ihre Zwecke (1995 beispielsweise kam mit *Clueless* eine modernisierte Fassung von *Emma* in die Kinos).

Die Sprache

Franz Kafka

Über Franz Kafka Franz Kafka gilt als einer der wichtigsten Autoren des Existenzialismus. Kafka wurde 1883 als Kind jüdischer Eltern in Prag geboren und starb 1924. Er wurde an deutschen Schulen unterrichtet, denn Deutsch galt damals als die Sprache der Elite, später arbeitete er für ein großes Versicherungsunternehmen. In Kafkas Werken geht es häufig um Entfremdung und die Absurdität des Lebens. Zu Lebzeiten wurden von ihm nur Artikel und Kurzgeschichten veröffentlicht, seine drei Romane – die alle drei als Meisterwerke gelten – waren, als er starb, noch nicht abgeschlossen. Kafka hatte gewollt, dass die Werke vernichtet werden, aber sein Freund Max Brod setzte sich darüber hinweg und ließ sie veröffentlichen.

Kafka und der Existenzialismus In seinen Schriften befasst sich Kafka mit den Konzepten von Absurdität, Entsetzen, Grausamkeit, Mitleid und Ungerechtigkeit. Er schrieb über Charaktere in einer surrealen Welt, die sich von ihrer Umwelt nichts weiter wünschen als erkannt und akzeptiert zu werden. Er beschreibt Rationalität in einer irrationalen Welt und zeigt, dass ein Mensch nichts tun kann, um seiner Beziehung zur Welt einen Sinn zu verleihen.

Die Verwandlung Die Verwandlung zählt zu Kafkas bekanntesten Erzählungen. Darin geht es um Gregor Samsa, der eines Morgens erwacht und feststellt, dass er sich in ein großes Insekt verwandelt hat (es wird nie deutlich, um was für ein Insekt genau es sich handelt). Wir verfolgen, wie Gregor und seine Familie mit dieser absurden Situation umgehen. Letzen

Endes kann die Familie Gregors Anblick nicht ertragen und ist sehr erleichtert, als er stirbt. In der Geschichte geht es um die Absurdität des Lebens, um die Trennung zwischen Körper und Geist, um Entfremdung und die Grenzen des Mitgefühls.

Der Prozess In *Der Prozess* wird die ziemlich deprimierende Geschichte des Josef K. erzählt, eines jungen Manns, den an seinem 30. Geburtstag zwei Wärter aufsuchen und verhaften, obwohl er sich keiner Schuld bewusst ist. K. erhält die Anweisung, zu Hause zu bleiben und auf weitere Befehle zu warten. In dem Roman erleben wir K.s Auseinandersetzung mit dem Gesetz und dem nicht greifbaren Gericht. An seinem 31. Geburtstag suchen ihn erneut zwei Wächter auf, bringen ihn zu einem Steinbruch und befehlen ihm, sich das Leben zu nehmen. K. setzt sich zwar nicht zur Wehr, ist aber nicht imstande, dem Befehl zu gehorchen, woraufhin die Männer ihn töten.

Das Schloss In *Das Schloss* erzählt Kafka die Geschichte des Landvermessers K., der im Rahmen seiner Arbeit in ein Dorf kommt. Die Dorfverwaltung hat ihren Sitz in einem Schloss oberhalb des Dorfs. Während K. mit den Dorfbewohnern und der dortigen Bürokratie interagiert, wird es für ihn schwieriger und schwieriger, die Aufgabe zu erfüllen, für die man ihn ursprünglich einbestellt hatte. *Das Schloss* ist Kafkas einziger Roman, in dem enge Beziehungen zwischen Charakteren herrschen. Während in Kafkas anderen Werken vornehmlich unlösbare Aufgaben im Mittelpunkt stehen, geht es in *Das Schloss* um das Leben der Dorfbewohner.

Amerika Kafkas letzten Roman, *Amerika* (auch: *Der Verschollene*), veröffentlichte Kafkas Freund und Verleger Max Brod drei Jahre nach Kafkas Tod. In *Amerika* geht es um die Reise von Karl Rossmann, einen unschuldigen 17-jährigen Europäer, der, nachdem er mit dem Dienstmädchen erwischt wurde, gezwungen ist, nach Amerika auszuwandern. Ohne Karls Wissen befindet sich auch sein Onkel, Senator Jacob, an Bord des Schiffs, das Karl nach Amerika bringt. Senator Jacob erkennt Karl und holt ihn zu sich, überlässt ihn später aber wieder sich selbst. Das Buch begleitet Karl dann, während er mit anderen Menschen interagiert und mehrere Jobs bekommt, bis er schließlich beschließt, sich in Oklahoma einer reisenden Schauspielertruppe anzuschließen. Das Buch war nicht abgeschlossen, aber Kafka sagte Max Brod, es solle mit diesem Kapitel und dieser versöhnlichen Note enden.

Teil 3
Mathematik

Zahlen

Zahlen in Babylon Die in Mesopotamien lebenden Babylonier erschufen vor rund 5000 Jahren ein Zahlensystem. Die Babylonier verwendeten die Keilschrift und ihr auf Zählstrichen beruhendes Zahlensystem war ausgesprochen komplex. Die Babylonier unterteilten den Tag in 24 Stunden, jede Stunde in 60 Minuten und jede Minute in 60 Sekunden. Ihr System war nicht dezimal, sondern sexagesimal, was bedeutet, dass alle Zahlen auf der 60 und deren Potenzen basieren. Wir arbeiten heutzutage mit dem Dezimal- beziehungsweise Zehnersystem.

Zahlen im alten Griechenland Die griechischen Zahlen basierten auf dem griechischen Alphabet, dessen Wurzeln wiederum um 900 vor unserer Zeit bei den Phöniziern zu finden sind. Die Griechen schauten sich einige der phönizischen Symbole ab und erschufen dazu neue Symbole. Auf diese Weise konnten sie ihr bisheriges – attisches – Zahlensystem kondensieren, bei dem Symbole in Reihen aufgeführt wurden. Weil nun Buchstaben genutzt wurden, belegten die Zahlenwerte weniger Platz auf den Lehmtafeln und ließen sich auch auf Münzen prägen.

Zahlen im alten Ägypten Das Zahlensystem des alten Ägyptens bestand aus Hieroglyphen. Durch dieses System, bei dem Werte und Begriffe durch Bilder dargestellt werden, konnten die Ägypter Zahlen bis zu 1 000 000 aufschreiben, sie konnten addieren, subtrahieren, multiplizieren und dividieren. Zudem besaßen die alten Ägypter ein sehr gutes Verständnis von Brüchen. Die Verwendung von Brüchen war so wichtig, dass Schreiber den Tempeldienern Tabellen mit Brüchen für Vorräte und Nahrungsmittel erstellten.

Römische Zahlschrift Die römische Zahlschrift ist teilweise vom griechischen, auf dem Alphabet beruhenden Zahlensystem beeinflusst. Viele Fachleute glauben, die römische Zahlschrift beruht auf der Form von Finger und Hand – ein Finger steht für die Zahl 1, in der römischen Zahlschrift *I*, die gesamte Hand für die Zahl 5, also *V*. Die römischen Zahlen zu lesen ist ziemlich einfach, da man sie von links nach rechts liest, beginnend mit der größten Zahl. Um abzuziehen, stellt man die kleinere Zahl vor die größere Zahl.

Arabische Ziffern Die arabische (oder »indisch-arabische«) Zahlschrift entstand im Jahr 600 in Indien und entspricht dem System, das wir heute verwenden. Bis zum Jahr 952 (zu diesem Zeitpunkt war das System in Europa noch nicht bekannt) wurden diese Zahlen allerdings rückwärts geschrieben. Die Form der Ziffern geht übrigens auf die Zahl der Winkel in der Form der Nummer zurück. Die Ziffer 1 hat einen Winkel, die 2 zwei Winkel und so weiter.

Reelle Zahlen Reelle Zahlen sind ganze Zeilen wie 1, 2 oder 3. Auch rationale, irrationale, positive und negative Zahlen werden zu den reellen Zahlen gezählt. Reelle Zahlen heißen so, weil sie »reell« und nicht »imaginär« sind. Eine imaginäre Zahl ist jede Zahl, die, wenn man sie mit sich selbst multipliziert (quadriert), negativ wird. Früher hielt man derartige Zahlen für unmöglich, aber sie haben einen echten Nutzen, beispielsweise bei der Berechnung von Dingen wie der Elektrizität.

Die Null

Ein Platzhalter Die Null erfüllt zahlreiche Funktionen, eine sehr wichtige darunter die als Platzhalter. Bei 500, 50 und 501 machen die Positionierung und die Menge der Nullen den Unterschied aus. Auch wenn der Wert der Null nichts ist, bedeutet die Ziffer Null etwas. Wir begreifen, dass 501 nicht dasselbe ist wie 51. Es waren die Babylonier, die erstmals mit Platzhaltern arbeiteten.

Eine Zahl, die nichts bedeutet Die Null geht der Zahl 1 voran, was bedeutet, sie steht für ein Fehlen von Wert. Die Null ist eine gerade Zahl, aber sie ist weder eine Primzahl noch eine zusammengesetzte Zahl und weder positiv noch negativ. Es waren die Inder, die vermutlich im achten Jahrhundert erstmals die Null als Zahl einsetzten und als Symbol, das den Wert von nichts ausdrückt.

Die erste Verwendung der Null Im Jahr 825 verwendete auch der persische Wissenschaftler al-Chwarizmi in einem Buch über Arithmetik, das griechische und Hindu-Mathematik kombinierte, die Null. Das Buch enthält auch eine Erklärung al-Chwarizmis, wie man die Null als Platzhalter einsetzt.

Die Ursprünge des Symbols Die Babylonier besaßen kein Symbol für eine Null und ließen Platz zwischen den Zahlen (»303« beispielsweise wäre »3 3« gewesen). Um das Jahr 300 vor unserer Zeit kam die Idee auf, zwei Schrägstriche als Platzhalter zu verwenden. Der griechische Astronom Ptolemaios wiederum nutzte als Platzhalter-Null einen Kreis mit einem langen Querstrich darüber.

Die Regeln des Brahmagupta Der indische Mathematiker Brahmagupta verfasste 628 ein Buch, in dem erstmals festgelegt wurde, nach welchen Regeln die Null als Ziffer und nicht als Platzhalter verwendet werden soll. Einige seiner Aussagen stehen im Widerspruch zur modernen Wissenschaft, aber er schuf einen Großteil der Grundlagen dafür, wie die Null bis heute in der Wissenschaft genutzt wird, beispielsweise:

- Die Summe aus einer positiven Zahl und Null entspricht der positiven Zahl.
- Die Summer aus einer negativen Zahl und Null entspricht der negativen Zahl.
- Null multipliziert mit Null ergibt Null.
- Die Summe aus einer positiven und einer negativen Zahl entspricht ihrer Differenz. Ist ihr absoluter Wert identisch, lautet das Ergebnis Null.

Andere Null-Regeln Wenn man in der Mathematik mit der Null arbeitet, gibt es einige grundlegende Regeln, die über das hinausgehen, was Brahmagupta festgehalten hat. Eine Zahl beispielsweise, die mit Null multipliziert wird, ergibt stets Null. Eine Zahl kann nicht durch Null geteilt werden, das Ergebnis ist nicht definiert.

Primzahlen

Was sind Primzahlen? Primzahlen sind natürliche Zahlen, die größer als 1 sind und nur durch 1 und sich selbst geteilt werden können. Beispiele für Primzahlen sind:

$$2, 3, 5, 7, 11, 13, 17, 19, 23 \ldots$$

Es gibt eine unendliche Menge an Primzahlen, also eine unbegrenzte Zahl. Das hat schon Euklid 300 vor unserer Zeit nachgewiesen. Eine ganze Zahl, die sich durch mehr Zahlen als durch die 1 und sich selbst teilen lässt, wird als zusammengesetzte Zahl bezeichnet. Jede ganze Zahl, die größer als 1 ist, ist entweder eine zusammengesetzte oder eine Primzahl.

Der Fundamentalsatz der Arithmetik Der Fundamentalsatz der Arithmetik (oder Hauptsatz der elementaren Zahlentheorie) besagt, dass alle ganzen Zahlen, die positiv und größer als 1 sind, als das Produkt aus Primzahlen dargestellt werden können. Laut dieser Theorie sind die Primzahlen die Bausteine von natürlichen oder zusammengesetzten Zahlen. Als Primfaktorzerlegung wird der Prozess bezeichnet, bei dem man herausfindet, aus welchen Primzahlen sich eine natürliche Zahl zusammensetzt. Angenommen, wir würden die Primfaktoren der Zahl 18 suchen, dann würden wir wie folgt vorgehen:

$$18 : 2 = 9,$$
$$9 : 3 = 3.$$
$$18 = 3^2 \times 2.$$

Der Satz von Euklid Wie bereits erwähnt, ist die Menge der Primzahlen unbegrenzt. Das besagt der Satz von Euklid, für den es viele erfolgreiche Beweise gibt. Euklid selbst führte den Beweis wie folgt: Erstellt man eine Liste von Primzahlen, wird es auch nach der letzten, die man niederschreibt, immer eine noch größere Primzahl geben. Sei P das Produkt der Primzahlen und q = P + 1, dann ist q entweder eine neue, größere Primzahl oder enthält eine noch unbekannte Primzahl als Teiler. Das zeigt, dass sich die Menge an Primzahlen unendlich fortführen lässt.

Die größten bekannten Primzahlen Seit Euklid bewiesen hat, dass die Liste von Primzahlen unendlich ist, jagen Mathematiker immer größeren Zahlen hinterher. Die Electronic Frontier Foundation vergibt sogar Preise an diejenigen, die eine noch größere Primzahl entdecken. Viele der größten Primzahlen bezeichnet man als Mersenne-Zahlen nach dem Mönch Marin Mersenne, der im 17. Jahrhundert die Formel $M^p = 2^p - 1$ entwickelte. Von den zehn größten Primzahlen, die wir kennen, sind die ersten neun Mersenne-Zahlen. Die größte aktuell bekannte Primzahl ist $2^{82.589.933}-1$.

Probedivision Bei der Probedivision handelt es sich um einen ausgesprochen komplexen Vorgang, der auf einer ganz simplen Idee beruht. Es geht darum, ob eine Zahl, die faktorisiert wird (n), durch eine Zahl geteilt werden kann, die größer als 1, aber kleiner als n ist. Das heißt, man muss überprüfen, ob n durch eine Zahl teilbar ist, die nicht n ist. Man beginnt mit 2 und arbeitet sich von dort aus hoch. Ist eine Zahl nicht durch 2 teilbar, wird sie auch nicht durch 4 teilbar sein (denn 4 lässt sich durch 2 teilen). Diese Regel gilt für alle Vielfachen. Dadurch können wir ableiten, dass die einzigen Zahlen, die geprüft werden sollten, Primzahlen sind.

Primzahllücke Tauchen in einer Zahlenfolge keine Primzahlen auf, spricht man von einer Primzahllücke. Oder anders formuliert: Primzahllücken sind die Differenz zwischen zwei aufeinanderfolgenden Zahlen, bei denen es sich um Primzahlen handelt. Ein Beispiel:

Primzahlen:	2	3	5	7	11	13	17
Lücken:		1	2	2	4	2	4

Mathematisch formuliert bedeutet das: $g_n = P_{n+1} - P_n$.

Bei dieser Formel ist g_n die n-te Primzahllücke und P_n steht für die n-te Primzahl.

Rechenoperationen

Addition Beim Addieren wird eine Sache zu einer anderen Sache addiert (»zusammengezählt«). Bei der Aufgabe »3 + 6« addieren Sie die beiden Zahlen und erhalten als Ergebnis 9. Das Plus-Symbol hat seine Wurzeln in der Abkürzung des lateinischen Worts *et*, das »und« bedeutet. Im Druck tauchte das Plus-Symbol erstmals 1489 in Johannes Widmanns Werk *Mercantile Arithmetic oder Behende und hüpsche Rechenung auff allen Kauffmanschafft* auf.

Subtraktion Subtrahieren ist das Gegenteil von Addieren, hier wird von einer Zahl etwas abgezogen. Wenn wir von 10 3 abziehen (als Formel: 10 - 3), beträgt das Ergebnis 7. Auch das Minus-Zeichen erschien im Druck erstmals in Johannes Widmanns Buch. Es gibt Spekulationen, dass die Ursprünge des Minus-Zeichens in der Tilde (~) liegen, denn die Tilde stand zusammen mit dem Buchstaben »m« für *meno*, Latein für »Minus«.

Multiplikation Beim Multiplizieren (Malnehmen) wird wiederholt addiert. 5 x 4 beispielsweise besagt einfach, dass die 5 viermal wiederholt wird, also 5 + 5 + 5 + 5. Es gibt viele Wege, eine Multiplikation auszudrücken. Am häufigsten ist es über die Malzeichen x, * und ·.

Division Dividieren ist das Gegenteil vom Multiplizieren, hier wird etwas in gleiche Teile zerlegt. Für die Notation gibt es mehrere Möglichkeiten. Die häufigste ist das Geteiltzeichen :, aber es geht auch mit einem / zwischen den beiden Zahlen oder mit einem Balken zwischen den beiden Zahlen, dem Bruchstrich (÷). 20 : 5 = 4 geht also genauso wie 20 / 5 = 4 oder $\frac{20}{5}$.

Quadrieren und die Quadratwurzel Quadrieren bedeutet, dass man eine Zahl mit sich selbst malnimmt. Angezeigt wird das durch eine kleine hochgestellte 2 neben der Zahl, die man multipliziert. 4^2 ist also gleich 16, denn 4 x 4 = 16. Die Quadratwurzel ist das Gegenteil des Quadrierens und wird durch das Zeichen $\sqrt{}$ dargestellt. Die Quadratzahl ist das Quadrat einer ganzen Zahl. $\sqrt{100}$ beispielsweise ist 10, denn 10^2 = 100. $\sqrt{105}$ dagegen ist 10,246951. Das ist keine ganze Zahl und entsprechend auch keine Quadratzahl.

Fakultäten Fakultäten sind ein leicht zu verstehendes Konzept und werden durch ein Ausrufezeichen nach einer Zahl ausgedrückt (beispielsweise 5!). Fakultäten sind das Produkt aller positiven Ganzzahlen, die kleiner oder gleich der Zahl sind. 5! ist also 5 x 4 x 3 x 2 x 1 = 120.

Dezimalzahlen

Zahlen durch Dezimalzahlen ausdrücken Dezimalzahlen sind eine weitere Möglichkeit, einen Bruch auszudrücken. $\frac{8}{10}$ beispielsweise entspricht 0,8. Jede Nummer nach der Dezimalstelle basiert auf der Zahl 10. 0,8 sind also acht Zehntel. Eine weitere Nachkommastelle wäre dann also Hundertstel, die nächste Tausendstel. »0,54« ist also dasselbe wie »54 Hundertstel« und »0,986« dasselbe wie »986 Tausendstel«.

Mit Dezimalzahlen addieren und subtrahieren Wenn man Dezimalzahlen addiert, ist es wichtig, die Zahlen reihenweise auszurichten. Sie werden dann in ihren jeweiligen Reihen addiert, und zwar beginnend rechts. Die Dezimale wird dabei übertragen. Also zum Beispiel:

$$
\begin{array}{r}
3,5 \\
+\ 1,4567 \\
\hline
4,8567
\end{array}
\qquad \text{oder} \qquad
\begin{array}{r}
4,5 \\
-\ 3,2 \\
\hline
1,3
\end{array}
$$

Ziehen Sie mehrstellige Dezimale ab, denken Sie daran, der Zahl mit weniger Stellen Nullen hinzuzufügen. Also zum Beispiel:

4,5	kann auch er-	4,500
- 3,234	scheinen als	- 3,234

Nun sieht die Rechnung aus wie jede andere Subtraktionsaufgabe.

Multiplizieren mit Dezimalstellen

Das Multiplizieren mit Dezimalstellen erfordert einige zusätzliche Schritte. Sehen wir uns eine Aufgabe an:

$$5,46$$
$$\times 0,6$$

Wir beginnen mit der unteren Zahl, also der 0,6. Sie nehmen als erstes die Zahl ganz rechts, in diesem Fall also die 6, und multiplizieren Sie – von rechts nach links – mit jeder der obigen Zahlen.

$$3$$
$$5,46$$
$$\times 0,6$$

6 x 6 = 36, also schreiben Sie die 6 auf und schreiben die 3 über die 4. Jetzt nehmen Sie die 6 mit 4 mal und fügen dann die 3 hinzu. Ihre Aufgabe sieht jetzt also aus wie folgt:

$$5,46$$
$$\times 0,6$$
$$\overline{76}$$

So rechnen Sie nach links weiter, bis Sie zu folgendem Ergebnis gelangen:

$$
\begin{array}{r}
5{,}46 \\
\times\, 0{,}6 \\
\hline
3276
\end{array}
$$

Genau dasselbe wiederholen Sie mit der nächsten Dezimalzahl unterhalb des Bruchstrichs. In diesem Fall lautet das Ergebnis 000, weil die Dezimalzahl eine Null ist. Sie addieren die Zahlen, die Sie haben, und kommen auf 3276. Jetzt zählen Sie, wie viele Nachkommastellen Sie haben. In diesem Fall sind es drei, also setzen Sie das Dezimalkomma von rechts aus gerechnet nach drei Stellen. Ihre Antwort lautet 3,276.

Division mit Dezimalzahlen Die Aufgabe, eine ganze Zahl durch eine Dezimalzahl zu teilen, ist genauso wie jede andere schriftliche Divisionsaufgabe. Sie müssen nur an das Übertragen denken.

Ein Beispiel:

$$
9\,\overline{)0{,}326} \quad \text{wird zu} \quad
\begin{array}{r}
0{,}0362 \\
9\,\overline{)0{,}3260} \\
27 \\
\hline
56 \\
54 \\
\hline
2
\end{array}
$$

Die Antwort lautet 0,0362.

Teilen Sie eine Dezimalzahl durch eine andere Dezimalzahl, wird ein zusätzlicher Schritt erforderlich. Zum Teilen müssen Sie den Teiler zu einer ganzen Zahl machen. Dazu multiplizieren Sie ihn mit 10, 100, 1000 oder was auch immer nötig ist, um ihn in eine ganze Zahl zu verwandeln. Was auch immer Sie mit dem Divisor machen, müssen Sie auch mit dem Dividend machen. Ein Beispiel:

0,86 : 0,567 wird zu
86 : 56,7, was Sie dann ganz normal lösen können.

Nachkommastellen runden Mit Dezimalzahlen zu runden ist ähnlich wie das Runden bei allen anderen Zahlen. Ist die Tausendstelstelle vier oder kleiner, dann streicht man sie weg und lässt die Hundertstelstelle stehen. 0,983 beispielsweise wird auf 0,98 gerundet. Ist die Tausendstelstelle fünf oder größer, wird die Zahl auf das nächste Hundertstel aufgerundet. 0,986 beispielsweise wird so zu 0,99. Dieselbe Regel gilt unabhängig davon, ob man eine Zehntel-, eine Hundertstel- oder eine Tausendstelstelle rundet.

Prozentrechnung Den Prozentanteil einer Zahl zu berechnen ist ganz einfach. Wenn Sie jemand fragt: »Wie viel Prozent von 98 sind 32?«, müssen Sie zunächst 32 durch 98 teilen. Die Antwort lautet 0,32653061. Wählen Sie die ersten vier Zahlen und vergessen Sie dabei das Runden nicht! Wir haben jetzt also 0,3265. Diese Zahl multiplizieren Sie mit 100, das ergibt 32,65. Wenn wir das erneut runden, kommen wir zu dem Ergebnis, 32 entspricht 33 Prozent von 98.

Maße

Das metrische System Weltweit gibt es zahlreiche Maßsysteme, aber das metrische System gehört zu den am weitesten verbreiteten. Die USA sind die wohl prominenteste Ausnahme. Das metrische System ist ein Dezimalsystem, beruht also auf Zehnern. Gewicht wird in Gramm gemessen, Volumen in Litern, Abmessungen in Metern und Temperatur in Grad Celsius.

Maßeinheiten in den USA Es gibt nur drei Länder auf der Welt, die nicht mit dem metrischen System arbeiten – Myanmar, Liberia und die Vereinigten Staaten (obwohl dort das metrische System für wissenschaftliche und medizinische Messungen zur Anwendung kommt). Das amerikanische System beruht auf dem imperialen System, das früher in England verwendet wurde (inzwischen arbeitet man dort auch mit dem metrischen System). Beim amerikanischen System dient nicht das Zehnersystem als Grundlage.

Längeneinheiten in den USA Das amerikanische Längenmaß arbeitet mit den Einheiten Inch (Zoll), Foot (Fuß), Yard und Mile (Meile). 12 Inch entsprechen einem Foot, drei Feet entsprechen einem Yard und eine Meile entspricht 5280 Feet. Im metrischen System entspricht ein Yard 91,44 Zentimetern und 1 Inch 2,54 Zentimetern.

Masseneinheiten in den USA In den USA gab es vier Systeme zur Berechnung von Masse – Tower Weight, Troy Weight, Avoirdupois Weight und Apothecaries Weight. Heute wird in erster Linie das Avoirdupois Weight verwendet. Die anderen drei basieren allesamt auf der Maßeinheit Grain (Korn). Nach heutigem System entspricht ein Grain 64,79891 Milligramm, eine Dram (Drachme) entspricht 1,772 Gramm, eine Ounce (Unze) entspricht 16 Drams oder 28,35 Gramm und ein Pound (Pfund) sind 16 Ounces oder 453,59237 Gramm. Ein Hundredweight (Zentner) sind 100 Pfund und eine Ton (Tonne) sind 20 Hundredweights.

Raummaße in den USA Einheiten des Raummaßes in den USA sind Cubic Inch (Kubikzoll), Cubic Foot (Kubikfuß) und Cubic Yard (Kubikyard). Unterschieden wird dabei zwischen Flüssigkeiten und Trockenmaßen. Beide arbeiten mit Einheiten wie Cups, Pints, Quarts und Gallons, aber die Maße unterscheiden sich. So ist beispielsweise eine Pint (Pinte) in den USA 473,176 Milliliter Flüssigkeit, als Trockenmaß dagegen 550,61 Milliliter.

Temperatur in den USA In den USA wird die Temperatur in Grad Fahrenheit gerechnet. Sowohl Celsius als auch Fahrenheit arbeiten mit denselben Referenzpunkten (der Siedepunkt und der Gefrierpunkt von Wasser), doch bei Celsius entspricht der Gefrierpunkt 0°, bei Fahrenheit sind es 32°. Bei Celsius ist der Siedepunkt 100°, bei Fahrenheit 212°. Um Fahrenheit in Celsius umzurechnen, ziehen Sie 32 von der Temperatur ab, multiplizieren das Ergebnis mit 5 und teilen es durch 9. Um von Celsius in Fahrenheit umzurechnen, multiplizieren Sie die Temperatur mit 9, teilen Sie durch 5 und addieren dann 32.

Diagramme

Liniendiagramm Mithilfe von Liniendiagrammen lassen sich Daten gut darstellen, die sich über einen bestimmten Zeitraum hinweg verändern. Wenn man die Aufs und Abs ins Diagramm einträgt und die Datenpunkte dann zu einer Kurve verbindet, kann man Fortschritte und Rückschritte der Daten vergleichen, überwachen und analysieren. Liniendiagramme arbeiten mit x- und y-Achse, wobei die x-Achse horizontal verläuft, die y-Achse vertikal.

Balkendiagramm Balkendiagramme sind bestens dafür geeignet, Daten zu präsentieren und gegenüberzustellen. Die Werte werden durch rechteckige Balken dargestellt, deren Höhe je nach dargestelltem Wert schwankt. Liniendiagramme dienen dazu, zeitliche Veränderungen abzubilden, Balkendiagramme dagegen zeigen unterschiedliche Mengen. Ähnlich wie Liniendiagramme arbeiten auch Balkendiagramme mit x- und y-Achse und sie können sowohl horizontal wie auch vertikal dargestellt werden.

Tortendiagramm Tortendiagramme sind sehr einfach zu verwenden und erfordern keine x- oder y-Achse. Mit Tortendiagrammen arbeitet man, wenn man Datenkategorien oder Werte als Teil eines Ganzen darstellen möchte. Im Grunde ist ein Tortendiagramm einfach nur ein Kreis, der in Segmente unterteilt ist, die jeweils bestimmte Werte oder Kategorien darstellen.

Ablaufdiagramm Ablaufdiagramme beschreiben, wie alle Schritte in einem bestimmten Prozess ineinandergreifen. Sie stehen für eine Entwicklung und sind hilfreich, wenn es darum geht, die verschiedenen Phasen eines Projekts darzustellen. Ablaufdiagramme arbeiten mit drei Symbolen, die alle entsprechend ihrer Beschreibung bezeichnet werden. Anfang und Ende werden durch gestreckte Kreise repräsentiert, dann gibt es Rechtecke, die für die Schritte oder Anweisungen stehen, und schließlich Diamanten, die anzeigen, welche Entscheidungen getroffen werden müssen. Pfeile verbinden die Symbole untereinander und zeigen die Entwicklungsschritte innerhalb des Prozesses.

Organigramm Organigramme dienen dazu, die formellen und informellen Beziehungen innerhalb einer Gesamtstruktur darzustellen. Organigramme kommen vor allem innerhalb von Unternehmen zum Einsatz und zeigen dort die Hierarchiestufen der Belegschaft und das jeweilige Verhältnis untereinander. Organigramme können auch zeigen, wie sich unterschiedliche Abteilungen miteinander verknüpfen lassen. Im Allgemeinen sind sie aufgebaut wie Pyramiden, wobei die oberste Ebene die höchste Position darstellt, etwa den CEO oder den Geschäftsführer, während die anderen Rechtecke im absteigenden Rang folgen. Die Größe der Rechtecke hängt mit dem Maß an Autorität zusammen und Pfeile zeigen den Verlauf an.

Piktogramme Piktogramme drücken mithilfe von Symbolen Daten aus und vergleichen Trends. Die verwendeten Symbole stehen für eine bestimmte Menge und werden entlang der Tabelle wiederholt. Sie liefern keine präzisen Informationen, sondern stellen eher eine Form der allgemeinen Repräsentation dar. Ein Beispiel für ein Piktogramm wäre eine Tabelle, die zeigt, wie viele Äpfel vier Schüler gegessen haben. Der Schlüssel am Fuß der Grafik besagt dann, dass jedes Bild eines

Apfels für vier gegessene Äpfel steht. Wenn auf der Tabelle also drei Äpfel neben den Namen der Schüler stehen, heißt das, dass jeder Schüler und jede Schülerin zwölf Äpfel gegessen hat.

Pi

Das Symbol Pi ist eine mathematische Konstante. Pi entspricht stets dem Verhältnis zwischen Kreisfläche und dem Radius des Kreises zum Quadrat. Symbolisiert wird Pi durch den griechischen Buchstaben π. Der Buchstabe stammt aus dem griechischen Wort für Perimeter (περίμετρος). Als Erster verwendete William Jones 1706 das Symbol für die mathematische Konstante. Wichtig in diesem Zusammenhang ist, dass die mathematische Konstante stets durch den kleingeschriebenen Buchstaben ausgedrückt wird, denn großgeschrieben (Π) steht Pi für etwas völlig anderes.

Die Definition Einfach gesagt ist π das Verhältnis zwischen dem Umfang eines Kreises zum Durchmesser eines Kreises. Die entsprechende Gleichung dazu sieht so aus:

$$\pi = \frac{C}{d}$$

Egal, wie groß der Kreis ist, dieses Verhältnis wird stets gleich π sein. Es gibt einen weiteren Ansatz, π zu definieren. Dabei wird die Fläche eines Kreises herangezogen. Die entsprechende Gleichung sieht so aus:

$$\pi = \frac{A}{r^2}$$

In dieser Grafik steht r für den Radius des Kreises und entspricht der Hälfte des Durchmessers.

Frühgeschichte von Pi Der berühmte ägyptische Papyrus Rhind stammt aus der Zeit um 1650 vor unserer Zeitrechnung. Die mathematische Abhandlung zeigt, dass der Schreiber Ahmes mit Pi gearbeitet hat. Er schreibt: »Schneide ein Neuntel eines Durchmessers ab und errichte auf dem Rest ein Quadrat. Dieses hat dieselbe Fläche wie der Kreis.« Nach diesen Berechnungen entspräche Pi 3,16049. Im 19. Jahrhundert vor unserer Zeit gaben die Babylonier den Wert mit 25/8 an, was nur 0,5 Prozent unter dem tatsächlichen Wert von π liegt.

Annäherung an das tatsächliche Pi Anfangs glaubte man, Pi habe weniger als zehn Nachkommastellen. Der indische Mathematiker und Astronom Aryabhata, der im fünften Jahrhundert lebte, gelangte zu dem Ergebnis, dass es sich bei Pi um eine irrationale Zahl handelt, sich die Nachkommastellen also ewig fortsetzen, ohne sich zu wiederholen. Um 1600 herum berechnete der deutsche Mathematiker Ludolph van Ceulen korrekt die ersten 35 Dezimalstellen von Pi. 1789 bestimmte der slowenische Mathematiker Georg von 140 Stellen, wovon sich allerdings nur die ersten 126 als korrekt erwiesen. 1873 wurden die ersten 527 Stellen berechnet. 2020 kam ein Supercomputer zum Einsatz und errechnete die ersten 50 Billionen Nachkommastellen.

Eine irrationale Konstante Pi ist eine irrationale Konstante, kann also nicht als Bruch oder als Verhältnis zweier ganzer Zahlen ausgedrückt werden. Gleichzeitig ist Pi eine Transzendente, was bedeutet, Pi ist nicht die Lösung einer algebraischen Gleichung. Fließt Pi in Berechnungen ein, wiederholt sich die Darstellung der Nachkommastellen nicht und sie endet auch nicht. Die ersten 50 Stellen beispielsweise lauten 3,14 15926535897932384626433832795028841971693993751o. Für einfache mathematische Berechnungen verkürzen deshalb viele Menschen Pi auf 3,14.

Pi mal Daumen Weniger genaue Darstellungen von Pi finden sich schon in frühen Quellen wie der Bibel, wo es heißt, Pi sei 3. Und 1897 wurde im amerikanischen Bundesstaat Indiana ein Gesetzesentwurf eingereicht, wonach in Indiana Pi gleich 3,2 sein solle. Der Antrag schaffte es nie über die Legislative von Indiana hinaus und wurde auch nie ein Gesetz.

Wissenschaftliche Schreibweise

Was ist die wissenschaftliche Schreibweise? Die wissenschaftliche Schreibweise ist eine Methode, Zahlen so aufzuschreiben, dass sich leichter mit ihnen arbeiten lässt. Der Wert dieser Zahlen ist beliebig. Dieses System kommt üblicherweise dann zum Einsatz, wenn Zahlen zu groß oder zu klein sind. Indem man die normale Dezimaldarstellung vereinfacht, kann man sie dann problemlos auf andere Gleichungen und Formeln übertragen. Ein typisches Beispiel für eine wissenschaftliche Schreibweise:

$$x^* \, 10^y$$

x ist eine reale Zahl, y ist eine Ganzzahl, die anzeigt, wie weit man das Dezimalkomma verschieben muss.

Beispiel für die wissenschaftliche Schreibweise Sehen wir uns ein einfaches Beispiel für die wissenschaftliche Schreibweise an:

$$3 \times 10^4 = 30.000.$$

Die 3 kann auch als 3,0 geschrieben werden, denn es folgen keine Zahlen. Von dort ausgehend, müssen wir das Dezimalkomma um weitere vier Stellen verschieben. Weil der Exponent positiv ist, verschieben wir das Komma nach rechts.

Ein anderes Beispiel: Die Zahl 5000 in wissenschaftlicher Schreibweise würde so aussehen:

$$5 \times 10^3$$

Wissenschaftliche Schreibweise mit negativen ganzen Zahlen Bei negativen ganzen Zahlen muss man die Anzahl von Stellen zurückgehen, die die Ganzzahl vorgibt. Zum Beispiel:

$$500 \times 10^{-1} \text{ ist gleich } 50.$$

Wir beginnen bei 500 (was auch als 500,0 ausgedrückt werden kann) und bewegen das Dezimalkomma um eine Stelle nach links, wodurch die Zahl zu 50 wird. Will man eine Zahl dezimal darstellen, ist es egal, wie kompliziert die Zahl auch sein mag, man muss in jedem Fall dem Exponenten folgen.

Von wissenschaftlicher Schreibweise auf Dezimaldarstellung umsteigen Um eine Zahl von dezimaler Darstellung auf wissenschaftliche Schreibweise umzustellen, müssen Sie rückwärts arbeiten. Sie beginnen mit einer Zahl in dezimaler Darstellung und wollen am Ende die »X x 10y«-Darstellung haben. X sollte so simpel wie möglich gehalten werden, am besten als Zahl zwischen 1 und 10. Ein Beispiel:

0,003 wäre dann gleichbedeutend mit 3×10^{-3}.

Ist die Zahl komplizierter, denken Sie einfach daran, sie auf etwas zwischen 1 und 10 zurechtzustutzen. Ein Beispiel:

0,002345 ist einfach $2{,}345 \times 10^{-3}$.

Größenordnung Die Größenordnung einer Zahl erhält man, indem man zur nächsten Zehnerpotenz rundet. Das ermöglicht einfache Vergleiche, Schätzungen und Überschlagsrechnungen. Wenn eine Zahl 1,9 beträgt und Sie müssen in einer Berechnung mit ihr arbeiten, dann ist diese Zahl dichter an 100 als an 101, Sie würden zur Lösung des Problems also 100 verwenden.

Technische Notation Mit technischer Notation ist eine Form der wissenschaftlichen Schreibweise gemeint, die im Tiefbau und im Maschinenbau zum Einsatz kommt und sich leicht von der wissenschaftlichen Schreibweise unterscheidet. Bei der technischen Notation dürfen als Zehnerpotenzen ausschließlich Vielfache von drei verwendet werden, denn es handelt sich in Wirklichkeit um Tausenderpotenzen. Statt 1000^2 schreibt man also 10^6.

Logarithmen

Was sind Logarithmen?

Wohl kein anderes Konzept der Arithmetik ist so gut dafür geeignet, in allen Naturwissenschaften zur Anwendung zu kommen, wie Logarithmen. Logarithmen erlauben es auszudrücken, womit eine festgelegte Zahl (die Basis) potenziert werden muss, um eine gegebene Antwort (Numerus) zu erhalten. Dekadische Logarithmen haben die Zehn als Basis, während natürliche Logarithmen e als Basis haben. Hier sind einige einfache Logarithmen:

$$\log(10) = 1$$
Denn $10^1 = 10$

$$\log(100) = 2$$
Denn $10^2 = 100$

$$\log(2) \approx 0{,}3$$
Denn $10^{0,3} = 2$

Das Gegenteil eines Logarithmus wird als Antilogarithmus oder als Exponentialfunktion zur Basis 10 bezeichnet und sieht dann so aus:

$$\text{antilog}(2) = 100$$

Bei Antilogarithmen potenziert man einfach die Basis (10) mit x (in diesem Fall also 2).

Grundregeln von Logarithmen

So, wie man bei übereinstimmender Basis Exponenten addieren kann, folgen auch Logarithmen ähnlichen Regeln. Hier die drei wichtigsten Regeln. Bitte beachten Sie, dass sie nur funktionieren, sofern die Basen identisch sind:

$$\log_b(m) + \log_b(n) = \log_b(mn)$$

Das bedeutet, wenn man Logarithmen mit derselben Basis addiert, multipliziert man die Zahlen innerhalb des Logarithmus.

$$\log_b(m) - \log_b(n) = \log_b(m/n)$$

Subtrahiert man Logarithmen mit derselben Basis, dividiert man die Zahlen innerhalb des Logarithmus.

$$n \bullet \log_b(m) = \log_b(mn)$$

Gibt es einen Multiplikator, wird er zum Exponenten für alles innerhalb des Logarithmus und umgekehrt.

Logarithmen ausmultiplizieren Enthält ein Logarithmus viele Informationen, empfiehlt es sich, ihn mithilfe der Regeln so weit zu zerlegen, dass jeder Logarithmus schließlich nur noch eine Sache enthält. Ein Beispiel: Wir wollen $\log_3(4x)$ auseinandernehmen, zerlegen ihn also in:

$$\log_3(4x) = \log_3(4) + \log_3(x)$$

Die Antwort lautet $\log_3(4) + \log_3(x)$. Wir sollten nicht versuchen, den Wert von $\log_3(4)$ mit dem Taschenrechner zu bestimmen, sondern ihn so lassen.

Hier ein weiteres Beispiel:

$$\log_5(25/x) = \log_5(25) - \log_5(x)$$
$$\log_5(25/x) = 2 - \log_5(x)$$

Logarithmische Gleichungen vereinfachen Logarithmische Gleichungen zu vereinfachen ist im Grunde das Gegenteil des Ausmultiplizierens. Anstatt einen großen Block in viele kleine Teile zu zerlegen, erhält man viele Teile und soll daraus einen einzelnen großen Logarithmus erschaffen. Nehmen wir uns als Beispiel vor, $\log_4(x) + \log_4(y)$ zu vereinfachen. Dazu unternehmen wir folgenden Schritt:

$$\log_4(x) + \log_4(y) = \log_4(xy)$$

Zum Vereinfachen von $3\log_3(x)$ machen Sie den Multiplikator zum Exponenten innerhalb des Logarithmus. Das sieht in diesem Fall so aus:

$$\log_3(x3)$$

Egal, wie komplex das Problem erscheinen mag, die Prozesse sind sehr simpel.

Formel zum Basiswechsel Wenn Sie einen Logarithmus berechnen wollen, der nicht auf einer Zehnerbasis beruht, müssen Sie mit der Formel zum Basiswechsel arbeiten. Diese besagt:

$$\log_b(x) = \frac{\log_d(x)}{\log_d(b)}$$

Wenn Sie beispielsweise $\log_4(9)$ auf die Basis 5 wechseln möchten, gehen Sie wie folgt vor:

$$\log_4(9) = \frac{\log_5(9)}{\log_5(4)}$$

Der Basiswechselsatz ist hilfreich, wenn man Kurvenpunkte einer Tabelle mit einem Logarithmus finden will, der nicht auf einer Zehnerbasis beruht.

Logarithmen anwenden Für Logarithmen gibt es innerhalb der Mathematik wie außerhalb sehr reale Anwendungsmöglichkeiten. Perlboote beispielsweise sind Kopffüßer mit einer sehr großen Schale. Die Kammern der Schale sind in etwa Kopien der jeweils vorangegangenen Kammer und werden durch eine konstante Zahl skaliert. Dieselbe Idee findet sich in der Mathematik wieder und wird dort als logarithmische Spirale bezeichnet. Logarithmen dienen dazu, die Stärke eines Erdbebens zu messen (die sogenannte Richterskala) oder die Helligkeit eines Sterns. Sie kommen sogar in der Psychologie zur Anwendung: Das Hicksche oder Hick-Hyman-Gesetz erklärt mithilfe eines Logarithmus, wie lange eine Person abhängig von der Zahl der ihr zur Auswahl stehenden Möglichkeiten benötigt, um eine Entscheidung zu fällen.

Einfache Algebra

Was ist Algebra? In der Algebra arbeitet man bei Gleichungen mit Unbekannten. Diese unbekannten Zahlen werden durch Buchstaben dargestellt. Abhängig von der Gleichung geht es dann darum, den fehlenden Wert herauszufinden. Die Buchstaben können Variable sein (der Wert ändert sich) oder Konstante (der Wert bleibt unveränderlich, etwa bei π).

Addieren und Subtrahieren mit algebraischen Ausdrücken Ein Beispiel für einen einzelnen algebraischen Ausdruck ist $6x$, wobei 6 den Koeffizienten darstellt und x die Variable. Diese Zahlen werden miteinander multipliziert. Es können nur Terme mit gleichen Variablen und gleichen Potenzen addiert und subtrahiert werden. Bei $7x + 9z$ beispielsweise sind x und z ungleiche Terme, was bedeutet, das Problem kann nicht weiter vereinfacht werden. Bei $7x + 9x$ dagegen ist in beiden Fällen x die Variable, also können wir das Problem bearbeiten und in $16x$ umwandeln.

Multiplizieren mit algebraischen Ausdrücken Beim Multiplizieren geht es darum, die Gesetze zu Exponenten einzuhalten. Ein Beispiel:

$$x^4(x^3 + 6a) = x^7 + 6ax^4$$

Das ist die einfachste Antwort, die wir aus einer Aufgabe wie dieser erhalten können. Wenn bei einer Aufgabe zwei Gleichungen in Klammern stehen, sollten Sie die erste Gleichung aufbrechen:

$$(x + 7)\ (a - 2)$$
$$x(a - 2) + 7(a - 2)$$

Abhängig davon, ob der zweite Teil der Rechnung positiv oder negativ ist, addiert oder subtrahiert man die Probleme. Damit wären wir also bei:

$$xa - 2x + 7a - 14$$

Einfache Algebra

Weiter herunterbrechen lässt sich die Aufgabe nicht, also ist das unsere Antwort.

Dividieren mit algebraischen Ausdrücken Beim Dividieren algebraischer Ausdrücke schreiben Sie das Problem zunächst als Bruch auf. Im nächsten Schritt wird der Koeffizient vereinfacht, dann streicht man Variablen bei Zähler und Nenner. Zum Beispiel:

$$8ab^4 \div 2ab = \frac{8 \times a \times b \times b \times b \times b}{2 \times a \times b} = 4b^3$$

Gleichungen auflösen Wenn Sie Gleichungen auflösen, soll am Ende nur noch x übrigbleiben. Ein Beispiel:

$$2x = 10$$

Damit auf der einen Seite nur noch x steht, müssen Sie zunächst $2x$ durch 2 teilen. Und was Sie auf der einen Seite tun, müssen Sie auch auf der anderen Seite der Gleichung tun. Also haben Sie:

$$x = 5$$

Egal, wie komplex die Aufgabe auch wird – solange Sie daran denken, dass x am Ende allein übrig bleiben muss, werden Sie das Problem lösen können.

Formeln neu ordnen Hier nehmen Sie im Grunde alles Gelernte und arbeiten damit rückwärts. Es ist dem Auflösen von Gleichungen ganz ähnlich, nur dass Sie hier nicht auf eine einzelne Zahl beschränkt sind. Sie können jeden beliebigen Teil der Aufgabe lösen. Wenn Sie beispielsweise eine Formel haben, die

$2b = c$ lautet, und Sie b bestimmen sollen, dann können Sie einfach beide Seiten durch 2 teilen, also: $b = c/2$.

Fibonacci-Folge

Was ist die Fibonacci-Folge? Bei der Fibonacci-Folge handelt es sich um eine Folge von Zahlen, die der ganz einfachen Regel folgen, dass jede Zahl die Summe der beiden vorangegangenen Zahlen darstellt. Die ersten zehn Zahlen in der Folge lauten:

$$0, 1, 1, 2, 3, 5, 8, 13, 21, 34$$

Die Folge lautet:

$$x_n = x_{n-1} + x_{n-2}$$

Der Goldene Schnitt Der Goldene Schnitt (φ) ist eine mathematische Konstante mit einem Wert von 1,6180339887… Beim Goldenen Schnitt entspricht das Verhältnis der Summe zweier Zahlen zur größeren der beiden Zahlen dem Verhältnis der größeren zur kleineren Zahl. Anders ausgedrückt:

$$\frac{a+b}{a} = \frac{a}{b} = \varphi$$

Zwei aufeinanderfolgende Zahlen aus der Fibonacci-Folge nähern sich mit fortschreitender Folge immer weiter dem Goldenen Schnitt an.

Die Fibonacci-Folge in der Natur Fibonacci-Folgen kommen in der Natur überraschend häufig vor. Die Zahl von Blüten an einer Blume, der Zweige in einem Baum, die Anordnung von Blättern an einem Zweig, den Zapfen einer Tanne und sogar die Spiralen einer Ananas – überall stoßen wir auf Fibonacci-Folgen. Ein ganz spezielles Beispiel für die Fibonacci-Folge in der Natur ist die Fortpflanzung der Honigbiene. Die Sequenz der Honigbienen-Eltern und ihrer Nachfahren stimmt exakt mit der Fibonacci-Folge überein.

Die Fibonacci-Folge in der Musik Auch in der Musik stoßen wir auf die Fibonacci-Folge. In jeder Oktave können 13 Noten gespielt werden. Eine Tonleiter besteht aus acht Noten und die dritten und fünften Noten bilden die Grundlage der Akkorde. Sie basieren auf einem Ganzton, der zwei Töne vom Grundton entfernt ist, der zugleich die erste Note darstellt.

Der Mann hinter Fibonacci Die Fibonacci-Folge ist nach dem Italiener Leonardo da Pisa (1170 –1250) benannt, dessen Spitzname Fibonacci lautete, »Sohn des Banacci«. Indische Mathematiker hatten die Folge zuvor bereits beschrieben, aber es war Leonardo da Pisa, der die Folge in Westeuropa bekannt machte. Er trug auch dazu bei, dass in Europa die bis heute verwendete indisch-arabische Zahlschrift aufkam und das römische System verdrängte.

Leonardo da Pisa und seine Kaninchen In seinem Buch *Liber abaci* erwähnte Fibonacci erstmals die später nach ihm benannte Folge. Darin befasst er sich mit dem Wachstum einer unrealistischen Kaninchenpopulation. Wenn Kaninchen sich im Alter von einem Monat paaren könnten, wie viele Kaninchen würde es dann nach einem Jahr geben, fragte sich Fibonacci. Zum Ende des zweiten Monats würde das Weibchen ein neues Paar zur Welt bringen, die Kaninchen in diesem Szenario sterben nicht und ab dem zweiten Monat werden jeden Monat neue Paare produziert.

Quadratwurzeln

Quadratwurzeln vereinfachen Zum Vereinfachen von Quadratwurzeln eliminiert man zunächst einmal alle Quadratzahlen. Ein Beispiel:

$$\sqrt{25} = \sqrt{5^2} = 5$$

Ist die Zahl keine Quadratzahl, gibt es aber möglicherweise dennoch innerhalb der Zahl eine Quadratzahl. Zunächst ziehen wir die Wurzel partiell, dann nehmen wir die Quadratzahl heraus. Ein Beispiel:

$$\sqrt{400} = \sqrt{100} \times 4 = \sqrt{100} \times \sqrt{4} = 10 \times 2 = 20$$

Gibt es keine Quadratzahl, brechen wir die Aufgabe auf die einfachste Form herunter. Zum Beispiel:

$$\sqrt{98} = \sqrt{49} \times \sqrt{2} = 7 \times \sqrt{2} = 7\sqrt{2}$$

Multiplizieren von Quadratwurzeln Wenn Sie Quadratwurzeln multiplizieren, brechen Sie das Problem auf seine einfachste Form herunter. Zum Beispiel:

$$\sqrt{10} = \sqrt{5} \times \sqrt{2} = \sqrt{5}\sqrt{2}$$

Arbeiten Sie in die andere Richtung, müssen Sie das Problem vereinfachen, indem Sie nicht mehr als ein Wurzelzeichen schreiben. Zum Beispiel:

$$\sqrt{3}\sqrt{12} = \sqrt{3} \times \sqrt{3} \times \sqrt{4} = \sqrt{3} \times \sqrt{3} \times 2 = 3 \times 2 = 6$$

Quadratwurzeln addieren und subtrahieren Wenn beim Addieren die Wurzel identisch ist, müssen Sie einfach die vorne stehenden Zahlen addieren. Zum Beispiel:

$$3\sqrt{5} + 2\sqrt{5} = 5\sqrt{5}$$

Lässt sich eine Quadratwurzel zu ganzen Zahlen vereinfachen, sollten Sie das auch tun und dann weiter an dem Problem arbeiten. Zum Beispiel:

$$3\sqrt{25} + 2\sqrt{25} = 3(5) + 2(5) = 25$$

Schlussendlich können nur identische Wurzelzahlen kombiniert werden. Wenn Sie also vor einem Problem wie $2\sqrt{3} + 3\sqrt{7}$ stehen, dann ist das Ihre Antwort.

Mit Quadratwurzeln dividieren Dividieren ist ganz einfach. Beginnen Sie, indem Sie das Problem innerhalb der Quadratwurzel vereinfachen. Zum Beispiel:

$$\sqrt{\frac{32}{2}} = \sqrt{16} = 4$$

Sie können das Dividieren aber auch in Quadratwurzeln aufteilen und von dort weiter arbeiten, indem Sie vereinfachen und Zahlen wegstreichen. Zum Beispiel:

Mathematik

$$\sqrt{\frac{3}{36}} = \frac{\sqrt{3}}{\sqrt{6 \times 6}} = \frac{\sqrt{3}}{6}$$

Nenner rational machen Der Nenner darf niemals eine Wurzel enthalten. Um dieses Problem zu lösen, müssen Sie den gemeinsamen Nenner finden, ganz so, wie Sie es bei Bruchzahlen gelernt habenWenn es also beispielsweise darum geht

$$\frac{8\sqrt{2}}{\sqrt{3}}$$

zu vereinfachen, dann müssen Sie zunächst die Wurzel aus dem Nenner nehmen und sowohl über wie auch unter dem Bruchstrich damit multiplizieren:

$$\frac{8\sqrt{2}}{\sqrt{3}} \times \frac{(\sqrt{3})}{(\sqrt{3})} = \frac{8\sqrt{6}}{\sqrt{3 \times 3}} = \frac{8\sqrt{6}}{3}$$

Höhere Wurzeln Mit höheren Wurzeln wie Kubikwurzeln, vierten Wurzeln und so weiter zu rechnen, ist ähnlich wie der Umgang mit Quadratwurzeln. Bei Kubikwurzeln zieht man die Teiler, die zu dritt auftreten, bei vierten Wurzeln Teiler, die zu viert auftreten, und so weiter. Zum Beispiel:

$$\sqrt[4]{16} = \sqrt[4]{2 \times 2 \times 2 \times 2} = 2$$
$$\sqrt[3]{54} = \sqrt[3]{3 \times 3 \times 3 \times 2} = \sqrt[3]{2^3}\sqrt{3} \times 2 = \sqrt[3]{3 \times 3 \times 3 \times 2} = 3 \times \sqrt[3]{2}$$

Geometrie

Vielecke Die Geometrie ist das Studium von Figuren und deren Eigenschaften. Polygone oder Vielecke sind spezielle Figuren, die in der Geometrie zur Anwendung kommen, und weisen viele gerade Seiten auf. Bei regelmäßigen Polygonen müssen alle Winkel und Seiten identisch sein. Eine Figur mit drei Seiten und Winkeln wird als Dreieck bezeichnet, eine Figur mit vier Seiten und Winkeln ist ein Viereck, eine Figur mit fünf Seiten und Winkeln ein Fünfeck und so weiter. Eine Figur mit zwei Paaren paralleler Linien bezeichnet man als Parallelogramm.

Flächeninhalt Der Flächeninhalt gibt die Größe einer Fläche innerhalb einer Figur an. Der Flächeninhalt eines Vierecks oder jeder anderen rechteckigen Figur lässt sich ganz einfach berechnen: Sie multiplizieren schlicht die Länge mit der Höhe des Objekts. Den Flächeninhalt eines Parallelogramms berechnen Sie, indem Sie die Seitenlänge mit der Höhe des Objekts multiplizieren. Bei Trapezoiden – Figuren mit vier Seiten, aber nur einem Paar paralleler Seiten – addieren Sie die Länge der beiden parallelen Seiten, teilen das Ergebnis durch zwei und multiplizieren diese Zahl dann mit der Höhe.

Umfang Der Umfang ist ein sehr simples Konzept mit einer sehr simplen Lösung: Der Umfang gibt die Länge der Linien einer Figur an. Am einfachsten berechnet man den Umfang, indem man die Länge aller Seiten addiert. Hat ein Rechteck zwei Seiten, die 7 Zentimeter lang sind, und zwei Seiten, die 3 Zentimeter lang sind, dann berechnet sich der Umfang wie folgt: $7 + 7 + 3 + 3 = 20$.

Kreisumfang Den Umfang eines Kreises zu berechnen, erfordert ein wenig mehr Aufwand. Sie müssen dazu den Durchmesser mit π multiplizieren (oder vereinfacht mit 3,14). Wenn Sie nur den Radius kennen, multiplizieren Sie ihn mit 2, um den Durchmesser zu errechnen, und bestimmen anschließend den Kreisumfang.

Volumen Der Flächeninhalt greift nur bei zweidimensionalen Figuren, bei Volumen wird die Menge an Raum in dreidimensionalen Figuren berechnet. Um das Volumen eines rechteckigen Prismas zu berechnen, multipliziert man die Länge mit der Breite und der Höhe. Um das Volumen eines dreieckigen Prismas zu berechnen, arbeitet man mit derselben Formel und multipliziert abschließend mit ½. Je komplexer die Figuren werden, desto komplexer werden auch die Formeln zur Berechnung des Volumens. Für ein Kegelvolumen beispielsweise nimmt man ein Drittel der Grundfläche mal die Höhe.

Oberfläche Die Oberfläche ist die Summe aller Flächen. Bei rechteckigen Prismen muss man die Fläche jeder Seite errechnen und sie addieren (das lässt sich natürlich vereinfachen, indem man die Fläche einer Seite errechnet und dann mal zwei nimmt, denn es gibt zwei identische Seiten, anschließend wiederholt man das Ganze für die anderen Seiten). Die Oberfläche eines Zylinders dagegen berechnen Sie mit der Formel $2\pi r^2 + 2\pi rh$.

Winkel

Was ist ein Winkel? Winkel spielen in der Geometrie eine Rolle. Wenn zwei Strahlen einen Endpunkt gemein haben, spricht man von einem Winkel. Winkelweite bezeichnet den Grad des Bogens zwischen den beiden Linien oder den Grad der Rotation. Es gibt fünf Grundarten von Winkeln: spitze, rechte, stumpfe, überstumpfe Winkel und Null- oder Vollwinkel.

Unterschiedliche Arten von Winkeln? Mit zunehmendem Winkelmaß ändern sich auch die Bezeichnungen der Winkel. Spitze Winkel sind größer als Null, aber kleiner als 90 Grad. Ein rechter Winkel hat genau 90 Grad. Ein stumpfer Winkel hat mehr als 90, aber weniger als 180 Grad. Ein überstumpfer Winkel ist größer als ein stumpfer und bezeichnet jeden Winkel, der zwischen 180 und 360 Grad hat. Ein Vollwinkel entspricht exakt 360 Grad.

Komplementärwinkel und Ergänzungswinkel Bei Komplementär- und Ergänzungswinkeln werden zwei Winkel kombiniert. Ergibt die Summe 90 Grad und sie bilden somit einen rechten Winkel, spricht man von Komplement- oder Komplementärwinkeln. Ergänzungs- oder Supplementärwinkel sind zwei Winkel, die addiert 180 Grad ergeben und somit eine gerade Linie formen.

Winkel messen Der Winkel wird durch das Symbol θ für Theta definiert. Die Länge des Bogens wird durch ein s dargestellt, der Radius eines Kreis durch ein r. Das k stellt eine

Skalenkonstante dar und hängt von den in der Aufgabe verwendeten Maßeinheiten ab.

Die Grundformel für die Berechnung eines Winkels lautet:

$$\theta = k\frac{s}{r}$$

Trigonometrische Funktionen In der Trigonometrie arbeitet man mit Sinus, Kosinus und Tangente, um das Verhältnis der Winkel eines Dreiecks zu den Seiten des Dreiecks herauszufinden. Die grundlegenden Gleichungen für rechtwinklige Dreiecke lauten:

$$\sin\theta = \frac{\text{Kathete}}{\text{Hypotenuse}}$$

$$\cos\theta = \frac{\text{Ankathete}}{\text{Hypotenuse}}$$

$$\tan\theta = \frac{\text{Kathete}}{\text{Ankathete}}$$

Positive und negative Winkel Ist ein Winkel gegen den Uhrzeigersinn, wird der Wert des Winkels (θ) positiv sein. Ist der Winkel dagegen im Uhrzeigersinn, wird der Wert von θ negativ sein. θ gleich -50 und θ gleich 50 sind nicht dasselbe. Der Rotationsgrad ist identisch, aber die Richtungen sind gegensätzlich, es handelt sich insofern um unterschiedliche Winkel.

Kurven

Was ist eine Kurve? Genau wie eine Gerade ist eine Kurve ein sich ständig bewegender Punkt, aber anders als eine Gerade muss eine Kurve nicht gerade sein. Eine Kurve beginnt wie eine gerade Linie, verformt sich dann aber in einer glatten und kontinuierlichen Art und Weise. Welche Form die Kurve annimmt, hängt von einer bestimmten Gleichung ab. Geschlossene Kurven wiederholen sich, offene Kurven dagegen weisen eine unendliche Länge auf.

Kegelschnitte Kegelschnitte sind kurvige algebraische Formen und entstehen, wenn eine Ebene einen Kegel schneidet. Die vier häufigsten Kegelschnitte sind der Kreis, die Ellipse, die Parabel und die Hyperbel. Alle Kegelschnitte lassen sich mit derselben Formel beschreiben:

$$Ax^2 + Bxy + Cy^2 + Dx + Ey + F = 0$$

Kreise Die häufigste Kurve ist der Kreis. Ein Kreis besteht aus begrenzten Linien, sie sind nicht unendlich, sondern haben vielmehr einen Endpunkt. Zeichnet man in einem Koordinatensystem mit x- und y-Achse Kurven, besagt die Grundformel $x2 + y2 = a2$, dass die Kurve ein Kreis sein wird. Beide Werte sind zum Quadrat, wodurch sie positiv werden, und beide weisen denselben Koeffizienten auf. Eine andere Formel zum Erstellen eines Kreises besagt:

$$(x - h)^2 + (y - k)^2 = r^2$$

Bei dieser Formel stehen h und k für die x- und y-Koordinaten im Kreismittelpunkt, während r der Radius ist. Hat man beispielsweise die Koordinaten (8,5) bei einem Radius von 10, wäre der Kreis $(x - 8)^2 + (y - 5)^2 = 100$.

Ellipsen Eine Ellipse ist eine andere Form einer geschlossenen Kurve. Sie ähnelt einem Kreis, ist aber platter und oval. Ellipsen werden durch die Brennpunkte 1 (F1) und 2 (F2) definiert. Die Entfernungen zu den Brennpunkten sind an jedem Punkt der Ellipse konstant, wenn man sie addiert. Die Grundformel für eine Ellipse lautet:

$$\frac{(x-h)^2}{a^2} + \frac{(y-k)^2}{b^2} = 1$$

Parabel Eine Parabel ist eine u-förmige Kurve. Es ist der geometrische Ort eines Punkts, der immer gleich weit vom Brennpunkt und einer festen Linie entfernt ist, der Leitlinie. Die Standardgleichung für das Erstellen von Parabeln lautet:

$$y - k = a(x - h)^2 \text{ and } x - h = a(y - k)^2$$

Ist a größer als Null, öffnet sich die Parabel nach oben, ist a kleiner als Null, öffnet sie sich nach unten.

Hyperbel Eine Hyperbel ist in etwa so, als würde man zwei Parabeln kombinieren, wobei eine Art X-Form entsteht. Es gibt vertikale und horizontale Hyperbeln. Die Formel für eine horizontale Hyperbel lautet:

$$\frac{(x-h)^2}{a^2} - \frac{(y-v)^2}{b^2} = 1$$

Eine vertikale Hyperbel lässt sich wie folgt beschreiben:

$$\frac{(y-v)^2}{a^2} - \frac{(x-h)^2}{b^2} = 1$$

Der Satz des Pythagoras

Was ist der Satz des Pythagoras? Der Hypotenusensatz oder Satz des Pythagoras ist eine der bekanntesten mathematischen Formeln überhaupt:

$$a^2 + b^2 = c^2$$

Die Buchstaben a und b stehen für die Seiten eines Dreiecks, c für die Hypotenuse, die Seite, die dem rechten Winkel gegenüberliegt. Der Satz des Pythagoras kann nur angewendet werden, wenn man es mit rechtwinkligen Dreiecken zu tun hat (Sie erinnern sich: Das bedeutet, der Winkel beträgt 90 Grad.). Es sind mindestens 370 Methoden bekannt, die Gültigkeit des Hypotenusensatzes zu beweisen.

Beweis mit ähnlichen Dreiecken Am einfachsten lässt sich die Gültigkeit des Satz von Pythagoras nachweisen, indem man ähnliche Dreiecke verwendet. Bei ähnlichen Dreiecken sind die übereinstimmenden Teile proportional, und zwar unabhängig davon, wie groß oder klein die beiden Dreiecke sind. Bei dieser Art von Beweisführung kommt es auf die Länge an, nicht auf die Fläche. Die Gleichung für diesen Beweis lautet:

$$\frac{a}{c} = \frac{e}{a} \qquad \text{und} \qquad \frac{b}{c} = \frac{d}{b}$$

Davon ausgehend kommen wir zu $a^2 = c \times e$ und $b^2 = c \times d$. Addiert man sie, erhält man $a^2 + b^2 = c \times e + c \times d$, was zu $a^2 + b^2 = c^2$ führt.

Euklids Beweisführung Euklid teilte ein großes Quadrat in zwei Rechtecke, ein großes und ein kleines. Aus dem größeren Rechteck machte er ein Dreieck, das die Hälfte der Fläche des Rechtecks hat. Dasselbe machte er mit dem kleineren Rechteck, wodurch er zwei kongruente Dreiecke erhielt.

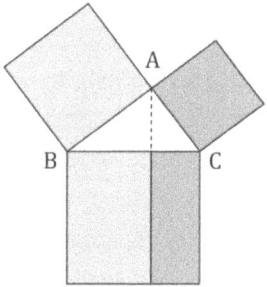

Arbeitet man eine Reihe Regeln ab, wird man letztlich zu $AB^2 + AC^2 = BC^2$ gelangen.

Algebraischer Beweis Auch mithilfe der Algebra lässt sich der Satz des Pythagoras beweisen. Die entsprechende Gleichung dafür sieht so aus:

$$(b - a)^2 + 4(ab/2) = (b - a)^2 + 2ab = a^2 + b^2$$

Nach dem Lösen bleibt nur noch

$$c^2 = a^2 + b^2$$

übrig.

Ein weiterer Beweis stammt übrigens von dem amerikanischen Präsidenten James Garfield.

Beweis mit Differentialen Um den Satz des Pythagoras mit Differentialen zu beweisen, kommen Grundsätze der Infinitesimalrechnung zur Anwendung. Dabei wird untersucht, wie sich Veränderungen an einer Seite des Dreiecks auf die Hypotenuse auswirken. Bei dieser metrischen Beweisführung wird nicht mit Flächen gearbeitet, sondern mit Längen.

Das Pythagoreische Tripel Algebraischer BeweisBeim Pythagoreischen Tripel bilden drei natürliche Zahlen wie 3, 4 und 5 eine Reihe, die im Satz des Pythagoras als Seiten eines rechtwinkligen Dreiecks vorkommt. Andere Beispiele für Pythagoreische Tripel sind 5, 12, 13 oder 7, 24, 25. Um ein Pythagoreisches Tripel zu erschaffen, nehmen Sie eine ungerade Zahl zum Quadrat. Nun müssen Sie zwei aufeinanderfolgende Zahlen finden, die als Summe diese Zahl ergeben.

Mathematik

Infinitesimalrechnung

Was ist Infinitesimalrechnung? Bei der Infinitesimalrechnung werden mithilfe hoher Geometrie und Algebra Veränderungen im Laufe der Zeit studiert, wofür sich in der realen Welt zahlreiche Anwendungsmöglichkeiten eröffnen. Die Infinitesimalrechnung liefert uns die Grundlage für das Verständnis dafür, warum sich Dinge ändern und wie man Dinge modellieren kann. Man lernt, Veränderungen in Modellen zu prognostizieren. Die Infinitesimalrechnung befasst sich mit dem Konzept von Unendlichkeit. Wenn sich ständig etwas ändert, bedeutet es, dass es sich unendlich ändert.

Ableitungen Zu den zentralen Konzepten der Infinitesimalrechnung gehören Ableitungen. Sie werden in der Infinitesimalrechnung auf zweierlei Weise dargestellt. Geometrisch betrachtet handelt es sich bei Ableitungen um Steigungen einer Linie. Sie lassen sich aber auch als Änderungsrate ausdrücken. Bei einer geraden Linie zeigt die Steigung die Geschwindigkeit an, mit der sich die Funktion verändert. Bei einer geschwungenen Linie dagegen ändert sich die Steigung, dort kommen Ableitungen zur Anwendung.

Ableitungsregeln Es gibt mehrere Regeln der Ableitung, beispielsweise die Regel für die Ableitung von Konstanten ($f(x) = C$, dann $f'(x) = 0$). Ein Beispiel: Wenn $f(x) = 5$, dann $f'(x) = 0$). Oder die Potenzregel. Sie besagt $f(x) = x^n$, dann $f(x) = nx^{n-1}$, wobei n gleich dem Exponenten ist. Ein Beispiel: Wenn $f(x) = X^4$, dann $f'(x) = 4X^3$.

Der Limes Der Limes oder Grenzwert ist die beabsichtigte Höhe einer bestimmten Funktion. Die Formel für Limes sieht so aus:

$$\lim f(x) = n \, x \, \grave{a} \, c$$

Grenzwerte befassen sich nicht mit dem Wert von c, sondern es geht darum, sich innerhalb der Grafik zu bewegen. Ein Beispiel: Wenn $f(x) = x^2$, dann wissen wir, dass x = 2 und können es einfach in die Formel einbauen, um die Antwort zu finden und zu c zu gelangen. Grenzwerte dienen dazu, herauszufinden, wo eine Linie ist, während sie sich der Konstante annähert.

Maxima und Minima Die Extremwerte Maxima und Minima sind die größten und kleinsten Werte einer Funktion innerhalb eines speziellen Bereichs (lokal) oder insgesamt (global). Das lokale Maximum ist die Höhe an einem Punkt, der größer oder genauso groß wie jeder andere Punkt innerhalb des Intervalls ist. Die Formel für das lokale Maximum ist $f(a) \geq f(x)$. Das lokale Minimum ist das Gegenteil, hier lautet die Formel $f(a) \leq f(x)$.

Integralrechnung Die Integralrechnung befasst sich mit zwei Dingen. Unbestimmte Integrale oder Stammfunktionen sind die Umkehrfunktion der Ableitung. Außerdem findet Integralrechnung die Größe der Fläche unter der Kurve. Die Formel lautet $\int f(x) \, dx$, wobei dx der Differenz zwischen x_n und x_{n-1} entspricht. Zwei häufige Gleichungen in der Integralrechnung:

Wenn $\int f(x) = x^n$, dann $\int f(x) \, dx = x^{n+1}/(n+1)$.
Wenn $\int f(x) = cx^n$, dann $\int f(x) \, dx = cx^{n+1}/(n+1)$.

Trigonometrie

Quotienten Wörtlich übersetzt bedeutet Trigonometrie »Messen von Dreiecken« und exakt darum geht es. Die Trigonometrie basiert auf dem Vermessen von rechtwinkligen Dreiecken und den Quotienten jeder Seite. Bei Quotienten arbeitet man mit Kardinalzahlen und Ordinalzahlen. Kardinalzahlen sind die Zahlen, mit denen man zählt (1, 2, 3, 4 …), Ordinalzahlen sind »erster, zweiter, dritter, vierter …«. Ist eine große Zahl ein Vielfaches einer kleineren Zahl, ist diese kleinere Zahl Teil der größeren Zahl. Ein Beispiel: Die 3 ist die erste Vielfache der 3, 9 die zweite Vielfache der 3. Ein Quotient zweier Zahlen gibt an, wie oft die größere Zahl die kleinere enthält. Das wird in einem Satz ausgedrückt. Die Antwort auf die Frage, wie der Quotient von 3 zu 9 wäre, lautet: 3 ist ein Drittel (der dritte Teil) von 9.

Der Kosinussatz Beim Berechnen von Dreiecken, die nicht rechtwinklig sind (schiefwinklige Dreiecke), arbeitet man mit dem Sinus- und dem Kosinussatz. Sind zwei Seiten eines Dreiecks bekannt und man muss die dritte Seite finden, greift man zum Kosinussatz. Die Formel lautet:

$$c^2 = a^2 + b^2 - 2ab \cos \theta$$

Ein Beispiel: Beim Dreieck ABC ist Seite a = 9 Zentimeter, Seite b = 11 Zentimeter und der Winkel von c ist 60°. Wie groß ist dann der Wert von c?

Die Formel würde so aussehen:

$$c^2 = 9^2 + 11^2 - 2(9)(11)\cos 60$$

$$c^2 = 202 - 99$$

$$c^2 = 103$$

$$c = \sqrt{103}$$

Der Sinussatz Der Sinussatz kommt zum Einsatz, wenn wir es mit Dreiecken zu tun haben, bei denen die Seiten denselben Quotienten haben wie das Sinus der gegenüberliegenden Winkel. Das heißt, $a : b : c = \sin A : \sin B : \sin C$.

Seite a zu b ist also wie $\sin A$ zu $\sin B$ und dasselbe gilt für b zu c. Anders formuliert:

$$\frac{a}{b} = \frac{\sin A}{\sin B} \quad \text{und} \quad \frac{b}{c} = \frac{\sin B}{\sin C}$$

Bogenmaß Eine vollständige Umdrehung in einem Kreis wird gemessen als 2π. Das bedeutet, die Hälfte eines Kreises ist π und jeder rechte Winkel in einem Kreis ist $\pi/2$. $\pi/4$ ist die Hälfte eines rechten Winkels und entspricht somit 45°. Das wiederum bedeutet, dass 2π 360° entspricht. Um in einem Bogenmaß einen Grad zu bestimmen, greifen Sie zu dieser Gleichung:

$$\text{Radiant} = \frac{\text{Grad}}{180} \cdot \pi$$

Um 90° in ein Bogenmaß zu konvertieren, gehen Sie wie folgt vor:

$$\frac{90}{180} \cdot \pi = \frac{\pi}{2}$$

Mathematik

Kehrwert-Funktionen Eine sogenannte Identität hat unabhängig vom Wert einer Variablen Gültigkeit. Das Problem $(x + 3)$ $(x - 3) = x^2 - 9$ beispielsweise ist immer wahr, was es zu einer Identitätsgleichung oder kurz Identität macht. In der Trigonometrie gibt es mehrere Kehrwert-Funktionen, die man kennen sollte, nämlich:

$$\sin\theta = \frac{1}{\csc\theta} \qquad \cos\theta = \frac{1}{\sin\theta}$$

$$\cos\theta = \frac{1}{\sec\theta} \qquad \sec\theta = \frac{1}{\cos\theta}$$

$$\tan\theta = \frac{1}{\cot\theta} \qquad \cot\theta = \frac{1}{\tan\theta}$$

Logik

Was ist Logik? Beim Feld der Logik geht es darum, korrekte Beweisführungen oder Ableitungen anzustellen. Die Ursprünge der Logik lassen sich auf Aristoteles zurückführen, der Logik weniger als Philosophie, sondern vielmehr als Werkzeug betrachtete, mit dem man arbeiten kann. Bis heute vertreten Mathematiker und Philosophen diese Ansicht. Um etwas als wahr bestimmen zu können, etwa eine Philosophie, muss man mithilfe der Logik einen Beweis führen und ihn bestätigen lassen. Genau dafür wird die Logik genutzt.

Symbolische Darstellung Ein Beispiel für Logik könnte sein:

Prämisse: Die Katze ist orange.

Weitere Prämisse: Die Katze ist weiblich.

Schlussfolgerung: Die Katze ist orange und die Katze ist weiblich.

Bei der Logik spielen symbolische Darstellungen eine zentrale Rolle. Anstatt immer vollständige Sätze zu schreiben, wird ein Buchstabe ausgewählt, der für einen Satz steht. »Die Katze ist orange« wäre in unserem Fall der Buchstabe *A*, der Satz »Die Katze ist weiblich« würde durch den Buchstaben *B* dargestellt.

Logische Operatoren Logische Operatoren (oder Junktoren) dienen dazu, die durch *A* und *B* dargestellten Sätze zu verknüpfen. Operatoren sind »und, oder, wenn ... dann, genau dann, wenn« und sie haben ihre eigenen Symbole:

Und	∧
Oder	v
Wenn ... dann	->
Nicht	¬
Genau dann, wenn	<->

Die Sätze zur Katze sehen damit nun so aus:

Die Katze ist orange und die Katze ist weiblich. (*A* ∧ *B*)
Die Katze ist orange oder die Katze ist weiblich. (*A* v *B*)

Mathematik

Wenn die Katze orange ist, ist die Katze weiblich. $(A \rightarrow B)$
Die Katze ist nicht orange. $(\neg A)$
Die Katze ist genau dann orange, wenn sie ein Weibchen ist. $(A \leftrightarrow B)$

Klammern Beim Festhalten von logischen Argumenten spielen Klammern eine wichtige Rolle. Würden wir einen Satz verneinen wollen, würden wir das Symbol $\neg$ verwenden. Aber wenn wir »$\neg A \wedge B$« schreiben, heißt das nicht, dass das gesamte Argument negiert wird, sondern nur A. Die Klammern dienen hier der Klarstellung. Wir würden also Folgendes schreiben:

$$\neg (A \wedge B)$$

Klammern helfen während der Arbeit auch, die Sätze auseinanderzuhalten. Logische Probleme können sehr komplex werden, sie enthalten teilweise 30 Zeilen Ableitung, hier sorgen Klammern für Ordnung.

Die Regeln der Logik Es gibt zwölf Regeln der Logik:

1		Annahmen: Annehmen können Sie alles, aber Sie müssen Ihre Annahmen im Blick behalten.
2	$\rightarrow$	Einführung: Wenn Sie A annehmen und dann B erhalten, können Sie schreiben: $(A \rightarrow B)$.
3	$\wedge$	Ersetzung: Wenn Sie $(A \wedge B)$ haben, dann können Sie auch A haben und B haben.
4		Wiederholung: Wenn Sie A haben, dann ist es Ihnen erlaubt, A zu haben.

5	∧	Ersetzung: Wenn Sie A haben und B haben, dann können Sie ($A ∧ B$) haben.
6	->	Ersetzung: Wenn Sie A haben und (A -> B) haben, dann können Sie B haben.
7	<->	Ersetzung: Wenn Sie (A -> B) und (B -> A) haben, dann haben Sie (A <-> B).
8	<->	Ersetzung: Wenn Sie (A <-> B) haben und Sie haben A, dann können Sie B haben (und umgekehrt).
9	¬	Ersetzung: Wenn Sie A haben und einen Widerspruch finden, können Sie ¬A haben.
10	¬	Ersetzung: Wenn Sie ¬A haben und einen Widerspruch finden, können Sie A haben.
11	v	Ersetzung: Wenn Sie A haben, können Sie (A v B) schreiben, ganz gleich, was sonst ist.
12	v	Ersetzung: Wenn Sie (A v B) und (A -> C) und (Y -> C) haben, können Sie C haben.

Modus ponens, Modus tollens und hypothetischer Syllogismus Der Modus ponens ist ein sehr direktes Gesetz. Wenn (X -> Y) gilt und auch X gilt, dann muss auch Y gelten. Das ist im Grunde Regel Nummer 6, -> Ersetzung. Modus tollens ist die Umkehr von Modus ponens und besagt: Gilt (X -> Y) und gilt außerdem ¬Y, dann muss auch ¬X gelten. Im Grunde heißt das: Wenn Y falsch ist, kann X nicht wahr sein. Hypothetischer Syllogismus besagt, aus (X -> Y) und (Y -> Z) können Sie (X -> Z) folgern.

Wahrscheinlichkeits- rechnung

Was ist Wahrscheinlichkeitsrechnung? Bei der Wahrscheinlichkeitsrechnung wird untersucht, mit welcher Wahrscheinlichkeit ein bestimmtes Ereignis eintritt. Um eine Problemlösung begreifen zu können, ist es bei der Wahrscheinlichkeitsrechnung unerlässlich zu erkennen, welche Ergebnisse möglich sind. Wirft man eine Münze, will man wissen, wie groß die Wahrscheinlichkeit ist, dass »Kopf« kommt. Zieht man eine Karte aus einem Kartenspiel, will man wissen, mit welcher Wahrscheinlichkeit man eine Sieben oder ein Herz zieht. Darum geht es bei der Wahrscheinlichkeitsrechnung – zu berechnen, wie wahrscheinlich ein bestimmtes Ereignis ist.

Wahrscheinlichkeit eines Ereignisses Bei Problemen der Wahrscheinlichkeitsrechnung ist das Eintreten eines Ereignisses das Endergebnis. Das ist es, was wir errechnen wollen. Um herauszufinden, wie wahrscheinlich es ist, dass ein Ereignis A eintritt, arbeiten wir mit folgender Formel:

$$P(A) = \frac{\text{Zahl der Ereignisse, die das Eintreten von A begünstigen}}{\text{Gesamtzahl genauso wahrscheinlicher Ergebnisse}} = \frac{n(A)}{n(S)}$$

Ein Beispiel: Wir schreiben jeden einzelnen Buchstaben des Worts »Pizza« auf ein Stück Papier und werfen die Zettel in einen Hut. Mit welcher Wahrscheinlichkeit wird ein z gezogen?

$$S = \{\text{P, I, } Z_1, Z_2, \text{A}\}$$
$$A = Z \text{ wird gezogen} = \{Z_1, Z_2\}$$
$$P(A) = 2 \text{ zu } 5$$

Komplementäre Ereignisse Ein komplementäres Ereignis beschreibt die Wahrscheinlichkeit, dass ein Ereignis nicht eintritt. Dies wird dargestellt als:

$$1 - P(A)$$

Zum Beispiel:

> Die Wahrscheinlichkeit, dass das oberste Handtuch im Wäschekorb grün ist, beträgt 1 zu 4. Wie hoch ist die Wahrscheinlichkeit, kein grünes Handtuch zu bekommen?

P (Handtuch ist nicht grün) = 1 - 1/4 = 3/4.

Werden die Aufgaben komplexer, sieht es dann vielleicht so aus:

> Ein Wäschekorb enthält grüne und blaue Handtücher. Die Wahrscheinlichkeit, ein blaues Handtuch zu erhalten, liegt bei 3 zu 5. Wie hoch ist die Wahrscheinlichkeit, ein grünes Handtuch zu bekommen?

A = ein blaues Handtuch erhalten
B = ein grünes Handtuch erhalten
A und B sind komplementäre Ereignisse.
Anstatt $P(B)$ kann man auch $P(A')$ sagen.
$P(A')$ = P (kein blaues Handtuch erhalten)

= 1 - $P(A)$
= 1 – 3/5
= 2/5

Wahrscheinlichkeitsrechnung und Flächen Probleme in der Wahrscheinlichkeitsrechnung können sich auch damit beschäftigen, die Fläche für eine bestimmte geometrische Form herauszufinden. Ein Beispiel:

Wenn man einen Pfeil auf diesen Kreis wirft, wie hoch ist dann die Wahrscheinlichkeit, dass der Pfeil im schattierten Bereich landet?

Wenn man einen Pfeil auf diesen Kreis wirft, wie hoch ist dann die Wahrscheinlichkeit, dass der Pfeil im schattierten Bereich landet?

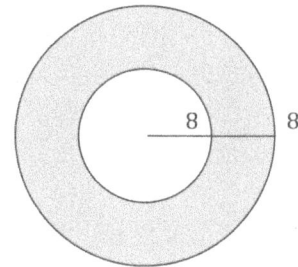

Gesamte Fläche: $\pi \times 16^2 = 804{,}25$
Fläche des nicht schattierten Bereichs: $\pi \times 8^2 = 201{,}06$
Fläche des schattierten Bereichs: $804{,}25 - 201{,}06 = 603{,}19$.
Abgerundet 603.

$$\text{Also:} \quad \frac{603}{804} = \frac{3}{4}$$

Münzwurf Um Wahrscheinlichkeiten beim Werfen von Münzen zu berechnen, müssen Sie mit Baumdiagrammen arbeiten. Diese sind sehr simpel, weil sie alle möglichen Ergebnisse visualisieren.

Wird eine Münze dreimal geworfen, sieht das Baumdiagramm so aus:

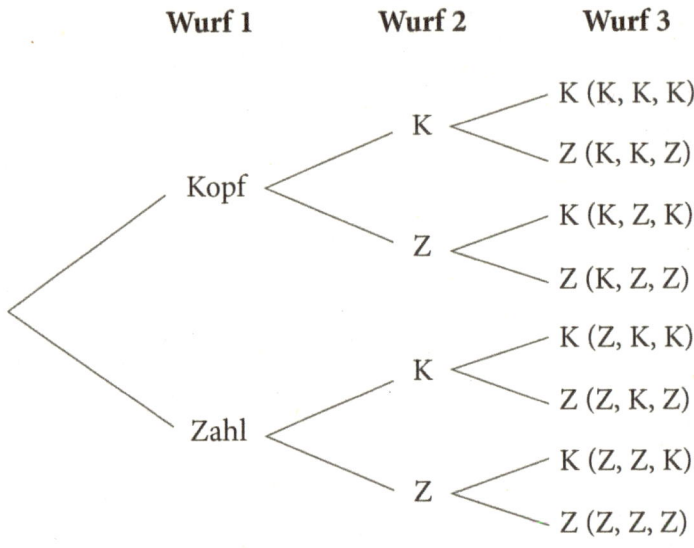

| Wurf 1 | Wurf 2 | Wurf 3 |

K (K, K, K)
Z (K, K, Z)
K (K, Z, K)
Z (K, Z, Z)
K (Z, K, K)
Z (Z, K, Z)
K (Z, Z, K)
Z (Z, Z, Z)

Einander ausschließende Ereignisse Können zwei Ereignisse nicht zum selben Zeitpunkt eintreten, bedeutet dies, dass sie sich gegenseitig ausschließen. Werfen Sie beispielsweise eine Münze und erhalten Sie »Kopf«, können Sie nicht gleichzeitig »Zahl« bekommen. Schließen Ereignisse einander aus, wird die Wahrscheinlichkeit, A oder B zu erhalten, als $P(A) + P(B)$ ausgedrückt. Zum Beispiel:

Wie hoch ist die Wahrscheinlichkeit, bei einem einzelnen Würfelwurf eine 3 oder eine 4 zu erhalten?

Mathematik

$$P(3) = \frac{1}{6}$$

$$P(4) = \frac{1}{6}$$

$$P(3) + P(4) = \frac{1}{6} + \frac{1}{6}$$

$$= \frac{2}{6}$$

$$= \frac{1}{3}$$

Die Wahrscheinlichkeit, mit einem Wurf des Würfels eine 3 oder 4 zu bekommen, beträgt also 1 zu 3.

Statistik

Mittelwert In der Statistik ist der Mittelwert eine andere Methode, den Durchschnitt auszudrücken. Um den Durchschnitt zu finden, addieren Sie sämtliche Zahlen und teilen die Summe dann durch die Anzahl an Werten, die Sie gerade addiert haben. Zum Beispiel:

> **Wie ist der Mittelwert dieser Zahlen?**
> 9, 12, 14, 19, 20

Zunächst addieren Sie alle Zahlen: 9 + 12 + 14 + 19 + 20 = 74

Sie haben fünf Zahlen addiert, also müssen Sie 74 durch 5 teilen: 74 : 5 = 14,8.

Medianwert Der Medianwert ist eine andere Methode, die Mitte auszudrücken. Bevor Sie irgendetwas tun können, müssen Sie die Zahlen nach Größe sortieren. Zum Beispiel:

> Wie lautet der Medianwert dieser Zahlen?
> 6, 8, 10, 13, 16.

Es handelt sich um fünf Zahlen, weshalb die 10 genau in der Mitte steht und unseren Medianwert darstellt.

Liegt der Median allerdings zwischen zwei Zahlen, berechnen Sie den Mittelwert dieser Zahlen. Zum Beispiel:

> Wie lautet der Medianwert dieser Zahlen?
> 9, 14, 16, 17, 19, 21.

Der Median liegt zwischen 16 und 17, also berechnen Sie den Mittelwert:

$$16 + 17 = 33$$
$$33 : 2 = 16,5$$

Modalwert Der Modalwert ist die Zahl, die am häufigsten auftaucht. Zum Beispiel:

> Wie lautet der Modalwert dieser Zahlen?
> 1, 3, 5, 9, 5, 6, 5.

Zunächst sortieren Sie die Zahlen nach Wert: 1, 3, 5, 5, 5, 6, 9. Der Modalwert ist die 5, denn sie ist am häufigsten vertreten. Sie können bei einer Aufgabe mehrere Modalwerte erhalten. Gibt es keinen Modalwert, gruppieren Sie die Zahlen. Zum Beispiel:

> ### Wie lautet der Modalwert dieser Zahlen?
> 1, 3, 4, 11, 13, 21, 22.

Es gibt keinen Modalwert, also gruppiert man wie folgt: 0 – 9: drei Werte, 10 – 20: zwei Werte, 20 – 30: zwei Werte.

Das Fundamentalprinzip des Zählens Das Fundamentalprinzip des Zählens ist sehr einfach und dient dazu, die Zahl möglicher Ergebnisse zu bestimmen. Im Grunde besagt das Prinzip: Wenn es A Möglichkeiten gibt, etwas zu tun, und B Möglichkeiten, etwas anderes zu tun, dann würde beides zu tun, gleich $A \times B$ sein. Zum Beispiel:

> Es gibt fünf Sorten Eiscreme und zwei Arten von Waffeln. Dann gibt es zehn (5 x 2) unterschiedliche mögliche Kombinationen.

Dieses Problem lässt sich auch als Baumdiagramm aufschreiben, wie wir es zuvor beim Münzwurf besprochen haben. Wichtig bei diesem Prinzip: Es funktioniert nur, wenn die Objekte oder Dinge unabhängig voneinander sind.

Standardabweichung Die als σ dargestellte Standardabweichung zeigt an, wie weit die Daten gestreut sind. Zum Berechnen der Standardabweichung zieht man die Quadratwurzel der Varianz. Als Varianz wird der Durchschnitt der zum Quadrat genommenen Abweichungen vom Mittelwert bezeichnet. Es sind einige Schritte erforderlich, bevor man die Varianz berechnen kann, aber im Grunde ist der gesamte Vorgang ziemlich einfach: Zunächst findet man den Mittelwert heraus. Das Ergebnis zieht man von jeder Zahl ab und nimmt sie dann zum Quadrat. Dann errechnet man den Durchschnitt dieser zum Quadrat genommenen Zahlen.

Kombinationen Um den Mittelwert, den Medianwert, den Modalwert und die Standardabweichung zu berechnen, mussten Sie Zahlen nach ihrem Wert sortieren. Manchmal ist die Reihenfolge der Werte jedoch überhaupt nicht von Belang. In einem derartigen Fall spricht man von einer Kombination und sie wird dargestellt als $C(n,r)$. Der Buchstabe n steht für die Zahl der Dinge, von denen k ausgewählt werden. Dies ist auch gleich $P(n,k)/k!$

Ein Beispiel: Aus einer Gruppe von acht Hemden sollen vier Hemden entnommen werden. Sie wollen nun berechnen, wie viele Kombinationen von vier es geben kann. Dazu rechnen Sie wie folgt:

$$P(8,4) / 4! = (8 \times 7 \times 6 \times 5) / (4 \times 3 \times 2 \times 1) =$$
$$1.680 / 24 = 70 \text{ Kombinationen.}$$

Knotentheorie

Was sind mathematische Knoten? In der Mathematik sind Knoten eindimensionale geschlossene Kurven oder Schlaufen, die sich nicht schneiden und die in einer dreidimensionalen Welt existieren. Bei mehr als einer Schlaufe spricht man von einer Verschlingung, die einzelnen Schlaufen heißen Komponenten. Der Bereich, in dem sich Schlaufen überkreuzen, heißt Überkreuzungen. Der triviale Knoten (oder Unknoten) ist die einfachste Form eines Knoten und besteht aus einer Schlaufe ohne Überkreuzungen. Wenn sich zwei Knoten bewegen können, ohne sich zu überkreuzen, und dabei immer noch gleich aussehen, werden sie als identisch angesehen. Wenn man einen Knoten ohne Überkreuzungen bewegt, spricht man von ambienter Isotopie.

Reidemeister-Bewegungen 1927 arbeitete der deutsche Mathematiker Kurt Werner Friedrich Reidemeister mit Knotendiagrammen (also Bildern von Konten) und entdeckte dabei, dass man mit drei Bewegungen Diagramme äquivalenter Knoten ineinander überführen kann. Die Bewegungen, für die er die Regeln bestimmte, werden ihm zu Ehren Reidemeister-Bewegungen Typ I, Typ II und Typ III genannt.

Warum die Knotentheorie wichtig ist Auf den ersten Blick mag die Knotheorie als wenig nützliche Fingerübung erscheinen, aber sie ist sehr wichtig, wenn es darum geht, einige der komplexesten Bereiche unserer Welt zu begreifen. Das Verständnis von Knoten ist ausgesprochen hilfreich, wenn es um Enzyme geht, die auf DNA-Strängen agieren, denn die DNA ist zu Knoten verdreht. Damit DNA mit Enzymen interagieren kann, müssen sich die Stränge aufdrehen. Dabei helfen die Enzyme, indem sie durch die DNA schneiden und den Strängen dabei helfen, sich neu auf eine weniger verdrehte Weise zu verbinden. Wenn man sich die DNA als großen Knoten vorstellt, kann man mithilfe der Knotentheorie begreifen, wie sich die DNA entknoten und wie schwierig der Prozess ist. Außerdem hilft es beim Verständnis von Enzymen.

Knoten-Polynome Ein Knoten-Polynom ist ein Beispiel für eine Knoteninvariante – eine Menge, die für alle gleichwertigen Knoten unveränderlich ist –, die polynom ist. Das bekannteste Knoten-Polynom ist das Alexander-Polynom, das James Alexander 1928 entdeckte. Es war lange Jahre das einzige bekannte Polynom, erst 1984 wurde das Jones-Polynom entdeckt. Das Alexander-Polynom konnte die Händigkeit nicht unterscheiden, insofern wurden gespiegelte Objekte als identisch angesehen. Das Jones-Polynom dagegen kann die Händigkeit unterscheiden.

Knoten addieren Durch Addieren werden Knoten komplexer. Wenn man Knoten addiert, wird das Ergebnis als verbundene Summe bezeichnet. Addieren lassen sich zwei Knoten, indem man sie zerschneidet und dann die Endpaare zusammenfügt. Ein ganz besonderer Fall ist dabei der triviale Knoten, der aussieht wie ein O. Fügt man ihm weitere Knoten hinzu, wird er zwar länger, aber die O-Form bleibt erhalten.

Knoten-Tabellen Eine Kreuzungszahl ist in der Knotentheorie eine Invariante, die die geringste Zahl von Kreuzungen im Knotendiagramm eines bestimmten Knotens angibt. Knoten werden nach ihrer Kreuzungszahl (auch Überkreuzungszahl) katalogisiert. Tabellen enthalten die Primknoten und einen

Eintrag für einen Knoten und sein Spiegelbild. Primknoten sind Knoten, die sich durch eine verbundene Summe nicht einfacher ausdrücken lassen. Mit wachsender Menge nichttrivialer Knoten für eine bestimmte Kreuzungszahl wird auch die Tabellarisierung von Knoten immer schwieriger. Die ersten wichtigen Arbeiten zur Verifizierung der Knoten-Tabellarisierung führte John Horton Conway durch.

Chaostheorie

Was ist die Chaostheorie? Bei der Chaostheorie werden ausgesprochen komplexe Systeme mithilfe der Mathematik untersucht. Man könnte sogar sagen, es handelt sich um das Studium des Unvorhersehbaren und Unkontrollierbaren. Der Börsenmarkt, das Wetter, Meeresströmungen, sogar die Zugmuster von Vögeln – sie alle reagieren extrem sensibel auf Veränderungen und lassen sich deshalb nicht wie andere Prinzipien der Mathematik und der Wissenschaft wie beispielsweise die Schwerkraft oder chemische Reaktionen vorhersagen. Die Chaostheorie entstand im frühen 20. Jahrhundert, als Henri Poincaré bestimmte, dass sich etwas (beispielsweise die Umlaufbahn eines Planeten um eine Sonne) möglicherweise akkurat vorhersagen lässt, aber die Messung niemals unendlich präzise sein kann.

Der Schmetterlingseffekt Das möglicherweise bekannteste Prinzip aus der Chaostheorie ist der Schmetterlingseffekt. Dieser zeigt, wie selbst winzigste Veränderungen in Raum und

Zeit gewaltige Systeme beeinflussen können. So gibt es eine Verbindung zwischen einem Schmetterling, der zu einem exakten Punkt in Raum und Zeit seine Flügel schlägt, und einem Wirbelsturm, der auf der anderen Seite des Planeten wütet. Der Flügelschlag könnte Bewegung und Stärke des Winds verändern, der sich daraufhin ganz anders entwickelt. Der Schmetterlingseffekt belegt, dass komplexe Systeme nicht prognostiziert werden können.

Fraktale Die Chaostheorie hat viel mit dem Erforschen von Fraktalen zu tun. Fraktale sind Formen, die wir in unserem tagtäglichen Leben sehen. Es handelt sich um komplexe Muster, die niemals enden und in unterschiedlichen Größen selbstähnlich sind. Ein Fraktal kann entstehen, indem man einen Vorgang in einer Dauerschleife wiederholt. Fraktale Muster kommen überall in der natürlichen Welt vor, in Bergen, Bäumen, Flüssen, Muscheln, Wolken und Wirbelstürmen. In der Natur sehen wir kaum rechte Winkel, sondern Formen, die Berge und Gestein erschaffen haben. Mithilfe von Chaostheorie und Fraktalen geht die Wissenschaft der Frage nach, was diese Formen entstehen lässt.

Seltsame Attraktoren Langzeitmuster innerhalb eines begrenzten chaotischen Systems heißen seltsame oder chaotische Attraktoren, sofern es sich nicht um einen simplen Orbit oder periodische Oszillationen handelt. Sind seltsame Attraktoren im Spiel, werden Muster erscheinen, die nicht offensichtlich sind. Der Lorenz-Attraktor ist ein Beispiel für ein nicht-lineares dynamisches System. Er entspricht einem dreidimensionalen System, das sich über ein sich nicht wiederholendes Muster entwickelt.

Falsche Vorstellungen zur Chaostheorie Es kursieren einige falsche Vorstellungen zur Chaostheorie. So geht es nicht darum, Unordnung zu beweisen oder Determinismus zu widerlegen. Die Chaostheorie dient nicht dazu zu zeigen, dass es keine geordneten Systeme geben kann. Die Chaostheorie weist nach, dass kleine Veränderungen dramatische Folgen haben können und dass sich ein Zustand nicht vorhersagen lässt, aber dennoch postuliert die Chaostheorie, dass es plausibel und möglich ist, ein Modell zu erschaffen, das auf dem Gesamtverhalten fußt. Systeme mögen unvorhersehbar sein, aber dies lässt sich nur ausdrücken, indem man das Verhalten eines Systems abbildet.

Anwendungsgebiete der Chaostheorie Die Chaostheorie hat in der Praxis viele Anwendungsmöglichkeiten und wurde sogar von Unternehmen genutzt. 1993 erschuf Goldstar eine Waschmaschine, die mit der Chaostheorie arbeitet und dadurch Wäsche sauberer und weniger verknotet machte. Während ein großer Pulsator rotierte, hob und senkte sich ein kleinerer Pulsator nach dem Zufallsprinzip und verwirbelte dadurch das Wasser. Die Chaostheorie wird auch zur Erforschung der Aktienmärkte eingesetzt, für die Wettervorhersage und dafür, die Funktionsweise des Sonnensystems zu studieren. Sie hat unser Wissen über den menschlichen Körper erweitert und kann eingesetzt werden, um Gehirnschläge und Herzrhythmusstörungen zu kontrollieren.

Angewandte Mathematik

Was ist angewandte Mathematik? Das Feld der Mathematik lässt sich in zwei Kategorien unterteilen – reine Mathematik und angewandte Mathematik. Als reine Mathematik gilt das Studium völlig abstrakter Mathematik. Die angewandte Mathematik dagegen nutzt mathematische Techniken auf sehr reale und spezielle Weise. Sie wendet Mathematik auf einige Wissenschaften an (etwa die Physik), das Ingenieurwesen, die Industrie und die Wirtschaft. Im Rahmen der angewandten Mathematik werden mathematische Modelle genutzt, um sehr reale Probleme zu lösen und mit sehr realen Anwendungen zu arbeiten. Angewandte Mathematik kommt auch in neueren Feldern wie den Computerwissenschaften zum Einsatz.

Computerwissenschaften Rechner haben sich zu einem zentralen Bestandteil der Gesellschaft entwickelt. Bei Computerwissenschaften geht es um mehr als darum, Computer bauen oder Programme schreiben zu können. Auf den einfachsten Nenner heruntergebrochen dreht es sich darum, Probleme zu lösen und zu begreifen, wie Informationen (deren kleinste Form ein »Bit« ist) durch komplexe Algorithmen, Algebra, Logik und Kombinatorik übertragen werden können. Die Forschung in diesem Feld begann in den 1940er-Jahren und entwickelte sich seitdem zu einem grundlegenden Teil unseres Alltagslebens. Computerwissenschaften können dazu genutzt werden, den Urknall zu verstehen, Erdbeben und sogar das Genom.

Wissenschaftliches Rechnen Wissenschaftliches Rechnen unterscheidet sich von den Computerwissenschaften, denn hier geht es darum, zur Problemlösung mathematische Modelle zu erstellen und mit Rechner-Unterstützung quantitative Analysen durchzuführen. Üblicherweise wird dabei viel mit Computersimulationen gearbeitet. Während sich die Computerwissenschaften mit dem Verarbeiten von Informationen befassen, führt das Wissenschaftliche Rechnen Modellberechnungen auf Computern durch, um auf diese Weise Informationen zu erhalten und zu analysieren. Beim Wissenschaftlichen Rechnen wird häufig mit Superrechnern, Software und Programmen gearbeitet. In numerischen Analysen kommen Algorithmen zum Einsatz, die mit numerischen Approximationen arbeiten.

Operations Research Operations Research, Operational Research oder Unternehmensplanung greift zu Modellen und Konzepten, die Probleme im Managementbereich oder im Unternehmen insgesamt lösen oder zumindest abschwächen sollen. Gleichzeitig wird untersucht, wie effektiv Unternehmen Technik nutzen. Es gibt zahlreiche Methoden, die sich auf Operations Research anwenden lassen, darunter die Spieltheorie, die Wahrscheinlichkeitstheorie, die Graphentheorie, Statistik und Simulationen. Operations Research wird beispielsweise im Transportwesen angewendet, der Finanzierungstechnik, dem Marketing-Engineering, dem Energiesektor und der Herstellung. Operations Research diente während des Zweiten Weltkriegs dazu, Probleme von Militärplanern zu lösen, nach dem Krieg weitete sich der Bereich auf den Zivilsektor aus.

Aktuarwissenschaft Bei der Aktuarwissenschaft geht es um die Bewertung von Risiken und das Entwickeln von Versicherungspolicen, die die Risiken für die Finanz- und die Versicherungsbranche gering halten. Statistik, Wahrscheinlichkeit, Finanzen und Ökonomie spielen allesamt in die Aktuarwissenschaft hinein. Mithilfe der Aktuarwissenschaft können Versicherungsmathematiker (Aktuare) beispielsweise prognostizieren, welches Einkommen erforderlich wäre, um später auf eine bestimmte Rente zu kommen. Um als Aktuar arbeiten zu können, sind mehrere Prüfungen und Zertifizierungen erforderlich.

Statistik Bei der Statistik geht es darum, Daten zu organisieren, zu sammeln und zu interpretieren. Auch hier spielt angewandte Mathematik häufig eine Rolle (insbesondere dann, wenn es um statistische Prozeduren und um Forschung geht, die sich durch mathematische Tests verbessern lässt). Wahrscheinlichkeit, Algebra, Entscheidungstheorie, Wissenschaftliches Rechnen und kombinatorische Designtheorie kommen allesamt in der Statistik zum Tragen. Die Statistik lässt sich in einer Vielzahl von Bereichen anwenden, etwa in der Volkswirtschaftslehre, dem Ingenieurwesen, dem Gesundheitswesen, dem Marketing, der Biologie, dem Bildungswesen, dem Sport und der Medizin.

Eulersche Zahl

Was ist *e*? Die Zahl *e* (auch als Eulersche Zahl bekannt) ist eine der berühmtesten und wichtigsten irrationalen Zahlen und bildet die Grundlage der natürlichen Logarithmen. Eingeführt wurde die Zahl im frühen 17. Jahrhundert von John

Napier, der Logarithmen entdeckte. Napier wandte sich vom Konzept natürlicher Logarithmen ab und konzentrierte sich stattdessen auf dekadische Logarithmen, die auf der Zahl 10 basieren. Leonhard Euler führte die Arbeit von John Napier fort und entdeckte die Eigenschaften von e. Die Zahl e hat unendlich viele Nachkommastellen und beginnt so:

$$e = 2{,}71828182845904523536\ldots$$

Die natürliche Basis Betrachtet man die Graphen der Exponentialfunktionen $y = f(x) = 2^x$ und $y = g(x) = 3^x$, dann fallen einige Dinge auf. Die Funktion, die 2^x ergibt, beginnt mit einem höheren Wert als die andere, aber der Wert der 3^x-Funktion übersteigt den der 2^x-Funktion bei $x = 0$. Mit weiter steigenden Werten beschleunigt sich das Wachstum und die Kurven werden steiler. Vergleicht man die durchschnittlichen Wachstumsraten der Funktionen, bleiben die durchschnittlichen Raten von f hinter dem Wert der Funktion zurück und die durchschnittlichen Raten von g sind stets leicht höher. Beide Kurven stimmen nicht mit der durchschnittlichen Wachstumsrate überein, 3^x liegt allerdings näher dran. Das bedeutet, die Basis der Exponentialfunktion liegt irgendwo zwischen 2 und 3 – und entspricht e. Bei der Exponentialfunktion $y = e^x$ sind Wachstumsrate und Wert deckungsgleich.

Zahlenreihen Der Zahlenwert von e ist unendlich. Um den Wert von e zu bestimmen, können Sie mit mehreren verschiedenen Gleichungen arbeiten:

$$e = 1 + 1/1! + 1/2! + 1/3! + 1/4! + 1/5! + \ldots$$
$$\text{oder } 1/e = 1 - 1/1! + 1/2! - 1/3! + 1/4! - \ldots$$

oder $e - 1 = 1 + 1/(1 + (1/(2 + 1/(1 + 1/(1 + 1/(4 + 1/$
$(1 + 1/(1+ 1/(1 + 1/(6 + \ldots))))))))))$
oder $(e - 1)/2 = 1/(1 + (1/(6 + 1/(10 + 1/(14 + 1/(18 + \ldots))))))$

Kapitalbildung Die Zahl e spielt eine sehr wichtige Rolle, wenn es darum geht, Investitionen und Kredite zu verstehen. Mithilfe von e lässt sich die Grenze des Effektivzinssatz (oder des Zinssatzes, der auf eine Investition bezahlt wird) berechnen. Ein Beispiel: Sie legen 100 Euro bei einer Bank an, die jährlich vier Prozent Rendite ausschüttet. Die Bank berechnet die Zinsen monatlich, weshalb Ihr Kontostand am Ende des Jahres 104,08 Euro betragen würde. Mithilfe von e kann der Grenzwert des Effektivzinses berechnet werden. In unserem Beispiel wäre das: $100 \times e^{0,04} = 104,08$.

Hyperbelfunktion Die Formel für eine Hyperbel lautet $x^2 - y^2 = 1$. Die x- und die y-Koordinate haben Hyperbelfunktionen, die als Kosinus hyperbolicus und Sinus hyperbolicus bezeichnet werden, geschrieben $x(A) =\cosh A$ und $x(A) = \sinh A$, wobei A für die Fläche steht. Ein Beispiel aus der realen Welt wäre die Form einer hängenden Kette, einer sogenannten Kettenlinie (die als $y = \cosh x$ ausgedrückt werden kann). Diese Gleichungen können auch wie folgt geschrieben werden:

$$\sinh(v) = \frac{e^v - e^{-v}}{2}$$

$$\cosh(v) = \frac{e^v + e^{-v}}{2}$$

Fixpunktfreie Permutation Fixpunktfreie Permutationen oder Derangements sind Lösungen, die »allesamt falsch« sind. Ein Beispiel: Zehn Gäste sind kurz davor, Ihr Zuhause zu verlassen. Wenn Sie herausfinden wollten, wie viele zufällige Wege es gibt, wie die Gäste ihre Mäntel anziehen, würde es sich um eine Permutation von 10 handeln. Bei den Derangements handelt es sich um die Zahl der Fälle, in denen keine Person ihren eigenen Mantel bekommt oder alles falsch ist. Es gibt 3.628.800 unterschiedliche Permutationen und 1.334.961 fixpunktfreie Permutationen. Teilt man die erste durch die zweite Zahl, erhält man e. Egal, wie viele Menschen anwesend sind, die Wahrscheinlichkeit, den richtigen Mantel zu bekommen, beträgt $1 - 1/e$.

Diophantische Gleichungen

Was sind diophantische Gleichungen? Benannt sind sie nach Diophantos, der im 3. Jahrhundert in Alexandria lebte. Diese Gleichungen enthalten eine unbestimmte Menge an Polynomen, deren Koeffizienten nur ganze Zahlen sein dürfen. Diophantische Gleichungen beziehen sich auf algebraische Oberflächen und algebraische Kurven. Es geht darum, ganzzahlige Lösungen für die Variablen zu bestimmen, damit die Gleichungen korrekt aufgehen. Diophantos arbeitete als einer der ersten Mathematiker bei algebraischen Formeln mit Symbolen. Einige Gleichungen haben endlich viele Lösungen, andere haben überhaupt keine Lösung. In diesem Buch hatten Sie es bereits mit einer ganzen Reihe diophantischer Gleichungen zu tun.

Beispiele diophantischer Gleichungen Sie kennen zahllose Beispiele diophantischer Gleichungen. Die Werte von x, y und z sind unbekannt und stellen tatsächliche Werte dar.

$$a^2 + b^2 = c^2$$

Die Pellsche Gleichung ist ein weiteres Beispiel, bei dem n eine Konstante ist:

$$x2 - ny2 = \pm 1$$

Die Erdös-Straus-Vermutung besagt:

$$\frac{4}{n} = \frac{1}{x} + \frac{1}{y} + \frac{1}{z}$$

Dies lässt sich auch als Polynomgleichung ausdrücken:

$$4xyz = yzn + xzn + xyn = n(yz + xz + xy)$$

Hilberts zehntes Problem 1900 erstellte der deutsche Mathematiker David Hilbert eine Liste von 23 mathematischen Problemen, die bis dahin noch nicht gelöst waren. Im zehnten Problem ging es um die Frage, ob es einen Algorithmus gebe, mit dessen Hilfe sich für eine beliebige diophantische Gleichung bestimmen lässt, ob sie lösbar ist. Es gibt einen Algorithmus für diophantische Gleichungen der ersten Ordnung (die Potenzen der Koeffizienten sind nicht größer als 1). Der sowjetische Mathematiker Juri Matijassewitsch konnte später in seinem Theorem nachweisen, dass es unmöglich sei, einen allgemein gültigen Algorithmus zu erschaffen.

Lineare diophantische Gleichungen Eine lineare diophantische Gleichung wird als $ax + by = c$ aufgeschrieben. Ist der Wert von c der größte gemeinsame Teiler sowohl von a als auch von b, so gibt es eine unbegrenzte Anzahl Lösungen. Ein Problem, das dieses Charakteristikum erfüllt, ist im Lemma von Bézout beschrieben. Unendlich viele Lösungen gibt es auch, wenn der Wert von c ein Vielfaches des größten gemeinsamen Teilers von a und b ist. Ist der Wert von c nicht größter gemeinsamer Teiler sowohl von a als auch von b oder ein Vielfaches dieses Teilers, kann die diophantische Gleichung nicht gelöst werden.

Exponentielle diophantische Gleichungen Bei Exponenten mit einer oder mehreren Variablen spricht man von exponentiellen diophantischen Gleichungen. Die Ramanujan-Nagell-Gleichung beispielsweise lautet $2^n - 7 = x^2$. Es gibt keine Theorie, die eine Lösung dieser Art von Problem ermöglicht. Um also auf die Lösung zu kommen, kann man es mit Ausprobieren versuchen, mögliche Werte einsetzen und anhand der Resultate versuchen zu erkennen, um welche Zahl es sich handelt. Oder man versucht es mit Methoden wie Størmers Theorem, das auf der Pellschen Gleichung basiert.

Gleichungen erster Ordnung mit zwei Variablen Müssen Sie sich mit einer Gleichung der ersten Ordnung befassen, die über zwei Variablen verfügt, gibt es mehrere Schritte, wie Sie zu einer Lösung gelangen können. Anstatt mit x, y und z zu arbeiten, können Sie vereinfachen: x, x_2, x_3. Im ersten Schritt geht es darum, die Gleichung so umzuformulieren, dass sie als $ax_2 + bx_1 = c$ erscheint und a größer als b ist. Dann teilt man durch b, bildet einen Quotienten und einen Rest (q und r). A wird umformuliert zu $q \cdot b + r$. Jetzt wird die Gleichung so dargestellt, dass die linke Seite so aussieht: $q \bullet$ Term + Wert $\bullet x_2$. Ersetzen Sie dann »Term« durch x_3.

Kategorientheorie

Was ist die Kategorientheorie? Die Kategorientheorie ist ein ausgesprochen komplexer Prozess, bei dem man bereits bestehende mathematische Ergebnisse nimmt und sie noch weiter abstrahiert. So erhält man nicht nur eine Perspektive für Ergebnisse, sondern vereinheitlicht auch noch die Mathematik. Das kann zu einigen sehr wichtigen Resultaten führen. Die Kategorientheorie kann zeigen, dass nicht zusammenhängende mathematische Themenbereiche Ideen gemeinsam haben, dass ein bewiesenes Ergebnis in anderen Bereichen viele Ergebnisse nach sich ziehen kann und dass extrem schwierige Probleme in Probleme übertragen werden können, die simpler sind und sich auf andere Bereiche der Mathematik beziehen. Konzepte werden als eine Sammlung von Pfeilen und Objekten gesehen, die bestimmte Bedingungen erfüllen.

Funktoren Kategorien können sogar noch abstrakter gedacht werden. Eine Kategorie ist eine Art Struktur und als solche kann man nach Prozessen suchen, die diese Art Struktur bewahren. Diese Prozesse werden als Funktoren bezeichnet. Funktoren verbinden ein Objekt einer Kategorie mit einem anderen Objekt aus einer anderen Kategorie (und mit jedem Morphismus in ersterem wird ein Morphismus in letzterem verbunden). Mithilfe von Funktoren kann man die Beziehungen zwischen einer Vielzahl von Strukturklassen studieren – ein fundamentales Konzept in Gebieten wie algebraischer Topologie.

Aus was bestehen die Kategorien? Eine Kategorie (C) besteht aus der Klasse ob(C) von Objekten und aus der Klasse hom(C) von Morphismen (oder Pfeilen). Der Morphismus (f) enthält ein einzigartiges Quellobjekt (a) und ein Zielobjekt *(b)*, er wird also ausgedrückt als f: $a \rightarrow b$ (was ausgedrückt werden kann als »f ist ein Morphismus von a nach b«). Kategorien bestehen zudem auch noch als Binäroperation (ausgedrückt als $\circ$). Man spricht hier von der Komposition von Morphismen und sie kann untergliedert werden als:

$$\text{hom}(a, b) \times \text{hom}(b, c) \rightarrow \text{hom}(a, c)$$

f: $a \rightarrow b$ und g: $b \rightarrow c$ werden geschrieben als $g \circ f$.

Anfangs- und Endobjekte Wenn es für ein Objekt einer Kategorie exakt einen Morphismus der Kategorie f: $S \rightarrow X$ gibt, spricht man von einem Anfangsobjekt. Ein Endobjekt bedeutet, für jeden Morphismus der Kategorie f: $X \rightarrow T$ gibt es exakt einen Morphismus. Objekte können Pushbacks und Pullbacks (oder kokartesisches und kartesisches Quadrat) durchlaufen. Wenn in einer Kategorie alle Pullbacks existieren und es ein Endobjekt gibt, dann ist es endlich vollständig. Wenn in einer Kategorie alle Pushbacks existieren und ein Anfangsobjekt vorliegt, dann ist sie endlich kovollständig.

Natürliche Transformationen Das Verhältnis zwischen zwei Funktoren wird als natürliche Transformation bezeichnet. Natürliche Transformationen ermöglichen es, einen Funktor in einen anderen zu transformieren, während die Anordnung von Morphismen der Kategorien gewahrt bleibt. Neben dem Konzept von Kategorien und Funktoren zählen natürliche Transformationen zu einem der grundlegendsten Konzepte der Kategorientheorie.

Dualität In der Kategorientheorie hat jeder Satz und jede Definition ein Dual. Das Dual lässt sich finden, indem man die Richtung der Pfeile umdreht. Wenn etwas in Kategorie C wahr ist, dann bedeutet es, dass das Dual in Cop auch wahr ist. Genauso gilt: Ist etwas in C nicht wahr, dann ist das Dual in Cop nicht wahr. Häufig ist Cop abstrakt und besitzt keine Kategorie, die einer mathematischen Funktion entspricht. In einem derartigen Fall gilt die Kategorie D als dual zu C, wenn D und Cop äquivalent zu einer Kategorie sind.

Unendlichkeit

Das Symbol Das Symbol für Unendlichkeit ist ∞ und heißt »Lemniskate« nach dem griechischen Begriff »lemniskos«, »Schleife«. Erstmals verwendet wurde das Unendlichkeitssymbol 1655 in John Wallis' *Tractatus de Sectionibus Conicis*. Warum er ausgerechnet dieses Symbol verwendet hat, ist unbekannt. Einige glauben, es sei von der römischen Ziffer CIↃ für 1000 abgeleitet (hierbei handelt es sich um eine von mehreren früher verwendeten Schreibweisen, in der heute üblichen Form steht der lateinische Buchstabe M für 1000). Diese Ziffer wiederum von der etruskischen Ziffer abgeleitet und erschien als »CI« (was damals auch für »viele« stand). Andere führen die Ursprünge auf das Omega (ω) zurück, den letzten Buchstaben des griechischen Alphabets.

Aristoteles Aristoteles unterschied zwischen zwei Arten von Unendlichkeit. Es gab das »potenziell Unendliche« und das »aktual Unendliche«. Natürliche Zahlen waren nach Auffassung von Aristoteles potenziell unendlich, weil es keine allergrößte Zahl gab. Er glaubte jedoch nicht, dass die Zahlen tatsächlich unendlich seien, sondern dass es nur unmöglich sei, alle natürlichen Zahlen für vollständig zu halten. Die Vorstellung aktualer Unendlichkeit ergab aus seiner Sicht keinen Sinn, insofern war nur potenzielle Unendlichkeit zulässig. Aristoteles hielt die aktuale Unendlichkeit für ein Paradoxon, weil sie vollständig ist, aber aus einer unendlichen Menge von etwas besteht.

Galileis Paradoxon Galileo Galilei entwickelte ein überraschendes Paradoxon zur Unendlichkeit. Ihm fiel auf, dass man, wenn man die Hälfte einer Reihe gleicher Zahlen entfernt, genauso viele Zahlen in dieser Reihe hat wie zuvor. Ein Beispiel: Streicht man aus einer Zahlenreihe alle ungeraden Zahlen, bleiben nur noch die geraden Zahlen übrig. Wenn man dann die natürlichen Zahlen *(n)* mit $2n$ paart (einer geraden Zahl), ist die Reihe mit den geraden Zahlen gleichmächtig zu der Reihe, die alle natürlichen Zahlen enthielt. Anders gesagt: Hatte man vorher Unendlichkeit, hat man noch immer Unendlichkeit.

Georg Cantor Der deutsche Mathematiker Georg Cantor realisierte, dass man nicht bis zur Unendlichkeit zählen kann, dass man aber die Größe von Mengen vergleichen kann und dass man dazu Eins-zu-eins-Paare der Elemente innerhalb der Menge sucht. Die Größe einer Menge wird als Kardinalität bezeichnet. Mengen heißen »unendlich«, wenn man Elemente entfernen kann, ohne dabei die Kardinalität zu reduzieren. Sind Kardinalität und natürliche Zahlen gleich, spricht man von einer abzählbaren Menge. Kantors These besagt: Gibt es eine Menge X, dann gibt es mindestens eine Potenzmenge von X und diese ist kardinal größer als X.

Finitismus Der Finitismus ist ein Bereich der Mathematik, der die Vorstellung von Unendlichkeit ablehnt. Im Finitismus können Objekte erst dann existieren, wenn sie in einer endlichen Zahl von Schritten aus natürlichen Zahlen erschaffen wurden. Einer der führenden Forscher in diesem Bereich war David Hilbert. Ein Konzept, das noch stärker als der Finitismus ist, ist der Ultrafinitismus. Anhänger des Ultrafinitismus bestreiten die Existenz unendlicher Mengen natürlicher Zahlen, weil diese Menge niemals abgeschlossen sein kann. Sowohl der Finitismus wie auch der Ultrafinitismus sind Formen des Konstruktivismus, der besagt, dass ein mathematisches Objekt nur dann existieren kann, wenn es konstruiert wird.

Unendlichkeitsformeln Es gibt einige grundlegende Formeln, die sich mit der Unendlichkeit befassen und Grenzenlosigkeit beschreiben. $x \rightarrow \infty$ und $x \rightarrow -\infty$ beispielsweise bedeuten, dass x ohne Einschränkung wachsen und schrumpfen kann. Wenn für jedes t $f(t) \geq 0$ gilt, dann besagt die Formel:

$$\int_{\infty}^{\infty} f(t)\, dt = \infty$$
, dass die Fläche unter $f(t)$ unendlich ist.

$$\int_{\infty}^{\infty} f(t)\, dt = n$$

, dass die Fläche unter $f(t)$ gleich n und damit endlich ist.

$$\int_{a}^{b} f(t)\, dt = \infty$$

, dass $f(t)$ kein Gebiet abdeckt, das zwischen a und b endlich ist.

Teil 4
Wissenschaft

Evolution

Charles Darwin segelt zu den Galapagosinseln 1835 traf Charles Darwin, 23 Jahre alt und gescheiterter Medizinstudent, im Rahmen einer fünfjährigen Forschungsreise auf den Galapagosinseln ein. Als er auf San Cristóbal landete, der östlichsten Insel der Gruppe, bemerkte er etwas Ungewöhnliches: Die dortige Tierwelt unterschied sich nicht nur von der auf dem Festland, auch innerhalb der Inseln gab es aufgrund der unterschiedlichen Umweltbedingungen Abweichungen bei den jeweiligen Arten.

Die Darwinfinken Die Finken der Galapagosinseln bildeten das Grundgerüst für das Verständnis der Evolution. Alle Finken, die Darwin beobachtete, hatten viele Eigenschaften gemein. Sie waren von derselben Größe und Farbe und verhielten sich ähnlich. Der auffälligste Unterschied war Größe und Form der Schnäbel, was unmittelbar damit zusammenhing, dass sich die Vögel der jeweiligen Inseln unterschiedlich ernährten.

Natürliche Auslese Darwins revolutionärste Idee war seine Theorie der natürlichen Auslese, die besagt, dass bei einer Veränderung der Umwelt nur diejenigen Organismen überleben werden, die am besten an die neuen Umweltbedingungen angepasst sind. Organismen, die diese wünschenswerten Eigenschaften nicht besitzen, können nicht konkurrieren und werden aussterben. Wenn sich – im Verlauf der Zeit – genügend

Eigenschaften verändern, kann dies zu einer völlig neuen Kreatur oder einem völlig neuen Organismus führen.

Über die Entstehung der Arten 1859 veröffentlichte Darwin seine Erkenntnisse und seine Theorie zur natürlichen Auslese in dem Buch *Über die Entstehung der Arten*. Er erklärt darin, natürliche Auslese bedeute, dass sich Organismen im Laufe der Zeit entwickelt hätten und auf diese Weise die bestehende Vielfalt an Arten hervorgebracht hätten. Weiter erklärt er, all diese Organismen müssten auf einen gemeinsamen Urahn zurückgehen. Seine Ansichten zur natürlichen Auslese wurden damals hitzig diskutiert, denn die wissenschaftliche Gemeinschaft in Großbritannien stand der Anglikanischen Kirche nahe.

Gendrift Ein weiterer wichtiger Aspekt der Evolution ist die Gendrift, wobei diese im Gegensatz zur natürlichen Auslese keinen Raum für Anpassungen lässt, sondern vielmehr zufällig abläuft. In jeder Generation eines Organismus spielt der Zufall eine zentrale Rolle bei der Frage, wer überlebt und wer stirbt. Einige Individuen haben möglicherweise mehr Nachkommen als andere, was bedeutet, die Gene dieser Organismen werden weitergegeben. Dass es dazu kommt, hat nichts mit genetischen Vorteilen zu tun, sondern schlicht und einfach mit Glück.

Mutationen Mutationen sind der letzte wichtige Baustein, wenn es um die Evolution geht. Natürliche Auswahl und Gendrift erklären, warum sich Organismen verändern, aber sie erklären nicht unbedingt das Wie. Eine Mutation ist eine Veränderung im Erbgut eines Organismus, die sich auf das Aussehen, das Verhalten und die Physiologie des Organismus auswirken. Diese Mutationen ermöglichen die Veränderungen, von denen Darwin spricht. Mutationen erfolgen zufällig und nicht alle Mutationen führen zu einer Evolution. Findet eine Mutation nicht in Keimzellen statt, ist sie somatisch (»körperlich«) und wird nicht an den Nachwuchs weitergegeben.

Der Frühmensch

Lucy 1974 entdeckte Donald Johanson in Äthiopien ein nahezu vollständiges Skelett (insgesamt 47 Knochen). Das Skelett wurde auf den Namen Lucy getauft und stellt einen absoluten Glücksfund dar. Lucy – benannt nach dem Beatles-Song »Lucy in the Sky with Diamonds« – lebte vor etwa 3,18 Millionen Jahren und ihr wissenschaftlicher Name lautet Australopithecus afarensis. Sie ist der älteste bekannte menschenähnliche Hominid, der sich zweifüßig bewegte, also aufrecht stehen konnte. Lucy war 107 Zentimeter groß und wog nur etwa 25 Kilogramm. Man vermutet, dass sie in einen Fluss oder See stürzte und ertrank.

Homo habilis Die ersten echten Menschen lebten vor 2,4 Millionen bis 1,4 Millionen Jahren in Afrika und werden als Homo habilis bezeichnet. Äußerlich ähnelte der Homo habilis noch immer Menschenaffen, aber er war größer und verfügte über ein größeres Gehirn als Australopithecus afarensis. Fuß- und Handknochen waren vergleichsweise menschenähnlich. Bei Überresten dieser Frühmenschen fand man einfache Steinwerkzeuge als ersten bekannten Beweis für Werkzeugherstellung. Mit dem Homo habilis beginnt die Steinzeit, die dadurch charakterisiert ist, dass die Frühmenschen Werkzeuge aus Stein herstellten (habilis ist Latein für »geschickt, begabt«). Feuer machen konnte Homo habilis allerdings noch nicht.

Homo erectus Erectus ist Latein für »aufrecht«. Der Homo erectus lebte von vor 1,89 Millionen bis vor 70 000 Jahren. Sie besaßen als erste Menschen die bis heute bestehende Körperstruktur mit verkürzten Armen und verlängerten Beinen (die Gehirne hatten allerdings erst zwei Drittel der heutigen Größe). Das spricht dafür, dass die damaligen Menschen nicht länger auf Bäume kletterten, sondern sich an das Leben auf dem Boden anpassten. Sie konnten gehen und möglicherweise sogar rennen. Der Homo erectus begann, sich über Afrika hinaus auszubreiten und andere Kontinente zu besiedeln. Zudem beherrschte der Homo erectus als erster Frühmensch die Kunst des Feuermachens und zählte zu den ersten Jägern.

Homo sapiens Homo sapiens (der »verständige Mensch«) tauchte vor 250 000 Jahren erstmals auf und entwickelte sich in Afrika. Diese Menschen verfügten über viel größere Gehirne, was dazu führte, dass sich ihr Schädel nach vorne ausweitete. Der Homo sapiens ist die Gattung, zu der wir gehören, und gilt als der früheste »moderne Mensch«. Homo sapiens waren Jäger und Sammler, erschufen Werkzeuge aus Stein und nähten sich sogar Kleidung. Zur damaligen Zeit lebte der Homo sapiens Seite an Seite mit einer anderen Art, Homo neanderthalensis, dessen Verhalten sich kaum von dem des Homo sapiens unterschied.

Homo neanderthalensis Der Homo neanderthalensis oder Neandertaler war eine völlig andere Art als der Homo sapiens. Neandertaler waren viel größer und stärker und ihr Gehirn war noch größer als das der heutigen Menschen. Sie begruben ihre Toten (was als möglicher frühester Hinweis auf eine Religion gewertet wird). Neandertaler starben vor etwa 30 000 Jahren aus, aber niemand kann mit Sicherheit sagen, warum. Es gibt die Theorie, wonach der Homo sapiens die Neandertaler ausrottete, eine andere Theorie besagt, dass sich Homo sapiens und Neandertaler untereinander vermehrten und die eine Spezies schlicht aufhörte zu existieren. 2010 fanden Wissenschaftler Spuren von Neandertaler-DNA im Erbgut des heutigen Menschen.

Homo sapiens sapiens Der Homo sapiens sapiens existiert seit mindestens 300 000 Jahren und kommt über die ganze Welt verbreitet vor. Die im heutigen Europa lebenden Homo sapiens sapiens werden als Cro-Magnon-Menschen bezeichnet. Sie stellten Pfeil und Bogen her, bauten sich Hütten und Zelte als Unterkunft (die zum Einsatz kamen, wenn sie Tierherden folgten). Sie erschufen fortschrittliche Waffen, Kleidung und Kunst und verbesserten die Sprache. Es waren Cro-Magnon-Menschen, die die berühmte Höhlenmalerei in der französischen Höhle Lascaux erschufen. Anatomisch waren die Cro-Magnon-Menschen nahezu identisch zum heutigen Menschen.

Aufbau der Erde

Die Kruste Wir Menschen leben auf der äußersten Schicht der Erde, der Erdkruste. Die Erdkruste ist die dünnste Schicht und besteht aus zwei Arten Gestein – Granit (auch als kontinentale Erdkruste bekannt) und Basalt (auch als ozeanische Erdkruste bekannt). Granit ist älter als Basalt.

Der Obere Erdmantel Die Schicht unterhalb der Kruste und oberhalb des Kerns wird als der Mantel bezeichnet. Der Mantel macht ungefähr 84 Prozent des Erdvolumens aus. Der Mantel beginnt etwa 30 Kilometer unter der kontinentalen Erdkruste und 10 Kilometer unter der ozeanischen Erdkruste und lässt sich in einen oberen und einen unteren Erdmantel einteilen. Der Obere Erdmantel enthält die Asthenosphäre, die an der tektonischen Plattenbewegung beteiligt ist. Im Oberen Erdmantel liegt auch ein Teil des litosphärischen Mantels, der äußersten Hülle des Planeten.

Der Untere Mantel Der Untere Mantel spielt eine wichtige Rolle, wenn es darum geht, die thermische Entwicklung des Planeten zu kontrollieren. Der Untere Mantel reicht von etwa 300 bis 3000 Kilometer unterhalb der Kruste, die Temperaturen dort betragen durchschnittlich 3000 Grad. Der Untere Mantel besteht größtenteils aus Perowskit, einem magnesiumhaltigen Silikat, das sich unter hohem Druck verändert.

Der äußere Kern Der Kern der Erde macht ungefähr 15 Prozent des Erdvolumens aus, besteht aus Eisen und Nickel und ist in etwa so groß wie der Planet Mars. Der äußere Kern liegt etwa 2900 bis 5100 Kilometer unter der Oberfläche und besteht größtenteils aus geschmolzenem Eisen. Die Temperatur des geschmolzenen Eisens liegt zwischen 4000 und 5000 Grad Celsius. Die Bewegungen des flüssigen Erdkerns erzeugen das Magnetfeld der Erde.

Der innere Kern Der innere Kern liegt zwischen 5100 und 6370 Kilometer unterhalb der Oberfläche und ist mit Temperaturen zwischen 5000 und 6000 Grad Celsius der heißeste Bereich des Planeten. Im inneren Kern ist der Druck so groß, dass er aus festem Metall besteht, vermutlich einer Eisen-Nickel-Legierung. Die extreme Hitze des Kerns wirkt sich direkt auf die Plattentektonik und das Magnetfeld der Erde aus.

Die Atmosphäre Die äußerste Schicht findet sich nicht auf der Erdoberfläche, sondern darüber. Die Atmosphäre ist die Luftschicht, die den Planeten umhüllt und das Entstehen von Leben ermöglicht. Die Atmosphäre ist ungefähr 800 Kilometer dick und besteht aus mehreren Schichten. Sie setzt sich aus unterschiedlichen Gasen, Staub und Wasser zusammen. Sie speichert Wärme und schützt vor Sonnenstrahlen und Meteoriten.

Geologische Epochen

Kambrium Das Zeitalter, als die Vielfalt der Lebensformen auf der Erde explosionsartig zunahm, wird als Paläozoikum bezeichnet und begann vor 543 Millionen bis 490 Millionen Jahren mit dem Kambrium. Viele wichtige Ereignisse trugen sich in diesem Zeitraum zu: Der uralte Superkontinent Gondwana zerbrach und die Temperaturen begannen zu steigen. Der Meeresspiegel war deutlich höher und obwohl es wenig Leben an Land gab, tauchten zu dieser Zeit die ersten Wirbeltiere in den Weltmeeren auf. In der Zeit vor dem Kambrium hatten die Lebewesen weiche Körper, doch nun entwickelten sich erstmals Arten mit harten Schalen.

Trias Die Trias begann vor 251 Millionen Jahren und endete vor 199 Millionen Jahren. Es war die erste Phase des Mesozoikums, der Zeit also, als die ersten Dinosaurier auftauchten. Während der Trias kam es zu zwei großen Massenaussterben, eines zu Beginn der Trias (das Perm-Trias-Ereignis, das als größtes Massenaussterben der Erdgeschichte gilt) und eines zum Ende hin (die Trias-Jura-Grenze). In dieser zweiten Phase erschienen erstmals Dinosaurier (sie waren nicht größer als 4,5 Meter und gingen auf allen Vieren), Säugetiere (klein und echsenähnlich) und fliegende Reptilien (Pterosaurier).

Jura Das Jura begann vor 206 Millionen Jahren und endete vor 144 Millionen Jahren. Es gilt als Mitte des Mesozoikums. In der Frühphase des Jura zerbrach Pangäa in nördliche und südliche Superkontinente. Zu dieser Zeit lebten die heute bekanntesten Dinosaurier wie der Stegosaurus, der Brachiosaurus und der Allosaurus. Die Pflanzenfresser unter den Dinosauriern waren ziemlich groß, die Fleischfresser kleiner. Säugetiere waren noch immer vergleichsweise klein (etwa so groß wie ein Hund) und die erste Vogelart tauchte auf. Sie ähnelte einem Dinosaurier, war aber gefiedert.

Kreidezeit Die Kreidezeit begann vor 145 Millionen Jahren und endete vor 65 Millionen Jahren. Es ist die längste Periode des Phanerozoikums, des derzeitigen Äons der Erdgeschichte. Zum damaligen Zeitpunkt gediehen die Dinosaurier noch prächtig und Pangäa zerbrach weiter, während erstmals blühende Pflanzen, neue (noch flugunfähige) Vogelarten und Säugetiere auftauchten, dazu die ersten Echsen und Schlangen. Die Kreide endete mit der Kreide-Paläogen-Grenze (oder K/P-Grenze), einem der größten Massenaussterben der Erdgeschichte. Sämtliche Dinosaurier und großen Meeresreptilien starben damals aus.

Tertiär Das Tertiär begann vor 66 Millionen Jahren, endete vor 2,6 Millionen Jahren und wird in zwei Epochen unterteilt: dem Paläogen (mit Paläozän, Eozän und Oligozän) und Neogen (mit Miozän und Pliozän). In der ersten Phase, dem Paläozän, tauchten die ersten Primaten auf. Im Eozän tauchten im Wasser lebende Säugetiere und moderne Vögel auf. Im Oligozän erschienen Zahnwale, Katzen und Hunde. Das Miozän brachte Primaten, Pferde, Kamele, Nashörner und biberartige Tiere mit sich und im Pliozän erschienen mit den Hominiden die ersten Vorläufer des modernen Menschen. Die Geografie des Planeten ähnelte stark der heutigen.

Quartär Das Quartär begann vor 2,6 Millionen Jahren und dauert bis zum heutigen Tag an. Auftakt war eine große Eiszeit. Das Quartär wird vom Menschen und von Säugetieren insgesamt dominiert. Zu Beginn prägten das Wollmammut, der Säbelzahntiger und andere gewaltige Säugetiere (sogenannte Megafauna) das Bild. Heute trifft man den Großteil der verbliebenen Megafauna, etwa den Elefanten und das Nilpferd, nur noch in Afrika an. Während des Quartärs entwickelten sich die Hominiden zum Neuzeitmenschen (der in seiner jetzigen Form vor etwa 190 000 Jahren entstand).

Biome

Süßwasser Zu den Süßwasserbiomen zählen Seen, Teiche, Flüsse, Bäche und Feuchtgebiete. Typisch für das Süßwasserbiom ist ein geringer Salzgehalt (üblicherweise weniger als ein Prozent). Die pflanzlichen und tierischen Bewohner dieser Lebensräume könnten in Gewässern mit höherem Salzgehalt nicht überleben. Seen und Teiche sind häufig von größeren Gewässern abgeschnitten, was zu einer begrenzten Vielfalt an Tierleben führt. Flüsse und Bäche fließen in eine Richtung und münden in den Ozean. In Feuchtgebieten wie Marschen, Mooren und Sümpfen steht das Wasser. Feuchtgebiete dienen als Lebensraum für spezielle Arten von Wasserpflanzen und zählen mit zu den tierreichsten Habitaten.

Meer Das Salzwasserbiom umfasst die Ozeane, die Mündungsgebiete der Flüsse und die Korallenriffe. Ozeane bedecken 70 Prozent der Oberfläche unseres Planeten, stellen damit das größte Ökosystem dar und sind Heimat einer Vielzahl an Tier- und Pflanzenarten. Mündungsgebiete oder Ästuare weisen ein einzigartiges Ökosystem auf, denn weil sich hier Flüsse und andere Süßwassersysteme mit dem Ozean vermischen, schwankt der Salzgehalt sehr. Korallenriffe existieren vorwiegend in warmen, flachen Gewässern, vornehmlich entlang Kontinenten und Inseln. Die wichtigste Lebensform ist die Koralle, eine Mischung aus Tier (Polyp) und Alge.

Wüste Ein Fünftel der Landfläche ist von Wüsten bedeckt und der Niederschlag beträgt an diesen Orten weniger als 50 Zentimeter im Jahr. Es gibt vier Arten von Wüste – heiß und trocken, semiarid, küstennah und kalt. In heißen Trockenwüsten ist die Luftfeuchtigkeit gering, was dazu führt, dass die Strahlung der Sonne hier doppelt so hoch ist. Die Mojave-Wüste wäre ein Beispiel für eine heiße Trockenwüste. Eine Eiswüste wiederum findet man an Orten wie der Antarktis oder Grönland. Eiswüsten liegen am anderen Ende des Spektrums. Die Winter dort sind sehr kalt und es fällt sehr viel Schnee.

Wälder Es gibt drei Arten von Wäldern: Wälder der Tropen, Wälder der gemäßigten Zonen und boreale Wälder. Die größte Vielfalt an Tieren findet man in Tropenwäldern. Dort gibt es keinen Winter, als Jahreszeiten wechseln sich einzig Trockenzeiten und Regenzeiten ab. Wälder der gemäßigten Zonen wachsen in Regionen mit klar definierten Jahreszeiten und ausgeprägtem Winter. Das größte dieser Biome sind die borealen Wälder, auch als Taiga bekannt. Man findet sie in Nordamerika und Eurasien. Die Jahreszeiten dort sind kurz, die feuchten Sommer sind mäßig warm, dafür sind die Winter kalt, trocken und lang.

Grasland Als Grasland werden Regionen bezeichnet, in denen nicht Bäume, sondern Gräser das Landschaftsbild beherrschen. Es gibt tropisches Grasland (die Savanne) und Grasland in gemäßigten Zonen, Afrika ist etwa zur Hälfte von Savanne bedeckt. In Savannen stehen immer wieder vereinzelt Bäume. Savannen benötigen heißes oder warmes Klima und etwa 50 bis 130 Zentimeter Niederschlag pro Jahr. In den Grasländern der gemäßigten Zonen gibt es keine Bäume und die Temperaturunterschiede zwischen Winter und Sommer sind deutlicher. Prärien sind Grasländer der gemäßigten Zonen mit hohen Gräsern, in Steppen sind die Gräser kürzer.

Tundra Das kälteste Biom ist die Tundra. Es gibt zwei Arten von Tundren – arktische Tundra und alpine Tundra. Typisch für Tundren sind eine sehr geringe Vielfalt an Tieren, sehr kaltes Klima und kurze Wachstums- und Reproduktionszeiten. Die wüstenartige arktische Tundra findet sich rund um den Nordpol. Es gibt Pflanzenarten, die dort gedeihen, aber ihre Wurzeln reichen nicht sehr tief. Alpine Tundra findet sich auf Bergen oberhalb der Baumgrenze. Die dort lebenden Pflanzen und Tiere ähneln jenen, die man in der arktischen Tundra findet. Sie sind darauf spezialisiert, in einer extrem kalten Umgebung zu überleben.

Das Wetter

Der Wasserkreislauf Die Menge des Wassers auf diesem Planeten ist begrenzt. Es wird wieder und wieder aufbereitet, dabei spricht man vom Wasserkreislauf. Schritt eins ist die Verdampfung: Die Sonne erwärmt das Wasser so weit, dass es verdampft oder zu Wasserdampf wird, der aufsteigt. In der Luft kühlt der Wasserdampf ab, wechselt zurück in den flüssigen Aggregatzustand und bildet Wolken. Dieser Vorgang wird als Kondensation bezeichnet. Ist die Menge an Wasser so groß, dass die Luft es nicht länger halten kann, kommt es zu Niederschlägen in Form von Regen oder Schneefall.

Wolken Wolken sind große Anhäufungen von Eiskristall- oder Wassertröpfchen, die so klein sind, dass sie in der Luft schweben können. Wenn warme Luft aufsteigt, kühlt sie ab und breitet sich aus. Feuchtigkeit kondensiert und bildet Wassertröpfchen. Wenn Milliarden Tröpfchen zusammenkommen, bilden sie eine Wolke. Wolken lassen sich in drei Gruppen unterteilen – Wolken in großer Höhe (über 6000 Meter), deren Name mit Cirrus- beginnt, Wolken mittlerer Höhe (zwischen 2000 und 6000 Meter), deren Name mit Alto- beginnt, und Wolken, die sich in niedriger Höhe bewegen (unterhalb von 2000 Metern) und deren Name je nach ihrer Eigenschaft mit Strato- oder Cumulo- beginnt.

Donner Donner ist das Produkt eines Blitzschlags. Während ein Blitzschlag eine Wolke durchdringt, erschafft er einen Kanal oder ein kleines Loch in der Luft. Ist der Blitz verschwunden, schließt die Luft das Loch wieder und es entsteht eine Schallwelle. Weil sich Licht schneller bewegt als der Schall, sehen wir den Blitz, bevor wir den Donner hören.

Blitz In einer Gewitterwolke prallen gefrorene Regentropfen gegeneinander, während sie sich in der Luft hin und her bewegen. Bei diesen Kollisionen entsteht elektrische Ladung und schon bald ist die gesamte Wolke erfüllt von elektrischen Ladungen. Die Protonen bilden sich an der Oberseite, die Elektronen an der Unterseite. Unterhalb der Wolke baut sich am Boden eine positive Ladung auf und irgendwann verbinden sich die Ladungen. Das Resultat: ein Blitz.

Wind Wind ist nichts anderes als bewegte Luft. Weil die Oberfläche der Erde sehr dynamisch und uneben ist, wird auch die Sonnenstrahlung ungleichmäßig aufgenommen. Das führt dazu, dass einige Bereiche heißer sind als andere. Warme Luft wiegt weniger als kalte Luft, deshalb beginnt sie aufzusteigen.

An die Stelle der aufsteigenden warmen Luft drängt kalte Luft und es entsteht Wind.

Wettervorhersagen Wenn man weiß, wie Luftmassen reagieren, lässt sich vorhersagen, wie sich das Wetter entwickelt. Das ist beispielsweise möglich, indem man Wetterfronten beobachtet. Die beiden grundlegenden Formen sind Kaltfronten und Warmfronten. Eine Kaltfront ist eine Masse kalter Luft, die sich in eine Masse warmer Luft drängt. Während sich die kalte Luft zusammenzieht, wird sie schwerer und schiebt sich unter die warme Luft. Eine Warmfront wiederum ist der Bereich, in dem warme Luft in eine Masse kalter Luft drängt und diese ersetzt.

Klimawandel

Treibhausgase Die Erdatmosphäre setzt sich aus zahlreichen Gasen zusammen, aber die Treibhausgase sind besonders wichtig. Trifft Sonnenlicht auf die Erdoberfläche, wird es teilweise als Infrarotstrahlung oder Wärme zurück ins All abgestrahlt. Treibhausgase absorbieren diese Infrarotstrahlung und binden die Hitze in der Atmosphäre. Dadurch entsteht der sogenannte Treibhauseffekt. Die wichtigsten Treibhausgase in der Erdatmosphäre sind Kohlendioxid, Methan, Wasserdampf, Ozon und Distickstoffmonoxid (Lachgas). Ohne Treibhausgase wäre die Erde unbewohnbar.

Der Treibhauseffekt Der Treibhauseffekt ist ein natürlicher Prozess, bei dem die Erdoberfläche und die Atmosphäre aufgeheizt werden. Während die Sonnenenergie die Atmosphäre passiert, werden 26 Prozent reflektiert und von den Wolken zurück ins All gelenkt. Wolken absorbieren 19 Prozent der Energie, weitere vier Prozent werden von der Erdoberfläche reflektiert und zurück ins All gelenkt. Die 51 Prozent der Sonnenenergie, die die Erdoberfläche erreichen, spielen bei zahllosen Prozessen eine wichtige Rolle, indem sie beispielsweise die Erdoberfläche aufwärmen. Der Großteil dieser Energie wird von den Treibhausgasen absorbiert und dann in einem endlosen Kreislauf wieder zur Erde geschickt, wo sie den Planeten aufheizt, bis die Erdoberfläche irgendwann die Energie nicht länger absorbieren kann.

Die Rolle der Industriellen Revolution Die Industrielle Revolution wirkte sich von Anfang an nicht nur auf der Erdoberfläche und in der Gesellschaft enorm aus, sondern auch in der Atmosphäre. Fossile Brennstoffe wie Kohle, Erdgas und Erdöl setzen beim Verbrennen Treibhausgase wie Kohlendioxid in die Atmosphäre frei. Das führt dazu, dass die Erde mehr Hitze absorbiert und zurückhält, als sie ins All abstrahlt.

Auswirkungen des Klimawandels Die Zunahme der Treibhausgase in der Atmosphäre sorgt dafür, dass die globale Durchschnittstemperatur zu steigen beginnt. Für den Menschen, die Tier- und die Pflanzenwelt können die Folgen des Klimawandels verheerend sein. Die Meeresspiegel steigen, die Erwärmung der Weltmeere führt dazu, dass sich mehr Wirbelstürme bilden, es kommt häufiger zu Dürren und Hitzewellen. Das bekannteste Ergebnis des Klimawandels ist das Abschmelzen der polaren Eiskappen. Das kann dazu führen,

Wissenschaft

dass die Ökosysteme des Planeten komplett aus dem Gleichgewicht geraten.

Der *Clean Air Act* 1963 verabschiedeten die Vereinigten Staaten mit dem *Clean Air Act* ein Bundesgesetz zur Reinhaltung der Luft. 1970 und 1990 folgten umfangreichere Ergänzungen. 2007 erklärte der Oberste Gerichtshof der USA in einem bahnbrechenden Urteil, dass Klimagase wie Kohlendioxid und Treibhausgase als Luftschadstoffe gelten und damit der Regulierung durch die Umweltschutzbehörde EPA unterliegen, sollte sich herausstellen, dass diese Gase die öffentliche Gesundheit gefährden. 2009 veröffentlichte die EPA die Ergebnisse ihrer Untersuchungen und erklärte, dass emittierte Treibhausgase in der Tat eine Gefahr für die öffentliche Gesundheit darstellen. 2011 stimmten Repräsentantenhaus und Senat dagegen, dass die EPA die Treibhausgase regulieren soll. Der Kongress kippte die Einschätzung der EPA, wonach Treibhausgase der menschlichen Gesundheit und der Umwelt schaden. Seit 2017 hatte die Regierung Trump Klauseln des *Clean Air Act* angefochten oder abgeschwächt. So wurden die Regulierungen gelockert, was die CO2-Emissionen von Kraftwerken und den Treibstoffverbrauch von Neuwagen angeht.

Fakt oder Fiktion? Bis heute halten die Debatten an zwischen denjenigen, die nicht an einen Klimawandel glauben, und jenen, die die Beweislage für überzeugend halten. Zweifler argumentieren, es gebe nicht genügend Beweise dafür, dass Treibhausgase den Planeten aufheizen oder es künftig tun werden, aber 97 Prozent der Klimaforscher sind sich einig, dass es ausreichend Belege gibt, wonach der Klimawandel real ist und vom Handeln des Menschen verursacht wird. Zweifler sagen, zuverlässige Quellen für Temperaturdaten würden keinen

Trend hin zu einem Klimawandel zeigen. Wissenschaftler halten dagegen, dass sich seit 1998 jeder einzelne Teil des Klimasystems weiter und weiter erwärmt. Speziell das Jahr 2015 brach alle Temperaturrekorde. Eine Analyse der Temperaturdaten für die Jahre 2011 bis 2018 zeigte, dass rund 2600 der heißesten je gemessenen Werte 230 Kälterekorde gegenüberstanden. In einem stabilen Klima müsste das Verhältnis mehr oder weniger ausgeglichen sein. Klimawandel-Skeptiker sagen, dass die Computermodelle nicht genau genug seien, um künftige Klimaentwicklungen verlässlich vorhersagen zu können. Dem entgegnen Wissenschaftler, dass derartige Modelle bereits viele der Phänomene prognostiziert haben, für die empirische Beweise vorliegen.

Die Gasgesetze

Gase und ihre Eigenschaften Gase verfügen grundsätzlich über drei Eigenschaften: Sie lassen sich leicht komprimieren, sie expandieren leicht und sie nehmen mehr Raum ein als Flüssigkeiten oder Feststoffe. Gase üben Druck aus und weil die Moleküle über einen großen Bereich verstreut sind, hat Gas eine geringe Dichte. Viele Eigenschaften von Gasen beruhen auf fünf Grundannahmen der kinetischen Gastheorie. Die kinetische Gastheorie besagt:

- Gas setzt sich aus Molekülen zusammen und die Größe dieser Moleküle kann im Vergleich zu den Abständen zwischen den Molekülen vernachlässigt werden.

- Moleküle bewegen sich nach dem Zufallsprinzip in geraden Linien in beliebiger Richtung und in einer großen Spanne von Geschwindigkeiten.
- Die Moleküle üben keine Kräfte aufeinander aus, solange sie nicht kollidieren.
- Prallen Moleküle aufeinander, geht keine kinetische Energie verloren, somit sind die Zusammenstöße elastisch.
- Die absolute Temperatur eines Moleküls ist proportional zu seiner durchschnittlichen kinetischen Energie.

Das Boyle-Mariotte-Gesetz Das nach den Physikern Robert Boyle und Edme Mariotte benannte Gesetz besagt, dass bei gleichbleibender Temperatur ein umgekehrt proportionales Verhältnis zwischen Volumen und absolutem Druck besteht. Die Gleichung für das Gesetz lautet:

$$pV = k$$

p ist der Druck, V das Volumen und k eine Konstante, die sich ergibt, indem man den Druck mit dem Volumen multipliziert. Es existiert ein umgekehrtes Verhältnis zwischen Volumen und Druck, was bedeutet: Verdoppelt sich das Volumen, entwickelt sich der Druck umgekehrt, er würde sich also halbieren.

Das Gesetz von Charles Im frühen 19. Jahrhundert untersuchten Jacques Charles und Joseph-Louis Gay-Lussac, wie sich die Temperatur eines Gases auf dessen Volumen auswirkt. Das Gesetz zeigt, dass Gas expandiert, wenn man es erhitzt. Das Gesetz von Charles kann ausgedrückt werden als:

$$V \infty T$$

Die Gasgesetze

Andere Möglichkeiten wären:

$$V_2/V_1 = T_2/T_1 \text{ oder } V_1/T_1 = V_2/T_2 \text{ oder } V_1T_2 = V_2T_2$$

V steht für das Volumen, T für die absolute Temperatur. In jeder Formel nimmt das Volumen des Gases proportional zu, wenn die absolute Temperatur ansteigt.

Das Gesetz von Amontons Das Gesetz von Amontons führt das Boyle-Mariotte-Gesetz und das Gesetz von Charles fort und steht für zwei Ideen. Zum einen, dass Gase sich in einfachen Verhältnissen kombinieren (Wasser beispielsweise besteht einfach aus zwei Teilen Wasserstoff und einem Teil Sauerstoff). Zum anderen, dass der Druck einer Menge Gas bei konstantem Volumen proportional zur absoluten Temperatur ist. Das lässt sich ausdrücken als:

$$P/T = k \text{ oder } P \infty T$$

Das Gesetz von Avogadro 1811 stellte der italienische Chemiker Amedeo Avogadro die Hypothese auf, dass zwei Gase, bei denen Druck, Volumen und Temperatur identisch ist, auch dieselbe Zahl an Molekülen enthalten, und zwar unabhängig von ihren physischen oder chemischen Eigenschaften. Das Gesetz von Avogadro lässt sich ausdrücken als:

$$V/n = k.$$

V steht für das Volumen, n für die Zahl der Moleküle im Gas, k ist eine Konstante.

Anhand von Avogadros Gesetz wurde bestimmt, dass die ideale Gaskonstante (k) für jedes Gas denselben Wert hat, was bedeutet:

$$\frac{p_1 \cdot V_1}{T_1 \cdot n_1} = \frac{p_2 \cdot V_2}{T_2 \cdot n_2} = \text{Konstante}$$

Das Grahamsche Gesetz Das Grahamsche Gesetz befasst sich mit der Effusion, dem Prozess, bei dem Moleküle durch ein Loch aus einem Behältnis austreten und nicht kollidieren. Das Grahamsche Gesetz besagt, dass die Effusionsrate umgekehrt proportional zur Quadratwurzel der molaren Masse ist. Das Gesetz lässt sich ausdrücken als:

$$\frac{\text{Rate}_1}{\text{Rate}_2} = \frac{\sqrt{M_2}}{\sqrt{M_1}}$$

Rate$_1$ und Rate$_2$ sind die jeweiligen Effusionsraten für die ersten und zweiten Gase, M$_1$ und M$_2$ die jeweiligen molaren Massen der ersten und zweiten Gase.

Plasma

Was ist Plasma? Die drei bekanntesten Aggregatzustände sind »fest«, »flüssig« und »gasförmig«. Es gibt allerdings einen vierten, als Plasma bekannten Zustand und obwohl er keine definierte Form hat, tritt Materie im Universum in keinem anderen Aggregatzustand so häufig auf. Plasma ist Materie unter sehr hohem Druck und mit sehr hoher Temperatur. Sterne und der interstellare Staub enthalten Plasma (Plasma findet man beispielsweise auf der Sonne). Bei Plasma handelt es sich um eine Kombination aus freien Elektronen (die sich nicht in einer Umlaufbahn befinden), neutralen Atomen und geladenen Ionen. Plasma ist flüssig, aber aufgrund der geladenen Partikel reagiert Plasma auf elektromagnetische Kräfte und erzeugt elektromagnetische Kräfte.

Ionisationsgrad Damit Plasma existieren kann, muss es Ionisierung geben. Dabei wird ein Atom in ein Ion verwandelt, indem geladene Partikel entfernt und hinzugefügt werden. Selbst ein Gas, das über ein Prozent ionisierte Partikel verfügt, wird Eigenschaften von Plasma aufweisen. Der Ionisationsgrad hängt zu weiten Teilen von der Temperatur ab und entspricht dem Verhältnis der Ionen zur Gesamtzahl von Molekülen. Zur Berechnung des Ionisationsgrads arbeitet man mit folgender Formel:

$$\alpha = n_i/(n_i + n_a)$$

n_i steht für die Ionendichte, n_a für die Dichte neutraler Atome.

Temperaturen Für eine dauerhafte Ionisation werden extrem hohe Temperaturen benötigt, ansonsten fügen sich Elektronen und Ionen wieder zusammen, bilden ein Atom und das Plasma verwandelt sich in ein Gas. Bei Plasma unterscheidet man zwischen thermischem und nicht-thermischem Plasma. Thermisches Plasma verfügt über schwere Partikel und Elektronen in thermischem Gleichgewicht (also von identischer Temperatur). Beim nicht-thermischen Plasma sind die Elektronen viel heißer, also stärker ionisiert als die Ionen und die Neutronen. Die Plasma-Temperatur wird in Kelvin gemessen und ist die thermale oder kinetische Energie jedes Partikels.

Unterschiede zwischen Plasma und Gas Plasma verfügt weder über ein klar definiertes Volumen noch über eine klar definierte Form. Das hat es mit Gas gemein und ist dementsprechend auch am engsten mit Gas verwandt. Plasma ist ein eigener Aggregatzustand und unterscheidet sich in mehreren Aspekten von Gasen. Bei Gasen ist beispielsweise die elektrische Leitfähigkeit sehr gering, während Plasma so gut Elektrizität leitet, dass die Leitfähigkeit als unbegrenzt gelten kann. Und während sich sämtliche Gaspartikel ähnlich verhalten, agieren im Plasma Ionen, Elektronen, Neutronen und Protonen allesamt eigenständig. Bei Gasen ist das Aufeinanderprallen zweier Partikel die Norm, bei Plasma bilden sich Wellen, die über längere Bereiche hinweg interagieren.

Magnetisierung Wird Plasma magnetisiert, ist sein Magnetfeld so stark, dass es sich auf die Bewegung der geladenen Partikel auswirken kann. Ein Partikel schließt durchschnittlich eine einzelne vollständige Drehbewegung um das Magnetfeld herum ab, bevor es zu einer Kollision kommt. Häufig sind nicht die Ionen, sondern die Elektronen magnetisiert. Magnetisiertes Plasma wird als »anisotrop« bezeichnet, was heißt, dass die Richtung parallel zum Magnetfeld über andere Eigenschaften verfügt als diejenigen Richtungen, die lotrecht zum Magnetfeld sind.

Beispiele für Plasma Plasma findet sich nicht nur auf der Sonne und anderen Sternen, sondern auch auf der Erdoberfläche. Mit einer Temperatur von bis zu 28 000 Kelvin und einer Elektronendichte von bis zu 1024 m-3 gilt beispielsweise ein Blitzschlag als Plasma. Leuchtstofflampen, Funken, Flammen, Neonschilder, Plasmabildschirme und selbst Polarlichter sind weitere Beispiele für Plasma. Bei Neonschildern wird eine Glasröhre mit Gas befüllt. Wird der Strom eingeschaltet, lädt die Elektrizität das Gas auf und es entsteht Plasma.

Das Sonnensystem

Was ist das Sonnensystem? Das Sonnensystem besteht aus der Sonne, den Planeten Merkur, Venus, Erde, Mars, Jupiter, Saturn, Uranus und Neptun, Monden, die diese Planeten umkreisen, Zwergplaneten und dem Asteroidengürtel. Das Sonnensystem ist elliptisch geformt und in ständiger Bewegung. Das größte Objekt im Sonnensystem ist die Sonne und sie wird von allen anderen Objekten innerhalb des Systems umkreist. Das Alter des Sonnensystems wird auf rund vier Milliarden Jahre geschätzt.

Die Planeten In unserem Sonnensystem existieren acht Planeten. Merkur, Venus, Erde und Mars werden als die vier inneren Gesteinsplaneten kategorisiert. Sie sind kleiner und dichter, enthalten weniger Gas und bestehen in erster Linie aus Gestein oder Metall. Merkur und Mars verfügen noch nicht einmal über eine eigene Atmosphäre. Die vier anderen Planeten Jupiter, Saturn, Uranus und Neptun werden als äußere Planeten bezeichnet. Sie sind größer, verfügen über eine dichte Atmosphäre und einen kleinen Kern.

Die Sonne Die Sonne stellt den Mittelpunkt unseres Sonnensystems dar, ist der erdnächste Stern und das größte Objekt im Sonnensystem. 99,8 Prozent der Masse im Sonnensystem sind in der Sonne versammelt. Die Energie der Kernfusionen, die innerhalb der Sonne ablaufen, wird als Licht und Wärme ins All abgestrahlt. Auf der Oberfläche der Sonne herrscht eine Temperatur von 5800 Kelvin (über 5500 Grad Celsius).

Der Asteroidengürtel Asteroiden sind Gesteinsbrocken, die nach der Entstehung von Sonne und Planeten übrig blieben. Die meisten Asteroiden umkreisen die Sonne in einer Umlaufbahn zwischen Mars und Jupiter. Dieses Gebiet wird als der Asteroidengürtel bezeichnet, bislang hat man dort über 7000 Asteroiden entdeckt. Die Gesamtmasse der Asteroiden, die man im Asteroidengürtel gefunden hat, ist geringer als die Masse des Mondes.

Die Milchstraße Die Milchstraße ist eine spiralförmige Galaxie, zu der auch unser Sonnensystem gehört. Das Sonnensystem dreht sich um eine Sonne, aber die Milchstraße enthält zwischen 100 Milliarden und 400 Milliarden weitere Sonnen (plus Planeten und andere Objekte, die sie umkreisen). Und die Milchstraße wiederum ist nur eine von 100 Milliarden bis 200 Milliarden Galaxien, die von der Erde aus bislang registriert wurden.

Zwergplaneten Bis vor nicht allzu langer Zeit galt Pluto als Planet, doch mittlerweile wird er als Zwergplanet eingestuft. Als Kriterien für einen Zwergplaneten gelten: Sie umkreisen einen Stern; ihre ist Masse so groß, dass sie aufgrund der Schwerkraft eine rundliche Form angenommen haben; sie umkreisen keinen anderen Planeten; von der Masse her sind sie größer als ein Asteroid, aber nicht groß genug für einen Planeten. »Zwergplanet« ist keine Planetenkategorie, sondern vielmehr eine ganz andere Klasse von Objekten. In unserem Sonnensystem gibt es drei Zwergplaneten – Pluto, Ceres und Eris.

Der Urknall

Aus dem Nichts Wie ist das Universum entstanden? Die am weitesten akzeptierte Theorie geht von einem Urknall aus. Vor dem Entstehen des Universums herrschte buchstäblich das absolute Nichts, dann entstand vor 13,7 Milliarden Jahren im Rahmen einer sogenannten Singularität das Universum. Wissenschaftler vermuten, dass Singularitäten innerhalb schwarzer Löcher existieren und außerhalb der uns bekannten Gesetze der Physik stehen. In schwarzen Löchern übt die Schwerkraft einen enormen Druck aus und Materie wird zusammengedrückt. So entstand eine Singularität.

Das Universum expandiert Nachdem die Singularität entstanden war, weitete sie sich aus und blähte sich auf (der Urknall). Beim Urknall handelt es sich nicht um eine Expansion der Materie innerhalb eines bestehenden Raums, sondern vielmehr um das Entstehen und Expandieren des Raums und der Materie. Der Urknall begann mit extrem hohen Temperaturen, die sich im Verlauf der Expansion abzukühlen begannen. Bis heute setzt sich diese Ausdehnung und Abkühlung fort.

Beweise für den Urknall Es gibt zahlreiche Belege dafür, dass die Urknalltheorie den Ursprung des Universums korrekt beschreibt. Die Wissenschaftler sind sich einig darin, dass das Universum einen Anfang hatte. Die 1929 entdeckte Hubble-Konstante besagt, dass Galaxien sich in einer Geschwindigkeit voneinander entfernen, die in Proportion zu ihrer Entfernung steht. Das bedeutet, dass das Universum einst kompakt war und sich inzwischen ausdehnt. Außerdem haben Wissenschaftler Überreste von Hitze entdeckt, die durch das Universum reist und zur ursprünglichen Hitze des Urknalls gehören soll.

Falsche Vorstellung Beim Urknall handelt es sich nicht, wie man vermuten könnte, um eine Explosion, sondern um eine (bis heute andauernde) Expansion. Manche stellen sich die Singularität als einen Feuerball im Weltraum vor, doch tatsächlich gab es bis zum Urknall weder Weltraum, Zeit, Energie noch Materie. Der Weltraum begann erst mit der Singularität. Wo die Singularität auftauchte, wenn es doch keinen Weltraum gab, können die Wissenschaftler bislang nicht erklären.

Andere Theorien Die Urknalltheorie ist nicht die einzige Theorie zur Entstehung des Universums. Der Physiker Robert Gentry stellte 2003 die These auf, die Ursprünge des Urknalls seien in einem fehlerhaften Paradigma zu suchen. Gentrys Theorie beruhte auf Einsteins Paradigma eines statischen Universums, mit einem Zentrum, das sich weder ausdehnt noch zusammenzieht. Der 2020 verstorbene Gentry vertrat die These, dies würde auch die bislang entdeckten Beweise erklären.

Welche Rolle spielt Gott? Der Urknall ist auch deshalb ein umstrittenes Thema, weil es die Rolle eines Gotts bei der Entstehung des Universums infrage stellt. Einige Religionen haben keine Probleme mit der Urknalltheorie und haben sie in ihr Glaubenssystem übernommen, während die Anhänger anderer Religionen sich weigern, daran zu glauben. 1951 erklärte Papst Pius XII., die Urknalltheorie stehe im Einklang mit katholischen Glaubenssätzen.

Galileo Galilei

Wer war Galileo Galilei? Der italienische Mathematiker, Physiker, Philosoph und Astronom Galileo Galilei spielte eine zentrale Rolle bei der wissenschaftlichen Revolution, die zum Ende der Renaissance hin einsetzte und sich die Aufklärung hindurch bis ins 18. Jahrhundert fortsetzte. Galilei lebte von 1564 bis 1642 und gilt als Vater der »modernen Wissenschaft«. Seine Leistungen für die Wissenschaft sind bis zum heutigen Tag ausgesprochen bedeutsam.

Das Teleskop 1609 hörte Galilei von einer Erfindung aus den Niederlanden, einem Gegenstand, mit dem man Dinge betrachten konnte, die sich in größerer Entfernung befanden – das Fernglas. Entschlossen, hinter das Geheimnis der Erfindung zu kommen, machte sich Galilei daran, ein eigenes Fernglas zu bauen. Obwohl er nie zuvor ein Fernglas gesehen und nur Gerüchte darüber gehört hatte, entwickelte er innerhalb von 24 Stunden ein Teleskop mit dreifacher Verstärkung.

Er nahm einige Veränderungen vor, dann präsentierte er der Ratsversammlung von Venedig das Gerät, das inzwischen zu zehnfacher Verstärkung imstande war, und erläuterte dem Rat die Funktionsweise.

Der Mond Zu Galileis Zeiten herrschte die Meinung, der Mond sei spiegelglatt und poliert. Als Galilei jedoch seine neue Erfindung auf den Mond richtete, fiel ihm auf, dass die Oberfläche alles andere als glatt war, sondern rau, voller Höhlen und Krater, Höhen und Senken. Die Menschen taten Galileis Beobachtungen ab. Einige argumentierten sogar, die Mondoberfläche sei von einer unsichtbaren glatten Kristallhülle überzogen.

Jupiter Ab Januar 1610 verfügte Galilei über ein Teleskop mit 30-facher Auflösung. Während er sein Teleskop auf die Sterne richtete, konzentrierte er sich auf den Jupiter und registrierte drei helle Sterne in einer geraden Linie in der Nähe des Planeten. Als er am nächsten Abend erneut die Sterne beobachtete, fand er die drei Sterne westlich des Planeten, aber noch immer in einer geraden Linie. Mit der Zeit gelangte Galilei zu der Erkenntnis, dass es sich um Trabanten des Jupiter handeln musste und dass diese den Planeten umkreisten. Doch wenn es Trabanten gab, die um einen anderen Planeten kreisten, bedeutete dies möglicherweise, dass die Erde im Widerspruch zur vorherrschenden Meinung doch nicht den Mittelpunkt des Universums darstellte.

Galilei und die Kirche Galilei fand weitere Dinge über die unterschiedlichen Planeten heraus, doch mit seinen Entdeckungen geriet er immer mehr in Widerspruch zu den Ansichten der Kirche. Als tiefreligiöser Mensch glaubte Galilei an die Bibel, doch er war überzeugt, in dieser Angelegenheit richtig zu liegen und dass man die Bibel nicht wortwörtlich nehmen solle. Die Kirche klagte ihn deshalb der Ketzerei an. Er wurde schließlich für unschuldig befunden, aber 16 Jahre später stellte man ihn wegen eines Buchs, das er über das Kopernikanische Weltbild geschrieben hatte, unter lebenslangen Hausarrest.

Das Kopernikanische Weltbild und Galilei Galilei glaubte an das heliozentrische Weltbild des Nikolaus Kopernikus und verbreitete dessen Thesen weiter. Kopernikus hatte erklärt, die Erde stehe keineswegs im Mittelpunkt des Universums. 1822 nahm die Katholische Kirche das Buch, das zu Galileis Hausarrest geführt hatte, vom Index, 1992 erklärte der Vatikan öffentlich und in aller Form, Galileo Galilei habe sich kein Fehlverhalten zuschulden kommen lassen.

Das Periodensystem

Was ist das Periodensystem? Das Periodensystem stellt in Form einer Tabelle sämtliche Elemente dar. Aktuell sind 118 Elemente bekannt. Sie sind innerhalb der Tabelle danach geordnet, wie sie aussehen und wie sie sich verhalten. Auch die Reihen und Spalten eines Periodensystems haben eine besondere Bedeutung. Elemente, die in derselben Reihe (der sogenannten Periode) stehen, haben etwas gemein. Die Elemente in der Mitte der Tabelle bezeichnet man als Übergangselement.

Die Geschichte des Periodensystems Das heute verwendete Periodensystem entwickelte 1869 Dmitri Mendelejew, allerdings war es keineswegs das erste Periodensystem. Bereits 1789 war eine Liste von 33 chemischen Elementen veröffentlicht worden, die eine Unterteilung in Erden, Gase, Metalle und Nichtmetalle enthielt. 1829 erkannte Johann Wolfgang Döbereiner, dass sich Elemente auf der Grundlage ihrer chemischen Eigenschaften in Dreiergruppen (Triaden) bündeln ließen. Bis 1869 gab es mehrere Versuche, das System zu perfektionieren. Mendelejews Periodensystem war deshalb so besonders, weil es Lücken für noch nicht entdeckte Elemente ließ. Außerdem ignorierte es an einigen Stellen die Reihenfolge nach Atomgewicht, um Elemente besser zu chemischen Familien gruppieren zu können.

Gruppen Die vertikalen Spalten im Periodensystem werden Gruppen genannt. Sie sind der wichtigste Weg, Elemente zu klassifizieren. Im aktuellen Format sind die Gruppen von links nach rechts von 1 bis 18 nummeriert. Bei den Elementen einer Gruppe sind die Hüllen der äußersten Elektronen eines Atoms ähnlich konfiguriert. Die Gruppen tragen Namen wie beispielsweise Alkalimetalle, Erdalkalimetalle, Halogene, Stickstoffgruppe oder Sauerstoffgruppe.

Perioden Die horizontalen Spalten des Periodensystems werden als Perioden bezeichnet. Alle Elemente innerhalb einer Periode verfügen über dieselbe Zahl an Elektronenhüllen. Aktuell liegt die maximale Zahl von Elektronenhüllen für ein Element bei sieben. Im Verlauf einer Periode steigt die Atomzahl an, also die Menge an Protonen, die man im Atomkern findet.

Blöcke Angrenzende Gruppen heißen Blöcke oder Familien. Es gibt fünf Blöcke: den s-Block (die ersten beiden Gruppen), den p-Block (die letzten sechs Gruppen, ausgenommen Helium), den d-Block (die äußeren Übergangsmetalle), den f-Block (Teile der Lanthanoiden und Actinoiden) und der g-Block (der hypothetisch ist, bislang gibt es keine Elemente im g-Block). Diese Blöcke spiegeln die Anordnung der Elektronen wider.

Die Namen der Elemente Die Namensgebung der Elemente ist ein komplexer Vorgang. Manchmal ist es nur der erste Buchstabe des Elements (»O« für Oxygen, also Sauerstoff, »H« für Hydrogen, also Wasserstoff), manchmal ist es der Anfang des lateinischen Namens (»Au« für Gold, lateinisch »aurum«). Es kann sich aber auch um den Namen der Person handeln, die dieses Element entdeckt hat, oder auf etwas völlig anderes zurückgehen. Polonium beispielsweise wird als »Po« abgekürzt, was für »Polen« steht. Marie Curie, die das Element zusammen mit ihrem Ehemann Pierre Curie entdeckte, stammte aus Polen.

Chemische Formeln

Was sind chemische Formeln? Mithilfe einer chemischen Formel lässt sich auf einfache und leicht verständliche Weise ausdrücken, wie eine chemische Verbindung aussieht und welche Elemente daran beteiligt sind. Wenn man die Elemente niederschreibt und mehr als ein Atom eines bestimmten Elements präsent ist, wird dies durch eine tiefergestellte Zahl angezeigt, wobei die Zahl ausdrückt, um wie viele Atome es sich handelt. Die Formel für Wasser beispielsweise lautet H_2O. Das bedeutet, Wasser setzt sich zusammen aus zwei Wasserstoffatomen (H) und einem Sauerstoffatom (O).

Polymere Polymere sind Makromoleküle, die aus sich wiederholenden Struktureinheiten bestehen. Schreibt man die Formel eines Polymers auf, muss man nicht jede einzelne der sich wiederholenden Einheiten festhalten. Stattdessen arbeitet man mit Klammern und einer tiefergestellten Zahl, um anzuzeigen, mit wie vielen Wiederholungen man es zu tun hat. Beim Kohlenwasserstoffmolekül $CH_3(CH_2)_{50}CH_3$ wiederholt sich CH_2 50-mal.

Ionen Ionen sind Atome, die entweder positiv oder negativ geladen sind. Das liegt daran, dass die Zahl der Elektronen im Atom nicht identisch zur Zahl der Protonen ist. Bei Ionen wird durch ein nachgestelltes und hochgestelltes Symbol angezeigt, ob die Ladung positiv oder negativ ist, zum Beispiel Na+. Bei komplexeren Ionen wird mit eckigen Klammern (und runden Klammern innerhalb der eckigen Klammern) gearbeitet.

Isotope Isotope sind Versionen eines Elements mit unterschiedlicher Neutronenzahl. Sie werden der Formel vorangestellt und hochgestellt. Das Isotop Uran 235 beispielsweise wird als ^{235}U ausgedrückt. Die »235« bezieht sich auf die Zahl von Neutronen und Protonen insgesamt, also auf die Atommasse.

Die empirische Formel Das Verhältnis der Elemente innerhalb einer Verbindung lässt sich am einfachsten mithilfe der empirischen Formel ausdrücken. Die Molekülformel für Glukose beispielsweise ist $C_6H_{12}O_6$. Die empirische Formel jedoch bricht dies weiter auf die einfachste mögliche Form herunter, Glukose wird also als CH_2O ausgedrückt.

Das Hill-System Eine andere Methode für das Aufschreiben chemischer Formeln ist das Hill-System. Dabei führt man zunächst die Zahl der Kohlenstoffatome an, dann folgt Wasserstoff und dann in alphabetischer Reihenfolge die anderen Elemente. Uranoxid beispielsweise wird in der chemischen Notation als U_3O_8 notiert, im Hill-System dagegen als O_8U_3. Dieses System wird häufig für Datenbanken verwendet.

Isaac Newton

Über Isaac Newton Sir Isaac Newton (1642–1727) ist vor allem für sein Gravitationsgesetz und seine Bewegungsgesetze bekannt. Er erfand die Infinitesimalrechnung und entdeckte das Lichtspektrum. 1661 begann er an der Universität von Cambridge zu studieren, musste aber aufgrund einer Pestepidemie zurück nach Hause. Sechs Jahre später kehrte er nach Cambridge zurück und erfand dort 1668 das Spiegelteleskop. 1687 erschien sein größtes Werk, *Philosophiae Naturalis Principia Mathematica (Die mathematischen Grundlagen der Mathematik)*. Darin beschreibt er die Rolle der Schwerkraft.

Newtons Gravitationsgesetz Besonders bekannt ist dieses Gesetz wohl für die Geschichte, die im Zusammenhang mit seiner Entdeckung erzählt wird: Newton sah, wie ein Apfel von einem Baum fiel, und schlussfolgerte, dass eine bestimmte Kraft auf den Apfel einwirken müsse – Gravitation. Selbst wenn der Apfelbaum der allerhöchste Apfelbaum überhaupt ist, wirkt die Schwerkraft auf ihn ein. In seinem Gravitationsgesetz erklärt Newton, dass jedes Objekt alle anderen Objekte mit einer Kraft anzieht, die entlang einer Linie zwischen den Massepunkten der Objekte verläuft. Ihre Stärke ist proportional zum Produkt der beiden Massen und umgekehrt proportional zum Quadrat des Abstandes, der zwischen beiden Objekten liegt.

Die Formel besagt:

$$F_g = G\frac{m_1 m_2}{r_2}$$

F_g = Gravitationskraft
m_1 und m_2 = Massen
r = Entfernung zwischen den Massen
G = Gravitationskonstante

Newtons erstes Bewegungsgesetz In seinem ersten Bewegungsgesetz befasst sich Newton mit der Trägheit. Es besagt, dass sich ein bewegungsloses Objekt nicht bewegen und ein sich bewegendes Objekt sich in einer geraden Linie mit gleichbleibender Geschwindigkeit fortbewegen wird, sofern nicht eine Kraft darauf einwirkt. Ist die Summe aller Kräfte null, kommt es nicht zu einer Beschleunigung oder einer Änderung der Geschwindigkeit. Ist die Summe aller Kräfte nicht null, kommt es zu einer Beschleunigung und einer Veränderung der Geschwindigkeit.

Newtons zweites Bewegungsgesetz Im zweiten Bewegungsgesetz legt Newton dar, wie sich die Geschwindigkeit eines Objekts verändert, wenn es geschoben oder gezogen wird. Übt man Kraft auf ein Objekt aus, verändert sich die Beschleunigung oder Geschwindigkeit in die Richtung, in die man es zwingt. Die Beschleunigung ist direkt proportional zur Kraft (schiebt man etwas doppelt so stark, wird es sich doppelt so schnell fortbewegen). Die Beschleunigung ist umgekehrt proportional zur Masse. Das zweite Gesetz kann als $F = ma$ zusammengefasst werden, wobei F die Kraft ist, m die Masse und a die Beschleunigung.

Newtons drittes Bewegungsgesetz Newtons drittes Bewegungsgesetz befasst sich mit mehr als einem Objekt. Dem Gesetz zufolge gibt es für jede Kraft eine entgegengesetzte und ebenbürtige Kraft. Anders formuliert: Für jedes F gibt es ein $-F$. Schieben Sie etwas, wird es zurückdrücken. Prallen zwei Objekte aufeinander, ist eine gegensätzliche und ebenbürtige Kraft präsent.

Das Farbenspektrum Sir Isaac Newton hat als Erster beschrieben, dass weißes Licht aus einer Vielzahl von Farben des Farbenspektrums besteht. Mit einem Prisma konnte er das Licht in ein Farbenspektrum zerlegen und mithilfe eines anderen Prismas anschließend belegen, dass erneut weißes Licht entsteht, wenn man die Farben wieder miteinander verbindet. Newton stellte die Theorie auf, dass Licht aus Partikeln besteht, aber um die Lichtbrechung erklären zu können, assoziierte er die Eigenschaft des Lichts mit Wellen.

Quantenmechanik

Quantenmechanik ist das Studium von Partikeln wie Protonen, Elektronen, Photonen und Atomen sowie deren Bewegung auf atomarer und subatomarer Ebene. Die Quantenmechanik lehrt, dass sich die Teilchen auf derart mikroskopischer Ebene völlig anders verhalten, als man es intuitiv erwarten würde. Zwischen der Quantenmechanik und Newtons Gesetzen gibt es gewaltige Unterschiede, beispielsweise wenn es darum geht, ob ein Partikel nur einen einzigen Energiewert haben kann. Auch kann sich für den Aufenthaltsort eines Partikels nur eine Wahrscheinlichkeit errechnen lassen.

Heisenbergs Unschärferelation Als ein grundlegendes Prinzip der Quantenmechanik gilt Heisenbergs Unschärferelation. Der deutsche Physiker Werner Heisenberg stellte die These auf, dass jeder Teil der Beobachtung von Partikeln die Partikel beeinflusst. Selbst das Licht, das den Physikern beim Beobachten hilft, beeinflusst die Reaktion der Partikel und verändert die Geschwindigkeit. Um ein Partikel zu verstehen, muss man es messen, aber das Messen beeinflusst es. Um dies auszugleichen, müssen Quantenphysiker Gedankenexperimente ausarbeiten, mit deren Hilfe sich die Interpretationen der Quantenmechanik nachweisen oder widerlegen lassen.

Schwarzkörperstrahlung Ein Schwarzer Körper ist ein theoretisches Objekt, das die Strahlung aller Wellenlängen, die auf dieses Objekt fallen, absorbiert. Es ist der perfekte Absorbierer und erscheint schwarz, weil es bei normalen Temperaturen kein Licht reflektiert. Laut dem Prévostschen Satz ist der Schwarze Körper nicht nur der beste Absorbierer von Strahlung, er ist zugleich auch der beste Strahler. Ist ein Schwarzer Körper heißer, wird er Strahlung kürzerer Wellenlängen abstrahlen. Bei höherer Temperatur wird er blau erscheinen, bei geringerer rot.

Bohrsches Atommodell 1915 überarbeitete Niels Bohr das Rutherfordsche Modell zum Aufbau von Atomen. Das Bohrsche Modell dreht sich um negativ geladene Elektronen, die einen positiv geladenen Kern umkreisen. Bohr zufolge weisen die Umlaufbahnen der Elektronen eine spezielle Größe und Energie auf. Die Energie steht im Zusammenhang mit der Größe der Umlaufbahn: Die geringste Energie findet sich in der kleineren Umlaufbahn. Wechseln Elektronen von Umlaufbahn zu Umlaufbahn, wird Strahlung entweder abgegeben oder absorbiert. Es gibt einige Kritik am Bohrschen Modell – beispielsweise berücksichtigt es Heisenbergs Unschärferelation nicht – und es sagt auch nicht die Intensität von Spektrallinien voraus.

Schrödingers Katze Erwin Schrödinger entwickelte eines der berühmtesten Paradoxe der Quantentheorie. In seinem theoretischen Experiment wird eine Katze in eine Stahlkiste gesetzt, die einen Behälter mit einer radioaktiven Substanz enthält und einen Behälter mit Blausäure. Zerfällt nur ein Atom der radioaktiven Substanz, wird der Behälter mit Blausäure zerschlagen und die Katze stirbt. Ob die Katze tot ist oder nicht, weiß der Beobachter allerdings erst, wenn er die Kiste öffnet. Das heißt, bis dahin muss die Katze in Berechnungen sowohl als tot als auch als lebendig gelten. Das bezeichnet man als Quanten-Unbestimmtheit und es bedeutet, dass es, bis eine Messung erhoben wurde, keine Ergebnisse gibt.

Der photoelektrische Effekt Albert Einstein beschrieb als Erster den photoelektrischen Effekt und wurde dafür 1921 mit einem Nobelpreis für Physik ausgezeichnet. Einstein erklärte, dass Strom durch ein Stück Metall fließt, wenn Licht darauf fällt. Das Licht versorgt die Elektronen in den Atomen des Metalls mit Energie und sie beginnen, sich zu bewegen und Strom zu generieren. Nicht jedes Licht bewirkt diesen Effekt. Einstein kam zu der Schlussfolgerung, dass Licht nicht länger als Welle angesehen werden sollte, sondern dass Licht vielmehr aus Photonen bestehe, die sich wie Partikel verhalten.

Albert Einstein

Über Albert Einstein Einstein zählt – zu Recht – zu den berühmtesten Wissenschaftlern aller Zeiten. Er wurde 1879 in Ulm geboren, studierte in Zürich Physik und Mathematik und nahm 1905 die Schweizer Staatsbürgerschaft an. 1909 wurde er Professor für theoretische Physik an der Universität Zürich, ein Jahr später Professor an der Deutschen Universität in Prag. 1913 nahm ihn die Preußische Akademie der Wissenschaften auf und während er in Berlin lehrte, wurde er erneut deutscher Staatsbürger. Als 1933 die NSDAP an die Macht gelangte, wanderte Einstein in die Vereinigten Staaten aus. Dort lehrte er bis zu seinem Tod im Jahr 1955 am Institute of Advanced Study in Princeton.

Relativitätstheorie Einsteins Relativitätstheorie lässt sich in zwei Abschnitte unterteilen: in die 1905 veröffentlichte spezielle Relativitätstheorie und die 1915 veröffentlichte allgemeine Relativitätstheorie. Die spezielle Relativitätstheorie besagt, dass unabhängig von der jeweiligen Geschwindigkeit die Gesetze der Physik Bestand haben und dass die Lichtgeschwindigkeit stets konstant bleibt. Anders gesagt: Ob Sie sich bewegen, können Sie nicht wissen, solange Sie kein anderes Objekt sehen. Dennoch gelten die Gesetze der Physik. Die allgemeine Relativitätstheorie greift diese Ideen auf und besagt, dass man den Unterschied zwischen Schwerkraft und Trägheit nicht kennen kann und dass Schwerkraft zwar wie eine Kraft agiert, aber keine ist. Schwerkraft krümmt die Raumzeit.

$E = mc^2$ Aus Einsteins spezieller Relativitätstheorie stammt eine der berühmtesten mathematischen Formeln aller Zeiten – $E = mc^2$. Sie besagt, dass Energie (E) gleich Masse (m) mal Lichtgeschwindigkeit (c) zum Quadrat ist. Diese Gleichung besagt im Grunde, dass Masse eine andere Form der Energie ist.

Totale Sonnenfinsternis Lichtphotonen besitzen keine Masse, sie verfügen jedoch über Energie. Und gemäß Einsteins Formel $E = mc^2$ verhält sich Energie wie Masse. Das bedeutet, das Schwerkraftfeld der Sonne krümmt auch das Licht anderer Sterne. Am 29. Mai 1919 studierte der britische Astronom Arthur Eddington während einer totalen Sonnenfinsternis die Position der Sterne und bestätigte Einsteins Theorie: Beobachtet man während einer Sonnenfinsternis die Sterne, scheint es, als hätten die Sterne ihre Position verändert. Das bedeutet, das Schwerkraftfeld der Sonne wirkt sich in der Tat auf das Licht aus.

Brownsche Bewegung Einsteins dritte wissenschaftliche Arbeit im Jahr 1905 befasste sich mit der zufälligen Bewegung kleiner Teilchen in Flüssigkeiten und Gasen. Die Brownsche Bewegung ist nach Robert Brown benannt, der 1827 über die Bewegung von Pollenpartikeln in Wasser schrieb. Er kam jedoch niemals dahinter, was der Grund für die Bewegung ist. Einstein hingegen gelangte zu der Schlussfolgerung, dass Wassermoleküle die Pollen treffen und in Bewegung versetzen. Die Pollenpartikel waren sichtbar, die Wassermoleküle nicht, dadurch wirkte es so, als würden sich die Partikel ruckartig bewegen. Einstein konnte zudem nachweisen, mit welcher Geschwindigkeit sich die Wassermoleküle bewegen, wie viele Moleküle einen einzelnen Pollen treffen und welche Atomeigenschaften überprüft werden können.

Einsteins Gehirn Albert Einstein starb am 18. April 1955 im Alter von 76 Jahren. Sein Leichnam wurde verbrannt, doch sein Gehirn behielt man für Forschungszwecke. Bis 1999 vertraten die Wissenschaftler die Ansicht, Einsteins Gehirn unterscheide sich nicht von einem ganz gewöhnlichen Gehirn. Dann jedoch stellte man fest, dass Einsteins Gehirn ein bestimmter Lappen fehlte, das Operculum parietale. Das wurde dadurch kompensiert, dass andere Abschnitte seines Gehirns, etwa der untere Frontlappen, besonders groß waren. Dieser Teil des Gehirns spielt beim mathematischen Denken und der visuellen Vorstellungskraft eine Rolle.

Stringtheorie

Theoretische Physik In der theoretischen Physik werden Aspekte der Natur mithilfe der Mathematik erklärt. Die Formeln, die die Wissenschaft entwickelt, können nicht an einem realen Modell getestet werden. Das unterscheidet die theoretische Physik von der empirischen Physik. Eine These der theoretischen Physik sollte, gestützt auf bekannte Beobachtungen, bestimmte Phänomene genau erklären und vorhersagen können. Die Stringtheorie zählt zu den bekanntesten Theorien der theoretischen Physik und wird häufig als »Weltformel« oder »Theorie von allem« bezeichnet. Die Stringtheorie versucht zu erklären, wie sich die Schwerkraft mit der Quantenphysik vereinbaren lässt.

Strings und Brane Die Stringtheorie entstand in den 1970er-Jahren und damals war man der Ansicht, dass Strings, kleine Energiefäden, eindimensional seien und dass es sie in zwei Arten gebe – offen und geschlossen (stellen Sie sich ein gerissenes Gummiband vor und ein intaktes). Diese sogenannten Typ-1-Strings konnten fünf unterschiedliche Interaktionen durchlaufen und Physiker glaubten, die geschlossenen Strings könnten die Schwerkraft beschreiben. Später stellte sich heraus, dass neben Strings auch noch Brane beteiligt sind, eine Art Blatt, an dem die Strings mit einem oder beiden Enden ankoppeln.

Quantengravitation In der modernen Physik gibt es zwei Grundgesetze, die für zwei unterschiedliche Studienfelder stehen: allgemeine Relativität und Quantenphysik. Die allgemeine Relativität studiert die Natur in großem Rahmen, also

Planeten, Galaxien und das gesamte Universum. Die Quantenphysik wiederum befasst sich mit den allerkleinsten Objekten, die die Natur kennt. Die Stringtheorie stellt den Versuch dar, diese beiden sehr unterschiedlichen Theorien miteinander zu vereinen. Eine Theorie, auf die das zuträfe, wird als Theorie der Quantengravitation bezeichnet und man glaubt, dass die Stringtheorie in dieser Hinsicht die vielversprechendsten Ergebnisse liefert.

Große vereinheitlichte Theorie Es gibt vier Grundkräfte im Universum – Schwerkraft, schwache Wechselwirkung, starke Wechselwirkung und die elektromagnetische Kraft – und die Stringtheorie versucht, sie zu vereinheitlichen. Bislang handelt es sich um vier völlig eigenständige und unterschiedliche Phänomene. Wissenschaftler glauben jedoch, mithilfe der Stringtheorie einen Weg entdeckt zu haben, sie zu vereinheitlichen. Der Theorie nach werden alle vier Kräfte durch Strings beschrieben, die in der Frühphase des Universums, als die Energielevel extrem hoch waren, interagierten.

Supersymmetrie Das Universum besteht aus zwei Arten von Partikeln – Fermionen und Bosonen. In der Stringtheorie gibt es die Annahme, dass zwischen den beiden eine Verbindung besteht, die sogenannte Supersymmetrie, und dass die eine Art von Partikel existieren muss, damit die andere existieren kann. Die Idee der Supersymmetrie entstand unabhängig von der Stringtheorie und wurde Mitte der 1970er-Jahre in die Stringtheorie integriert, wodurch sie zur Superstringtheorie wurde. Noch handelt es sich um eine theoretische Annahme, da es den Forschern bislang nicht gelungen ist, die Partikel zu beobachten. Zur Begründung, warum es Supersymmetrie geben müsste, verweisen die Forscher darauf, wie viel Energie zur Herstellung der Partikel erforderlich ist. Als sich aufgrund des Urknalls die Energie ausbreitete, hätten die Partikel ohne Supersymmetrie ansonsten in niedrigere Energie zerfallen müssen.

Zusätzliche Dimensionen Unser Universum ist zurzeit dreidimensional – oben/unten, vorne/hinten, links/rechts. Die Stringtheorie ergibt jedoch nur dann Sinn, wenn es mehr als drei Dimensionen gibt. Wissenschaftler halten auch Erklärungen dafür bereit, wo diese zusätzlichen Dimensionen zu finden sind. Einer Theorie zufolge gibt es sechs Dimensionen, die aber so eng zusammengerollt sind, dass wir sie niemals werden identifizieren können. Ein anderer Erklärungsversuch besagt, dass die anderen Dimensionen unzugänglich sind, weil wir auf einer dreidimensionalen Brane feststecken und diese anderen Dimensionen von unserer Brane abzweigen.

Fotosynthese

Was ist Fotosynthese? Bei der Fotosynthese wandeln Pflanzen und einige Bakterienarten die Energie des Sonnenlichts in eine für sie nutzbare Energie um. Das Sonnenlicht wird zunächst in Zucker und dann durch die sogenannte Zellatmung in Adenosintriphosphat (ATP) verwandelt. Pflanzen benötigen Wasser und Kohlendioxid. Im Rahmen der Fotosynthese setzen sie Sauerstoff frei. Ohne Fotosynthese gäbe es kein Leben. Der Prozess der Fotosynthese lässt sich zusammenfassen als:

$$6CO_2 + 6H_2O \rightarrow 6(CH_2O) + 6O_2$$

Die Produkte sind $6(CH_2O)$, Energie in Form von Zucker und Sauerstoff.

Blattstruktur Die für die Fotosynthese wichtigsten Organe einer Pflanze sind die Blätter. Sie spielen eine zentrale Rolle, wenn es darum geht, Kohlendioxid und Wasser herein und Sauerstoff und Zucker hinauszulassen. Wenn Wasser durch die Wurzeln fließt, wird es über die Zellen zu den Blättern transportiert. Das Blatt ist von einer Wachsschicht bedeckt, der Cuticula. Sie verhindert, dass Kohlendioxid eindringt und Sauerstoff entweicht. Aus diesem Grund haben die Blätter winzige Öffnungen, die Stomata, durch die Kohlendioxid und Sauerstoff hinein beziehungsweise hinaus gelangen können.

Chloroplasten und Chlorophyll Pflanzenzellen verfügen mit den Chloroplasten über spezielle Organellen, die es in der Tierwelt nicht gibt. Die Chloroplasten produzieren mittels Fotosynthese Zucker und Stärke. Sie enthalten zudem das Molekül Chlorophyll, ein Pigment, das die Lichtenergie absorbiert und Pflanzen ihre grüne Farbe verleiht. Das Sonnenlicht trifft die Pflanze und bis auf Grün werden alle Wellenlängen absorbiert, Grün wird reflektiert. Trifft das Licht auf die Chloroplasten, nutzt das Chlorophyll die Energie der Sonne, um Wasser und Kohlendioxid zu verbinden. Daraus entstehen Zucker und Sauerstoff.

Lichtreaktionen Die Fotosynthese läuft in zwei Phasen ab – der Lichtreaktion und der Dunkelreaktion. Lichtreaktionen treten in den Chloroplasten und den Thylakoiden auf. Bei diesem Prozess wird Lichtenergie absorbiert und in chemische Energie umgewandelt. Gleichzeitig wird Wasser gespalten und Sauerstoff freigesetzt. Lichtreaktionen verfügen über zwei Fotosysteme (Fotosystem I und Fotosystem II), die das Licht einsammeln. Das Chlorophyll in Fotosystem I absorbiert das Licht stärker. Die beiden Produkte der Lichtreaktionen sind ATP und NADPH2.

Dunkelreaktionen Die lichtunabhängigen Prozesse oder Dunkelreaktionen laufen in den Stromata der Chloroplasten ab. Dabei wird Kohlendioxid aus der Atmosphäre eingefangen und mithilfe des ATP und des $NADPH_2$ aus dem lichtabhängigen Prozess in Glukose verwandelt. Dieser Prozess benötigt kein Licht und läuft unabhängig davon, wie viel Licht zur Verfügung steht. Ein 5-Carbon-Zucker wird mit Kohlendioxid zu einem 6-Carbon-Zucker kombiniert. Dieser Zucker wird dann aufgespalten in Fruktose und Glukose, aus der Saccharose besteht.

Der Kohlenstoffzyklus Beim Atmen produzieren Lebewesen Kohlendioxid. Dieses Kohlendioxid wird von Pflanzen aufgenommen und dient dazu, organische Nährstoffe herzustellen. Die Pflanzen werden dann von Tieren gefressen (es findet ein Kohlenstofftransfer statt), dieses Tier wird von einem anderen Tier gefressen (es findet erneut ein Kohlenstofftransfer statt). Wenn Pflanzen und Tiere sterben, setzt ein Verwesungsprozess ein, bei dem Kohlenstoff in den Erdboden gelangt. Ein Teil dieses Kohlenstoffs bleibt in der Erde und verwandelt sich mit der Zeit in fossile Brennstoffe. Wenn Menschen fossile Brennstoffe verwenden, setzen sie Kohlenstoff in Form von gasförmigem Kohlendioxid frei. Der Kohlenstoff gelangt über die Atmosphäre in die Ozeane und andere Gewässer.

Zellen

Kleinste lebende Einheit Zellen sind die kleinsten lebenden Einheiten im Körper eines Organismus. Jede Zelle hat ihre speziellen Eigenschaften und Aufgaben. Einige Organismen wie beispielsweise der Mensch, Tiere und Pflanzen sind vielzellig, bestehen also aus sehr, sehr vielen Zellen (beim Menschen liegt die Zahl in den Billionen). Andere Organismen, Bakterien beispielsweise, sind Einzeller. Tiere und Pflanzen zählen zu den Eukaryoten, was heißt, dass ihre Zellen über einen klar definierten Zellkern verfügen.

Prokaryotische und eukaryotische Zellen Es existieren zwei Grundarten von Zellen – prokaryotische und eukaryotische. »Prokaryotisch« bedeutet so viel wie »vor einem Zellkern«, »eukaryotisch« bedeutet »guter Zellkern«. Die zellkernlosen Prokaryoten sind üblicherweise Einzeller und waren die ersten Organismen, die die Erde besiedelten. Bakterien sind Prokaryoten. Eukaryotische Zellen hingegen verfügen über Zellkern und Organellen.

Pflanzenzellen Zellen in Pflanzen und Zellen in Tieren sind von der Struktur her ähnlich, aber es gibt auch große Unterschiede. Pflanzenzellen besitzen sehr feste Wände aus Zellulose und enthalten Chloroplasten. Diese Chloroplasten enthalten Chlorophyll und nutzen das Sonnenlicht für den Prozess der Fotosynthese. Chloroplasten sind auch der Grund dafür, dass Pflanzen grün sind. Pflanzenzellen besitzen eine große zentrale Vakuole und ihre Zellwände verfügen über Poren, die sich zur Übertragung von Informationen miteinander verbinden.

Tierzellen Tierzellen sind deutlich kleiner als Pflanzenzellen und ihre Wände sind auch nicht so fest wie die von Pflanzen. Aus diesem Grund können Tierzellen unterschiedliche Formen annehmen. Pflanzen können mit Chloroplasten und Sonnenlicht ihre Nahrung selbst herstellen, bei tierischen Zellen hingegen ist es die Aufgabe der Mitochondrien, aufgenommene Nahrung in Energie umzuwandeln.

Aufbau einer Zelle Bei einer eukaroyten Zelle stellt die Zellmembran (auch Zytomembran oder Plasmamembran) die äußerste Hülle dar. Sie schützt die Zelle vor äußeren Einflüssen und besteht aus Lipiden und Proteinen (Fette und Eiweiße). Der Zellkern ist von einer Membran umgeben, die ihn vom Zytoplasma trennt. Innerhalb der Zelle finden sich zwei Arten Genmaterial, nämlich DNA und RNA. Der Zellkern enthält die Chromosomen der Zelle, dort finden auch die RNA-Synthese und die DNA-Replikation statt.

Der Zellkern Der Zellkern reguliert sämtliche Aktivitäten innerhalb eukaryoter Zellen. Er enthält das Erbgut (DNA und RNA), kontrolliert das Wachstum und steuert die Reproduktion. Die auffälligste Struktur im Zellkern ist der Nukleolus. Er produziert Ribosomen, die wiederum bei der Proteinsynthese eine zentrale Rolle spielen. Diese Proteine werden für eine Vielzahl von Zwecken eingesetzt, etwa bei der strukturellen Unterstützung oder als Enzyme zum Beschleunigen einer Reaktion.

Das Nervensystem

Was ist das Nervensystem? Das zentrale Nervensystem ist eine komplexe Struktur, die elektrische Impulse und Signale durch den Körper leitet. Diese Signale sind der Auslöser sämtlicher Handlungen, Reaktionen und Gedanken, die wir haben, sowie sämtlicher Gefühle. Das Nervensystem besteht aus zwei Systemen – dem zentralen Nervensystem und dem peripheren Nervensystem.

Neuronen Das Nervensystem arbeitet mit Nervenzellen (Neuronen). Diese Zellen verarbeiten und übertragen durch chemische und elektrische Signalprozesse Informationen. Neuronen unterscheiden sich von anderen Zellen durch ihre speziellen Verlängerungen, die sogenannten Axonen und Dendriten. Dendriten empfangen Informationen, Axonen übermitteln Informationen an Zielzellen.

Das zentrale Nervensystem Das zentrale Nervensystem besteht aus den beiden wichtigsten Teilen des Nervensystems, dem Gehirn und dem Rückenmark. Das Gehirn gilt als Kommandozentrale für das Nervensystem, denn es kontrolliert alle Abläufe innerhalb des Körpers. Gemeinsam mit dem peripheren Nervensystem steuert das zentrale Nervensystem das Verhalten des Körpers.

Das periphere Nervensystem Das periphere Nervensystem besteht aus den Nerven, die Informationen an das zentrale Nervensystem senden und von dort erhalten. Es gibt zwei Arten von Nerven: Bewegungsnerven, die vom Gehirn aus Signale an unterschiedliche Gewebe des Körpers senden, und Sinnesnerven, die Informationen in Form von beispielsweise Schmerz, Hitze oder Berührung empfangen und diese Impulse dann an das zentrale Nervensystem übermitteln.

Das somatische Nervensystem Das somatische Nervensystem ist Teil des peripheren Nervensystems. Es ist verantwortlich dafür, durch äußere Stimuli verursachte Sinnesinformationen wie Schmerz, Hitze und Berührung zu verarbeiten und die willkürlichen Muskelgruppen zu kontrollieren. Über das somatische Nervensystem erhält ein Mensch Sinnesinformationen und reagiert auf Veränderungen in seiner Umwelt.

Das vegetative Nervensystem Das vegetative (oder autonome) Nervensystem gehört zum peripheren Nervensystem und kontrolliert die unwillkürlichen Körperfunktionen. Zwei Teile des autonomen Nervensystems sind der Sympathikus (er steuert die Kampf-oder-Flucht-Reaktion) und der Parasympathikus. Dieser reguliert allgemeinere Prozesse in Situationen, die kein Notfall sind, und ist für die Ruhe- und Erholungsphasen verantwortlich.

Der Verdauungstrakt

Der Mund Wenn wir etwas essen, setzt der Speichel in unserem Mund Enzyme frei, die beginnen, die chemischen Verbindungen in der Nahrung aufzuspalten. Beim Kauen zermahlen wir das Essen zu einer breiigen Substanz. Die Zunge formt diese Substanz dann zu einem Bolus oder Nahrungsbrei genannten Ball. Nun ist das Essen so weit zerlegt, dass wir es schlucken können.

Die Speiseröhre Die Zunge drückt das Essen in den Rachen zur Öffnung der Speiseröhre. Die Speiseröhre ist dafür verantwortlich, das Essen vom Hals in den Magen zu befördern. Beim Schlucken verschließt der Kehldeckel (Epiglottis) die Atemröhre, damit das Essen auch tatsächlich die Speiseröhre hinabrutscht. Muskeln in der Speiseröhre drücken das Essen weiter, bis es den Magen erreicht.

Der Magen Der Magen erfüllt drei Aufgaben: Er speichert Nahrung, er zerlegt die Nahrung in eine halbflüssige Paste (Speisebrei) und er entleert die auch Chymus genannte Paste in den Dünndarm. Nahrung zerlegt der Magen mithilfe von Magensaft aus seinen Wänden. Die Magensäfte zerlegen das Essen in seine Nährstoffe und töten dabei in der Nahrung befindliche schädliche Bakterien ab.

Der Dünndarm Aus dem Magen gelangt das Essen in den Dünndarm, ein Organ, das beim erwachsenen Menschen ausgerollt eine Länge von über 7 Metern erreicht. Im Dünndarm wird Nahrung weiter zerlegt und vor allem dort werden Nährstoffe absorbiert und an die Leber geschickt. Was von der aufgenommenen Nahrung übrig ist, wird in den Dickdarm abtransportiert.

Der Dickdarm Der Dickdarm ist ungefähr 1,5 Meter lang und dicker als der Dünndarm. Der Dünndarm transportiert Abfallprodukte weiter in den Dickdarm. Sie bieten keinerlei Nährwert mehr für den Menschen und müssen deshalb ausgeschieden werden. Die Substanz passiert einen als Colon bezeichneten Teil des Dickdarms, wo der Körper letztmalig Gelegenheit hat, Wasser oder Mineralien zu absorbieren. Was übrig bleibt ist Kot, solider Abfall, den der Dickdarm in Richtung Enddarm transportiert.

Andere Organe Auch Leber, Galle und Bauchspeicheldrüse übernehmen im Verdauungssystem wichtige Aufgaben. Sie versorgen den Dünndarm mit Verdauungssäften. Die Bauchspeicheldrüse produzierte Säfte, die Eiweiße und Fette verdauen. Gallensaft wird von der Leber produziert, aber in der Gallenblase gespeichert. Er absorbiert Fette aus dem Blut. Das nährstoffreiche Blut wird zum Säubern zur Leber geschickt.

Das Atmungssystem

Einatmen Das Atmungssystem dient dazu, das Blut mit Sauerstoff zu versorgen, der dann im übrigen Körper verteilt wird. Sauerstoff nimmt der Körper über die Atmung auf, konkret durch Nase und Mund. Von dort aus strömt der Sauerstoff durch den Kehlkopf und die Luftröhre in die Brusthöhle, wo sich die Luftröhre in die Hauptbronchien aufteilt. Die Hauptbronchien verzweigen weiter in kleine Bronchien, die zu den Lungen führen.

Ausatmen Die Lunge enthält kleine, Alveolen genannte Bläschen. Der eingeatmete Sauerstoff strömt durch die Alveolen und gelangt dann über die Kapillaren in die Arterien. Dabei senden die Venen Blut, das Kohlendioxid und andere zur Entsorgung gedachte Stoffe enthält, in die Alveolen. Das Kohlendioxid verlässt beim Ausatmen den Körper. Sowohl das Einatmen als auch das Ausatmen werden dadurch ermöglicht, dass sich das unterhalb der Lunge liegende Diaphragma zusammenzieht und wieder entspannt.

Die Lungen Die Oberfläche der Lunge ist größer als die der Haut. Zusammengenommen würden alle Atemwege und Luftbläschen innerhalb der Lunge eine Fläche von 100 bis 140 Quadratmeter bedecken. Die Lungen stellen die zweite Abwehrreihe (nach Nase und Hals) gegen das Einatmen von Schadstoffen dar. Die Lungen produzieren weiße Blutzellen und Schleim, der inhalierte Erreger festsetzt.

Nase und Nasenhöhle Wenn es um den Schutz des Atemsystems geht, sind Nase und Hals die allererste Abwehrreihe. Härchen in der Nase reinigen die eingeatmete Luft, Schleim reinigt sie noch weiter. Das Gewebe an den Wänden der Nasenhöhle wird sehr stark durchblutet. Diese Blutgefäße sorgen für Wärme, wodurch die eingeatmete Luft angewärmt wird. Außerdem feuchtet die Nasenhöhle die Luft an, damit sie besser für die Lunge geeignet ist.

Asthma Asthma ist eine chronische Entzündung der Lunge, bei der die Luftwege anschwellen und sich verengen. Asthma ist der Hauptgrund, weshalb Kinder chronisch beim Schulunterricht fehlen. Insgesamt sind über 235 Millionen Menschen weltweit von Asthma betroffen. Die Krankheit wird ausgelöst, wenn sich die Muskeln zusammenziehen und die Schleimhäute in den Bronchialwänden anschwellen. Das verhindert einen reibungslosen Luftstrom und kann dazu führen, dass die betroffene Person keucht und Atemschwierigkeiten hat. Asthma kann sogar zum Tode führen.

COPD Asthma lässt sich medikamentös behandeln, bei der chronisch obstruktiven Lungenerkrankung COPD dagegen verschlimmert sich die Verengung der Atemwege im Laufe der Zeit immer weiter. Bei COPD handelt es sich um ein gleichzeitiges Auftreten von Emphysemen und chronischer Bronchitis, üblicherweise infolge einer Reizung der Lunge. Häufigster Auslöser von COPD ist das Rauchen. Die Krankheit kann mit Keuchen, Atemnot, raschem Atem und chronischem Husten einhergehen. Symptome treten üblicherweise erst dann auf, wenn die Lunge bereits erheblichen Schaden genommen hat.

Der Kreislauf

Was ist der Kreislauf? Zum Kreislauf gehören Herz, Blut und Blutgefäße, er dient dem Körper als Transportsystem und übernimmt die Aufgabe, den Körper abzukühlen. Blut fließt vom Herz über die Arterien hinaus in den Körper und über die Venen hinein zum Herzen, dabei verteilt es Sauerstoff und Nährstoffe im gesamten Körper. Das Blut sammelt auch Abfallprodukte aus dem Körper ein und hilft, sie abzutransportieren.

Das Herz Der Herz genannte Muskel ist etwa so groß wie eine geballte Faust. Das Herz besitzt zwei Seiten und vier Kammern. Durch den rechten Vorhof gelangt Blut ins Herz. Die rechte Herzkammer schiebt das Blut, dem der Sauerstoff entzogen wurde, zu den Lungen. Der linke Vorhof empfängt das mit Sauerstoff angereicherte Blut von den Lungen und pumpt es in die linke Herzkammer. Diese ist dafür verantwortlich, das Blut aus dem Herzen in den Blutkreislauf des Körpers zu drücken.

Rote Blutkörperchen Unser Blut kreist ohne Unterlass durch unseren Körper und transportiert dabei je nach Bedarf Sauerstoff, Nährstoffe, Wasser und Abfallprodukte zu unseren Zellen oder von ihnen weg. Rote Blutkörperchen befördern Sauerstoff und Kohlendioxid. Nachdem sie den Sauerstoff aus der Lunge zu den Zellen gebracht haben, transportieren sie Kohlendioxid zu den Lungen, wo es beim Ausatmen den Körper verlässt.

Weiße Blutkörperchen Weiße Blutkörperchen sind für die Bekämpfung von Krankheitserregern zuständig. Während einer Entzündung produziert der Körper zusätzliche weiße Blutkörperchen, die den Infektionsherd angreifen und zerstören sollen. Verschreibt uns ein Arzt ein Antibiotikum, dann deshalb, weil die weißen Blutkörperchen bei der Bekämpfung der Entzündung Unterstützung benötigen.

Die Aorta und die Arterien Die Aorta ist die größte Arterie im Körper. Sie beginnt an der linken Herzkammer und transportiert von dort das mit Sauerstoff angereicherte Blut ab. Von der Aorta zweigen andere Arterien und Arteriolen ab, kleine Arterien, die die Zellen des Körpers mit Sauerstoff und Nährstoffen versorgen. Am Ende der Arteriolen sitzen Kapillaren, die das Blut an das Venensystem übergeben.

Das Venensystem Aufgabe der Venen ist es, das Blut zurück zum Herzen zu transportieren. Von den Kapillaren fließt das Blut durch kleine Venen (Venolen) zu den eigentlichen Venen. Die beiden größten Venen im menschlichen Körper sind die obere und die untere Hohlvene und beide enden im rechten Vorhof. Die obere Hohlvene sitzt oben am Herzen, die untere unten am Herzen.

Gewebe

Was ist Gewebe? Innerhalb des Körpers tun sich spezielle Zellen zusammen, um eine bestimmte spezialisierte Aufgabe zu übernehmen. Dabei bilden sie Gewebe. Wenn sich viele Gewebegruppen zusammentun, um eine spezifische Funktion zu übernehmen, dann spricht man von einem Organ. Bei Tieren gibt es vier Arten von Gewebe – Epithelgewebe, Bindegewebe, Muskelgewebe und Nervengewebe.

Epithelgewebe Epithelgewebe bedeckt den gesamten Körper und bildet die Abdeckung oder das Futter innerer und äußerer Oberflächen. Es besteht aus dicht gepackten Zellen, die eine oder mehrere Schichten bilden, nahezu keinerlei Raum zwischen Zellen lassen und auch nur wenig interzelluläre Substanz aufweist. Das Endothel ist das Gewebe auf der Oberfläche der inneren Hohlräume. Es dient vor allem der Absorption, Ausscheidung, dem Schutz, der Absonderung, der Reproduktion und der Sensorik.

Bindegewebe Bindegewebe stützt anderes Gewebe im Körper und bindet sich daran. Es ist das Grundgerüst, auf dem das Epithelgewebe ruht, und es bettet Nerven- und Muskelgewebe ein. Auch die wichtigsten an der Immunabwehr beteiligten Zellen sind im Bindegewebe vertreten und dort kommt es zu Entzündungen. Mit Entzündungen reagiert der Körper auf eindringende Mikroorganismen.

Muskelgewebe Muskelgewebe kann sich zusammenziehen, es kann elektrische Impulse leiten und dank Muskelgewebe kann sich der Körper bewegen. Man unterscheidet zwischen willkürlichen und unwillkürlichen Muskeln sowie zwischen glatten und quergestreiften Muskeln. Es gibt drei Arten Muskelgewebe – Skelettmuskeln (willkürlich, quergestreift und am Knochen hängend), Herzmuskeln (unwillkürlich, quergestreift und im Herzen beheimatet) und glatte Muskeln (unwillkürlich und glatt; man findet sie in der Verdauung, dem Atemsystem, den Augen und den Wänden von Blutgefäßen).

Nervengewebe Nervengewebe besteht aus Neuronen (Zellen, die Botschaften übertragen) und Gliazellen (Zellen, die die Neuronen schützen). Nervengewebe macht den Großteil des Nervensystems aus. Es ist darauf spezialisiert, Impulse weiterzuleiten und auf unterschiedliche Stimuli zu reagieren. Nervengewebe findet sich im Gehirn, dem Rückenmark (wo es das zentrale Nervensystem bildet) und den peripheren Nerven (wo es das periphere Nervensystem bildet).

Organe Organe sind eine Ansammlung von Gewebegruppen, die gemeinsam eine spezielle Funktion ausüben. Bei Organen gibt es normalerweise ein zentrales Gewebe, das Parenchym, das so nur in diesem speziellen Organ existiert, sowie sporadisches Gewebe namens Stroma, wozu Bindegewebe oder Blut zählen. Wenn sich Organe zusammenschließen, um eine bestimmte Aufgabe zu erfüllen, spricht man von Organsystemen.

Fortpflanzung

Das menschliche Fortpflanzungssystem Bei Menschen arbeitet im Fortpflanzungssystem eine Gruppe von Organen gemeinsam daran, dem Menschen die Fortpflanzung zu ermöglichen. Damit es zur Reproduktion kommen kann, müssen zwei unterschiedliche Fortpflanzungssysteme involviert sein – das männliche und das weibliche. Die Unterschiede dieser Systeme machen es möglich, dass Genmaterial beider Individuen an den Nachwuchs weitergegeben wird.

Gameten Von den Gameten oder Geschlechtszellen sind beim Menschen zwei Formen an der Fortpflanzung beteiligt, nämlich der männliche Gamet (das Spermium) und der weibliche Gamet (die Eizelle). Die Gameten werden in Gonaden genannten Organen produziert. Beim Mann findet die Produktion in den Hoden statt, bei der Frau in den Eierstöcken. Jeder Gamet enthält 23 Chromosomen, wobei die Eizelle nur X-Chromosomen enthält, während das Spermium entweder X- oder Y-Chromosomen tragen kann. Beim Geschlechtsverkehr kommen die Gameten zur Befruchtung zusammen. Tragen beide ein X-Chromosom, wird die befruchtete Eizelle zum weiblichen Embryo heranwachsen, enthält das Spermium ein Y-Chromosom, wird es ein männlicher Embryo.

Das männliche Fortpflanzungssystem Dem männlichen Fortpflanzungssystem kommt die Aufgabe zu, Samen herzustellen, der beim Geschlechtsverkehr das Spermium transportiert. Zu den äußeren Strukturen des männlichen Fortpflanzungssystems gehören der Penis als das beim Geschlechtsverkehr verwendete Organ, der Hodensack, der die Hoden enthält und ihre Temperatur reguliert, sowie die Hoden selbst, die Testosteron und Spermien produzieren. Im Körperinneren befinden sich mehrere weitere Strukturen, die an der Fortpflanzung des Mannes beteiligt sind, darunter die Nebenhoden (eine Röhre, die das Sperma transportiert, lagert und reifen lässt) und die Samenleiter (eine Röhre, die das ausgereifte Sperma zur Harnröhre transportiert). Die Harnröhre wiederum befördert Urin und Samen aus dem Körper.

Das weibliche Fortpflanzungssystem Dem weiblichen Fortpflanzungssystem kommt die Aufgabe zu, Eizellen und Hormone zu produzieren und die Eizellen zum Ort der Befruchtung zu transportieren. Kommt es zu einer Empfängnis, findet innerhalb des Fortpflanzungssystems auch die Frühphase der Schwangerschaft statt. Wird die Eizelle nicht befruchtet, ist das System darauf ausgelegt, die Gebärmutterschleimhaut abzustoßen (der als Menstruation bekannte Prozess). Das weibliche Fortpflanzungssystem liegt im Beckenraum und besteht aus Vulva, Gebärmutterhals, Gebärmutter (dem Organ, das den wachsenden Fötus beherbergt und diesen bei der Geburt hinausdrückt), Eileiter (die Quelle der Befruchtung) und Eierstöcken.

Entwicklung des Fötus Im Augenblick der Befruchtung steht fest, welches Geschlecht das Kind später einmal haben wird. Während der ersten vier Wochen bilden sich Neuralrohre, die Grundlagen des Nervensystems, außerdem entstehen das Herz und ein primitiver Kreislauf. In der dritten Woche haben sich ein Embryo und eine Plazenta herausgebildet und das Herz beginnt zu schlagen. Ab etwa dem 40. Tag ist der Embryo so groß wie ein Himbeere, verfügt über fünf Finger an jeder Hand und es lassen sich Gehirnwellen messen. Ab der zwölften Woche atmet der Embryo Fruchtwasser, er macht Übungen, hat Wach- und Schlafphasen und kann den Mund öffnen und schließen. In der 21. Woche wiegt der Fötus ein Pfund, in der 36. Woche zwischen sechs und neun Pfund. Ab der 38. Woche kann man den Herzschlag auch außerhalb des Mutterleibs hören und das Baby ist bereit für die Geburt.

Ungeschlechtliche Fortpflanzung Die beschriebenen Fortgänge treffen auf uns Menschen zu. Pflanzen und bestimmte Tierarten jedoch pflanzen sich jedoch ganz anders fort – ungeschlechtlich, also ohne einen Partner. Dieser Prozess wird als Mitose bezeichnet, Zellteilung, bei der das Genmaterial kopiert wird. Bei der ungeschlechtlichen Fortpflanzung kommt es nicht zu einer Vermischung von Genen. Da die Kopien identisch sind, wird dieser Vorgang gelegentlich auch als Klonen bezeichnet.

Genetik

Gregor Mendel und seine Pflanzen Der österreichische Mönch Gregor Mendel gilt als Vater der Genetik. 1856 führte Mendel Experimente an Erbsenpflanzen durch, bei denen der Fokus auf sieben Eigenschaften der Pflanzen lag – Farbe und Form der Saat, Farbe der Blüte, Farbe und Form der Hülse, Position der Blüte und Höhe der Pflanze. Mendel experimentierte mit dem Kreuzen und der Fremdbestäubung und stellte dabei fest, dass die erste Generation von Pflanzen nur einem Elternteil ähnelte, dass in späteren Generationen jedoch dominante und rezessive Merkmale auftraten.

Die Mendelschen Regeln Auf der Grundlage seiner Erkenntnisse formulierte Mendel drei Gesetze der Vererbung. Die Uniformitätsregel besagt: Von einem Genpaar wird beim Nachwuchs mit größerer Wahrscheinlichkeit das dominante Gen auftreten, da dieses häufiger als das rezessive Gen vererbt wird. Die Spaltungsregel besagt, dass ein Individuum von beiden Elternteilen ein Allel (einen Informationsblock) bezüglich eines Merkmals erbt und dass sich diese Allele während der Bildung der Gameten voneinander abspalten. Mendels Unabhängigkeitsregel besagt, dass die Faktoren für Merkmale unabhängig voneinander vererbt werden.

Vererbungsmuster Es gibt drei Arten von Vererbungsmustern: monogen, multifaktoriell und mitochondrial. Dieses Wissen ist nützlich für das Verständnis von Krankheiten. Bei einem monogenen Erbgang mutiert ein einzelnes Gen und folgt dann vorhersehbaren Mustern. Eine multifaktorielle Vererbung lässt sich nicht auf ein einzelnes Gen zurückführen, sondern nur auf mehrere Gene und Umwelteinflüsse. Bei der mitochondrialen Vererbung wird eine Krankheit über die Mitochondrien übertragen, die Organellen, die ausschließlich aus der Eizelle der Mutter vererbt werden.

DNA Desoxyribonukleinsäure (DNA) ist eine Doppelhelixstruktur, die sämtliche Erbinformationen enthält und somit das Erbgut darstellt. Die Doppelhelixstruktur spielt in der Genetik eine zentrale Rolle. DNA kann sich selbst kopieren und replizieren und jeder Strang der Doppelhelix fungiert als Vorlage für die Verdopplung. Bei der Zellteilung erhält jede neue Zelle eine exakte Kopie der alten Zell-DNA.

Genexpression Bei der Genexpression werden die Informationen aus einem Gen durch die sogenannte Transkription in Boten-RNA (mRNA) umgewandelt. Anschließend werden die Informationen durch die sogenannte Translation in ein Protein umgewandelt. Die Genexpression ist dafür zuständig, den Gencode in der DNA zu interpretieren. Dieser bestimmt die Eigenschaften oder den Phänotyp des Organismus.

Genmutationen Als Genmutationen bezeichnet man dauerhafte Veränderungen an der Gensequenz eines Organismus. Diese Veränderungen wirken sich auf die Nukleinsäure aus, die ihrerseits die DNA verändern. Mutationen sind der Hauptgrund für Vielfalt und können Evolutionsprozesse anstoßen, sie können aber auch Erbkrankheiten und Krebserkrankungen verursachen. Mutationen werden entweder über die Eltern vererbt oder treten zu Lebzeiten eines Organismus auf.

Mitose

Prophase Wie bereits im Abschnitt über ungeschlechtliche Fortpflanzung angesprochen, ist Mitose der Prozess der Zellteilung. In der Interphase bereitet sich die Zelle auf die Teilung vor, der nächste Schritt des Kreislaufs wird dann als Prophase bezeichnet. Dabei kondensiert Chromatin und wird zu Chromosomen, die sich verdoppelt haben und nun über Schwesterchromatiden verfügen. Die Chromatiden sind identisch miteinander und bilden ein X. Abseits vom Zellkern entsteht der Spindelapparat, der die Chromosomen bewegt. Am Ende dieses Schritts wird die Kernhülle in Vesikel aufgebrochen.

Metaphase In der Metaphase werden die Chromosomen entlang der Mitte des Zellkerns aufgereiht. Mikrotubuli aus Spindelfasern sorgen dafür, dass sie an Ort und Stelle bleiben. Man spricht hier von einer Metaphasenplatte. Die Chromosomen sind so ausgerichtet, dass die Kinetochoren (eine Proteinstruktur der Chromosomen) auf die Pole weisen und sich die Schwänze des Chromosoms gegenüberliegen. Auf diese Weise erhält der neue Zellkern im nächsten Schritt bei der Spaltung eine einzige Kopie jedes Chromosoms.

Anaphase Die Chromosomenpaare beginnen, sich an den Kinetochoren zu trennen. Die Kinetochoren setzen sich daraufhin in Richtung Pole in Bewegung. Ist das erfolgt, werden die Polfasern länger und beginnen, die Pole weiter auseinanderzuziehen. Die Schwesterchromatiden trennen sich und bewegen sich zu ihren jeweiligen Polen.

Telophase Haben die Chromatiden ihre gegensätzlichen Pole erreicht, entstehen um die Chromosomensätze herum neue Membranen und bilden zwei Zellkerne. Diese beiden Kerne befinden sich zunächst innerhalb ein und derselben Zelle. Es kommt zur RNA-Synthese und die Kernhülle erscheint wieder. Diese zerbricht die Chromosomen dann so stark, dass sie im Lichtmikroskop nicht mehr zu beobachten sind.

Zytokinese Rein formal ist die Zytokinese kein Teil der Mitose, sondern vervollständigt vielmehr die Zellteilung. Nach der Telophase findet man innerhalb einer einzigen Zelle zwei Zellkerne, die Zelle muss sich nun noch in zwei Teile spalten. Die Zytokinese setzt während der Anaphase ein und läuft begleitend auch während der Telophase ab. In der Zelle entsteht eine Furche, die sich ausbildet, bis es zwei Tochterzellen mit jeweils einem eigenen Zellkern gibt. Diese beiden Zellen werden dann den Zyklus fortsetzen.

Meiose Die Meiose ist eine Art der Zellteilung, die erforderlich für die Fortpflanzung ist, weil bei ihr Keimzellen wie Spermium und Eizelle produziert werden. Während der Meiose werden eine Kopie der mütterlichen Chromosomen und eine Kopie der väterlichen Chromosomen erstellt. Es entstehen vier haploide Zellen, von denen jede eine Kopie des Chromosoms enthält. Dieser Prozess sorgt für genetische Vielfalt, denn jede Zelle besitzt ihre eigene Kombination von Chromosomen. Eine einzige Mutterzelle produziert vier Tochterzellen und jede Tochterzelle enthält halb so viele Chromosomen wie die Mutterzelle.

Stammzellen

Was sind Stammzellen? Stammzellen sind eine ganz besondere Form von Zellen. In ihrer Frühphase und während ihrer Wachstumsphase kann sich eine Stammzelle zu vielen unterschiedlichen Zellen entwickeln. Wichtig sind Stammzellen auch deshalb, weil sie in einem lebenden Körper als Reparatursystem fungieren und sich unendlich teilen. Wenn sich Stammzellen teilen, können sich die neuen Zellen zu unterschiedlichen Zellformen entwickeln und Stammzellen bleiben. Unter bestimmten Bedingungen wird aus Stammzellen Gewebe oder organspezifische Zellen, die bestimmte Aufgaben erfüllen.

Einzigartige Eigenschaften von Stammzellen Stammzellen sind anders als die anderen Zelltypen des Körpers und egal, aus welcher Quelle sie stammen, sie verfügen immer über drei bestimmte Eigenschaften: Anders als Blutzellen, Muskelzellen und Nervenzellen sind Stammzellen imstande, sich über einen sehr langen Zeitraum hinweg zu teilen und zu erneuern. Stammzellen sind nicht spezialisiert, sie sind also nicht darauf beschränkt, ausschließlich Sauerstoff zu transportieren oder Blut zu pumpen, stattdessen erschaffen sie spezialisierte Zelltypen. Der Prozess, bei dem aus einer weniger spezialisierten Zelle eine stärker spezialisierte Zelle erschaffen wird, heißt Differenzierung.

Embryonale Stammzellen Stammzellen, die einem Embryo entnommen werden, bezeichnet man als embryonale Stammzellen. Diese Zellen werden größtenteils von Embryonen aus künstlich befruchteten Eizellen entnommen und für Forschungszwecke gespendet. Diese Zellen werden dann im Labor gezüchtet. Unter den richtigen Bedingungen können embryonale Stammzellen undifferenziert bleiben. Gruppieren sich die Zellen, differenzieren sie spontan und beginnen, unterschiedliche Formen von Zellen auszuprägen. Wissenschaftler versuchen, die Differenzierung so zu steuern, dass die gewünschte Zellform entsteht. Heute arbeiten die Wissenschaftler mit »Rezepten«, die ihnen helfen, bestimmte Zellen zu produzieren.

Adulte Stammzellen Adulte Stammzellen sind undifferenzierte Zellen, die in einem Gewebe oder einem Organ um differenzierte Zellen herum existieren. Sie können sich erneuern und in einige oder alle Zelltypen des jeweiligen Gewebes oder Organs differenzieren. In lebenden Organismen reparieren Stammzellen das Gewebe, in dem sie existieren, und pflegen es. Die embryonalen Stammzellen werden vom Embryo gewonnen, aber die Wissenschaft weiß bis heute nicht, woher die adulten Stammzellen stammen. Sie wurden im Gehirn gefunden, im Herzen, den Zähnen, der Haut, den Skelettmuskeln, den Hoden, den Eierstöcken, der Leber, den Blutgefäßen, dem peripheren Blut und im Darm.

Induzierte pluripotente Stammzellen Als induzierte pluripotente Stammzelle (iPSC) wird eine adulte Stammzelle bezeichnet, die mithilfe von Viren in einen Zustand ähnlich einer embryonalen Stammzelle umprogrammiert wurde. Dazu wird die Zelle zu Expressionen von Faktoren und Genen gezwungen, die für den Erhalt der zentralen Eigenschaften von embryonalen Stammzellen benötigt werden. Die Wissenschaft kann nicht sagen, ob es grundlegende Unterschiede zwischen embryonalen Stammzellen und iPSCs gibt, aber iPSCs spielen eine außerordentlich wichtige Rolle bei der Entwicklung von Medikamenten und Modellen von Krankheiten. Die Forscher hoffen, iPSCs eines Tages bei Transplantationen einsetzen zu können, allerdings muss die Methode, adulte Zellen durch Viren zu Änderungen zu zwingen, noch weiter erforscht werden, denn Viren können Krebserkrankungen auslösen.

Verwendung von Stammzellen Stammzellen weisen eine große Spanne an Einsatzmöglichkeiten auf. Menschliche Stammzellen können dazu dienen, die Wirksamkeit von Arzneimitteln zu testen, aktuell kommen sie etwa zur Erforschung von Medikamenten zum Einsatz, die gegen Tumore wirken. Das wohl beeindruckendste Einsatzgebiet ist allerdings das der zellbasierten Verfahren. Mit Stammzellen lassen sich möglicherweise Zellen ersetzen und erneuern, eventuell könnte man sogar neues Gewebe züchten. Das würde es erlauben, Krankheiten und Leiden wie Alzheimer, Schlaganfälle, Herzerkrankungen, Verbrennungen, Diabetes, rheumatoide Arthritis und Osteoarthritis zu heilen, indem man zerstörtes Gewebe erneuert.

DNA

Was ist DNA? Desoxyribonukleinsäure, kurz DNA, ist der genetische Bauplan für jede Zelle unseres Körpers und jedes Merkmal eines lebenden Organismus und der meisten Viren. Die DNA ist bei nahezu allen Zellen im Körper identisch. Man findet die DNA innerhalb des Zellkerns (die sogenannte Zellkern-DNA), aber auch in den Mitochondrien (die mitochondriale DNA oder mDNA). Informationen werden in der DNA als Code aus den vier Basen Guanin (G), Adenin (A), Thymin (T) und Cytosin (C) abgelegt. Die menschliche DNA enthält ungefähr drei Milliarden Basen, 99 Prozent davon sind bei allen Menschen identisch.

Struktur DNA ist ein Doppelhelix-Molekül, das aus zwei Ketten besteht. Eine einzelne Kette ist ein Strang, der aus einer Vielzahl miteinander verknüpfter Nukleotiden (chemischen Verbindungen) besteht. Die Nukleotiden bestehen aus drei Dingen – Desoxyribose (ein Zuckermolekül in der Mitte des Nukleotids), eine Phosphatgruppe (die sich an die Desoxyribose der anderen Kette ankoppelt) und eine der Basen A, G, T oder C. Kommen die beiden Ketten zusammen, entsteht die Doppelhelix. Basenpaare sind stets A und T beziehungsweise C und G.

Proteinsynthese Die DNA enthält Anweisungen für die Herstellung von Proteinen. Proteine bestehen aus Aminosäuren, die auch Funktion und Struktur des Proteins bestimmen. Die Sequenz der Aminosäuren ist abhängig von der Sequenz der Nukleobasen in der DNA. Ein Basentriplett (drei Nukleobasen) bestimmt eine Aminosäure. »GAC« beispielsweise ist der Codon (der Gencode) für Leucin. Spaltet sich das DNA-Molekül in zwei Stränge auf, kommt es zur Proteinsynthese. Die Transkription beginnt, wobei ein Teil des Strangs zur Vorlage für einen neuen Strang wird, die Boten-RNA. Diese RNA hängt sich an Ribosomen und im Zuge der Translation werden Aminosäuren verbunden und es entsteht ein Protein.

Replikation Vor der Zellteilung findet im Zellkern die DNA-Replikation statt und dabei trennen sich die Polynucleotide. Diese dienen dann als Vorlage für eine neue ergänzende Kette. Trennen sich Ketten, ziehen Nukleotide ergänzende Nukleotide an und verknüpfen sich über Wasserstoffbrücken. Diese bilden dann die Sprossen der neuen DNA. Ein Enzym namens DNA-Polymerase verbindet die Phosphatgruppe eines Nukleotids mit der Desoxyribose des benachbarten Nukleotids. Der Prozess kulminiert in einem neuen Molekül mit Doppelhelix.

Die Entdeckung der DNA 1868 entdeckte der Schweizer Physiker Friedrich Miescher etwas, das er »Nuklein« nannte. Tatsächlich handelte es sich um Nukleinsäuren. 1951 entdeckten die drei Forscher Francis Crick, James Watson und Maurice Wilkins das komplette DNA-Molekül. Bereits in den 1940er-Jahren war der Wissenschaft klar, dass die DNA sich aus Aminosäuren zusammensetzt und die genetische Grundlage des Lebens bildet. Sie wussten jedoch nicht, wie das Molekül aussieht. Mithilfe von Röntgenbeugung konnten die Wissenschaftler feststellen, dass die DNA eine Doppelhelix bildet. Dafür wurden sie 1962 mit dem Nobelpreis ausgezeichnet.

Verwendung von DNA DNA ist aus mehreren Gründen verblüffend. Aus medizinischer Sicht erlaubt uns die DNA einen Einblick in die Evolutionsgeschichte der Menschheit und sie hilft uns, Krankheiten, die Wirksamkeit von Arzneimitteln und das Entstehen von Geburtsfehlern zu verstehen. Gleichzeitig hilft sie uns zu erkennen, wie wir Genmutationen und Krankheiten behandeln können. DNA wird für Vaterschaftstests und die Aufklärung von Verbrechen eingesetzt und sie half sogar, das Rätsel um die verschwundenen Kinder der Romanows aufzuklären. Russlands letzter Zar Nikolaus II. und seine Familie wurden 1918 hingerichtet, später entdeckte man, dass in ihrem Massengrab die Skelette zweier Kinder fehlten. 1991 wurden knapp 80 Meter vom Grab von Zar Nikolaus II. zwei Leichname entdeckte. Mithilfe von DNA-Untersuchungen ließ sich nachweisen, dass es sich um seine beiden Töchter handelte.

RNA

Boten-RNA Die Boten-RNA (mRNA) ist ein einsträngiges Molekül, dessen Aufgabe darin besteht, eine chemische Blaupause für die Proteinsynthese zu kodieren. Boten-RNA besitzt eine Kopie der Geninformationen, die ein DNA-Strang enthält. Bei der DNA finden sich die Geninformationen im Zellkern, mRNA dagegen transportiert diese Informationen aus dem Zellkern zum Zytoplasma. Dort werden die Proteine zusammengesetzt. Wie an anderer Stelle bereits erwähnt, durchläuft die Boten-RNA eine Transkription und dann eine Translation.

Ribosomale RNA Ribosomen erschaffen Proteine. Ein Teil der Ribosomen wird als ribosomale RNA (rRNA) bezeichnet und erschafft Polypeptide (Aminosäuregruppen, aus denen Proteine bestehen). Bei einem Ribosom handelt es sich um eine extrem kleine Struktur im Zytoplasma. Das Ribosom besteht aus zwei Untereinheiten, von denen beide rRNA und Protein enthalten. Wissenschaftler haben eine so erstaunliche Entdeckung zu diesen Untereinheiten gemacht, dass die Theorie aufgekommen ist, dass der Ursprung des Lebens in der RNA liegt. In der größeren der beiden Ribosom-Untereinheiten findet nämlich eine chemische Reaktion statt, bei der genetische Informationen in die Anfänge von Proteinen überführt werden, und dort findet sich nur rRNA.

Transfer-RNA Transfer-RNA (tRNA) liest den Code und transportiert Aminosäuren, die an der Proteinentwicklung beteiligt sind. Jede Aminosäure verfügt über Transfer-RNA und es gibt rund 20 unterschiedliche tRNAs. Die Transfer-RNA besitzt ein Anticodon, welches das Codon der Boten-RNA ausliest. Dafür werden Basenpaare mit Wasserstoffbrücken verbunden. Transfer-RNAs verfügen über 75 bis 95 Nukleotide und sie kommen außer bei der Ribosom-abhängigen Translation nachweislich auch bei anderen Prozessen zum Einsatz.

Small interfering RNA Small interfering RNA (siRNA) spielt eine wichtige Rolle beim Translationsprozess, denn sie ist an der sogenannten RNA-Interferenz beteiligt. Der (doppelsträngige) siRNA-Strang verfügt über eine Phosphatgruppe und am Ende eine Hydroxylgruppe. Bei der Translation bindet diese Hydroxylgruppe bei bestimmten Sequenzen Boten-RNA und sorgt für ihren Abbau. Abhängig von der Nukleotidreihenfolge verhindert siRNA die Produktion bestimmter Proteine und greift in die Genexpression ein, was beim Kampf des Körpers gegen Viren hilfreich sein kann.

Prä-mRNA Ein einzelner, noch nicht ausgereifter Strang der Boten-RNA wird als prä-mRNA bezeichnet. Diese Form entsteht bei der Transkription innerhalb des Zellkerns. Ist der Prozess abgeschlossen, wird aus der prä-mRNA »reife mRNA« oder schlicht mRNA. Der neue mRNA-Strang wird aus dem

Zellkern exportiert, gelangt durch Translation in das Protein und startet dadurch den Kreislauf.

Therapeutische Anwendungsmöglichkeiten von RNA

Die Forschung hat erkannt, wie wichtig RNA ist und wie vielfältig die Anwendungsmöglichkeiten sind. Das Molekül eignet sich nicht nur zur Erprobung neuer Arzneimittel, es kann auch neue Erkenntnisse zum Entstehen von Krankheiten liefern. RNA dient als Grundlage für die Entwicklung neuer Therapieansätze und Behandlungen. In seiner Botenrolle teilt RNA den Zellen (sowohl Krebszellen wie auch den normalen) mit, welche Proteine sie herstellen sollen. Aktuell forschen Wissenschaftler an Möglichkeiten, wie die RNA die Kommunikationswege des Krebs bereits im Vorfeld unterbrechen kann. Andere forschen an mRNA-Sequenzen, die sich an Oligonukleotide binden.

Teil 5
Fremdsprachen

Latein

Vorfahr der romanischen Sprachen Latein ist eine indogermanische Sprache, die im alten Rom gesprochen wurde. Sie ist der Vorfahr aller romanischen Sprachen, zu denen beispielsweise Italienisch, Spanisch, Französisch, Portugiesisch und Rumänisch gehören. Offiziell ist Latein eine tote Sprache (was bedeutet, dass niemand sie als Muttersprache hat), aber die römisch-katholische Kirche verwendet Latein bis heute.

Klassisches Latein Die alten Römer sprachen das klassische Latein gleichzeitig mit Altlatein. Klassisches Latein basierte auf der Sprache, die die gebildete Oberschicht Roms sprach, und diese Form findet man in der Literatur der damaligen Zeit. Ihren Höhepunkt erlebte die lateinische Literatur zwischen 75 vor unserer Zeit bis zum Jahr 14, von der Zeit der Republik bis zur Herrschaft des Kaisers Augustus, und die Texte wurden in klassischem Latein verfasst. Man spricht hier vom »Goldenen Zeitalter«.

Vulgärlatein Der engste Verwandte der romanischen Sprachen ist nicht das klassische Latein, sondern das Vulgärlatein. Dabei handelt es sich um die Sprache der gewöhnlichen Menschen, eine vereinfachte Form des klassischen Lateins, das für die Literatur vorgesehen war. Weil die Sprachen der örtlichen Bevölkerungen einflossen, gab es im Römischen Reich diverse Varianten des Vulgärlateins. Als das Römische Reich nach dem Jahr 600 zerbrach, wurden die unterschiedlichen lokalen Formen des Vulgärlateins zur Grundlage der romanischen Sprache.

Mittellatein Als Mittellatein wird das Latein bezeichnet, das zwischen 500 und 1500 verwendet wurde, also im Mittelalter. In erster Linie arbeitete die römisch-katholische Kirche mit Latein, aber auch in der Literatur, der Gesetzgebung, der Verwaltung und den Wissenschaften spielte es eine Rolle. Das damals verwendete Latein wies mehr Vokabular, Grammatik und Syntax als in früheren Zeiten aus, weil unterschiedliche Sprachen der damaligen Zeit das Latein beeinflussten.

Humanistisches Latein Als in der Renaissance in Italien die Rückkehr zum Klassizismus propagiert wurde, wurde auch das damals verwendete Latein gesäubert und von allen Veränderungen befreit, die das Mittellatein durchlaufen hatte. Die Menschen wollten zu der Sprache zurückkehren, die im Römischen Reich während des Goldenen Zeitalters der Literatur verwendet worden war. Die Bemühungen der Humanisten waren erfolgreich, aber letztlich führte das Bestreben, zum klassischen Latein zurückzukehren, zum Aussterben der Sprache.

Eine ausgestorbene Sprache und ein neues Latein Während der Renaissance schrieben die Humanisten in einer alten Sprache, weshalb ihnen das Vokabular fehlte, bestimmte Themen ihrer eigenen Zeit zu beschreiben. Dadurch haftete der Sprache eine alte, antiquierte Note an. Mit der Zeit wurde immer weniger in Latein geschrieben, bis die Sprache schließlich endgültig ausstarb. Die seitdem am weitesten verbreitete Form des Lateinischen ist das Neulatein. Es kommt im Vokabular der internationalen Wissenschaft zur Anwendung, bei Systematiken und der Klassifizierung von Arten.

Spanisch

Die Geschichte der spanischen Sprache Spanisch ist eine indogermanische Sprache, die frühesten Vorläufer wurden vor 5000 Jahren in der Gegend rund um das Schwarze Meer gesprochen. Sprecher indogermanischer Sprachen zogen weit umher, was zu einer Fragmentierung der Sprache führte. Als die Römer das Gebiet des heutigen Spaniens 218 vor unserer Zeit eroberten, machten sie Latein zur Amtssprache. Es ist der direkte Vorfahr des Spanischen und aller anderen romanischen Sprachen.

Spanisch wird offiziell König Alfons X. von Kastilien und Leon (1221–1284), genannt »der Weise«, etablierte als erster Herrscher Kastilisch, eine Form des Spanischen, die im nördlichen und zentralen Spanien gesprochen wird. Kastilisch wurde zur Amtssprache in Kirchen, Gerichten, offiziellen Dokumenten und Büchern und verdrängte das Lateinische.

Spanisch breitet sich aus Als Christoph Kolumbus 1492 im Auftrag der spanischen Monarchie in der Neuen Welt ankam, begann die Eroberung Zentralamerikas durch die Spanier. In den kommenden 400 Jahren war die Region eine Kolonie des spanischen Imperiums und die spanischen Herren brachten ihre Kultur, ihre Religion und ihre Sprache mit. Die Spanier kontrollierten letztlich Mittelamerika, große Teile von Nord- und Südamerika sowie Mexiko.

Das heutige Spanisch Spanisch ist heutzutage die Muttersprache von mehr als 480 Millionen Menschen, nur Chinesisch sprechen noch mehr Menschen. Es ist die Amtssprache zahlreicher Länder, unter anderem von Spanien, Kolumbien, Peru, Kuba, Argentinien, Bolivien, Mexiko, Honduras und Costa Rica. Die Zahl der US-Amerikaner, die sich zuhause in erster Linie auf Spanisch unterhalten, lag 2018 bei über 39 Millionen.

Nützliche spanische Phrasen Wenn Sie in einem spanischsprachigen Land unterwegs sind, sollten Sie zumindest einige grundlegende Phrasen beherrschen:

Hallo.	¡Hola!
Guten Tag.	Buenos días.
Vielen Dank.	Muchas gracias.
Gute Nacht.	Buenas noches.
Auf Wiedersehen.	Adios.
Wo ist die Toilette?	¿Dónde está el baño?
Können Sie mir helfen?	¿Me podría ayudar?
Was kostet das?	¿Cuánto cuesta?
Kann ich ins Internet gehen?	¿Puedo conectarme con el Internet?

Französisch

Die Wurzeln Die Ursprünge der französischen Sprache gehen auf die Zeit 154 bis 125 vor unserer Zeit zurück, als die Römer Gallien eroberten, eine Region, zu der das heutige Frankreich sowie Teile von Belgien, Deutschland und Italien zählen. Im Zuge der Romanisierung wurde Latein zur gesprochenen Sprache. Gallisch wurde verschmäht und nur noch in abgelegenen Winkeln gesprochen. Schließlich trennten Norden und Süden sich und es entstanden viele eigenständige Dialekte. Dass sich schließlich der Pariser Dialekt durchsetzte und als französische Sprache etablierte, hängt nicht zuletzt mit der politischen Bedeutung von Paris zusammen.

Konsonanten im Französischen Konsonanten am Ende eines Worts werden (mit Ausnahme von *c*, *r*, *f* und *l*) nicht ausgesprochen und man sollte sie auch nicht in die Länge ziehen, sondern kurz und schnell aussprechen, damit man zügig zum nächsten Vokal kommt. Der Buchstabe *r* wird von hinten in der Kehle betont.

Vokale im Französischen Im Französischen bilden Vokale keine Diphthonge. Anstatt den Vokal mit einem »y«- oder »w«-Ton zu schließen, bleiben die Vokale konstant und die Zunge bleibt während des Aussprechens angespannt. *A*, *o* und *u* sind harte Vokale, *e* und *i* sind weich. Vokale klingen nasal, wenn sie von einem m oder n gefolgt werden. Während man sie ausspricht, entweicht Luft also sowohl aus dem Mund als auch aus der Nase.

Artikel Im Französischen steht stets ein Artikel vor dem Hauptwort. Welcher das ist, hängt vom Geschlecht (männlich, weiblich) und der Menge (Singular, Plural) ab. Es gibt drei Arten von Artikeln: bestimmte Artikel, unbestimmte Artikel und Teilungsartikel (wird verwendet, wenn ein Hauptwort im Singular für mehrere kleinere Teile steht, beispielsweise »Lebensmittel«). Die Artikel sind

Geschlecht	Bestimmt	Unbestimmt	Teilungsartikel
Maskulin	le	un	du
Feminin	la	une	de la
Plural	les	des	
Vor Vokal	l'	de l'	

Heutiges Französisch Frankreich ist die Muttersprache von rund 275 Millionen Menschen weltweit und die Landessprache von mehr als 25 Nationen, darunter Frankreich, Haiti, Luxemburg, Monaco und über 15 afrikanischen Ländern. Gleichzeitig ist es eine von mehreren Amtssprachen in Kanada, der Schweiz und Belgien sowie eine der sechs Amtssprachen der Vereinten Nationen.

Nützliche französische Phrasen Wenn Sie in einem französischsprachigen Land unterwegs sind, sollten Sie zumindest einige grundlegende Phrasen beherrschen:

Guten Tag.	Bonjour.
Guten Abend.	Bonsoir.

Sprechen Sie Deutsch?	Parlez-vous allemand?
Vielen Dank.	Merci.
Wie geht es Ihnen?	Comment allez-vous?
Wie spät ist es?	Quelle heure est-il?
Ich muss auf die Toilette.	J'ai besoin d'utiliser les toilettes.
Wiederholen Sie das bitte.	Répétez, s'il vous plaît.

Italienisch

Die Wurzeln Wie alle anderen romanischen Sprachen auch hat das Italienische seine Wurzeln im Vulgärlatein. Es ähnelt am stärksten dem Lateinischen. Die aggressive Handelspolitik von Florenz führte dazu, dass ab dem 14. Jahrhundert der Dialekt der Toskana zu dominieren begann. 1525 machte sich der venezianische Linguist, Anwalt und spätere Kardinal Pietro Bembo daran, den Dialekt, der im Florenz des 15. Jahrhunderts gesprochen wurde, zur offiziellen Sprache der italienischen Literatur zu machen. 1612 erschien das erste offizielle italienische Wörterbuch.

Vokale Die Vokale im Italienischen sind kurz, sollten sehr deutlich betont und nicht in die Länge gezogen werden. Die Buchstaben *a*, *i* und *u* werden immer gleich betont, der Buchstabe *a* wie im Wort »Katze«, der Buchstabe *i* wie in »Idiom«, das *u* wie in »und«. Die Aussprache von *e* und *o* dagegen hängt davon ab, in welchem Teil Italiens man sich aufhält. Diese Vokale können offen oder geschlossen ausgesprochen werden.

Leichte Konsonanten Das moderne italienische Alphabet ist kürzer als das deutsche, es fehlen die Buchstaben *j, k, w, x* und *y*. Ein deutlicher Unterschied bei den Konsonanten ist das *h*, das ist im Italienischen nämlich stumm.

Schwere Konsonanten Diese Konsonanten unterscheiden sich von denjenigen, die Sie bislang kennengelernt haben. Im Italienischen richtet sich die Aussprache bestimmter Konsonanten danach, welcher Buchstabe davor steht. Folgt auf ein *c* ein *a*, ein *o*, ein *u* oder ein Konsonant, wird das *c* wie *k* ausgesprochen. Folgt dagegen auf ein *c* ein *e* oder ein *i*, wird es wie *tsch* ausgesprochen. Folgt auf ein *g* ein *a*, ein *o*, ein *u* oder ein Konsonant, wird es wie in »Geld« ausgesprochen. Bei einem *e* oder einem *i* dagegen wird das *g* wie »*dsch*« ausgesprochen (wie im Wort »Gym«).

Artikel Wie bei den anderen romanischen Sprachen müssen Hauptwörter im Italienischen ein Geschlecht und eine Mengenangabe besitzen.

Geschlecht	Singular	Plural
Maskulin	il	i
Maskulin	lo	gli
Feminin	la	le
Maskulin/feminin	l'	gli/le

Es gibt zwei männliche Artikel. In der ersten Reihe stehen die Artikel, die bei einem männlichen Hauptwort verwendet werden, das mit einem Konsonanten beginnt. (Ausnahmen: Es beginnt mit einem *z* oder mit einem *s* und einem weiteren Konsonanten.) In diesen Fällen nutzt man den männlichen Artikel in der zweiten Reihe.

Nützliche italienische Phrasen

Wenn Sie in einem italienischsprachigen Land unterwegs sind, sollten Sie zumindest einige grundlegende Phrasen beherrschen:

Hallo.	Ciao.
Guten Morgen.	Buongiorno.
Guten Abend.	Buona sera.
Wo ist das Badezimmer?	Dove posso trovare il bagno?
Was kostet das?	Quanto costa questo?
Vielen Dank.	Grazie.
Sprechen Sie Deutsch?	Parla tedesco?
Können Sie mir helfen?	Può aiutarmi?/Puoi aiutarmi? (förmlich/formlos)
Wann fährt der Zug?	Quando parte il treno?

Deutsch

Die Wurzeln Deutsch zählt heutzutage zu den größten indogermanischen Sprachen. Deutsch enthält Begriffe aus dem Latein, ist aber keine romanische Sprache. Der nächste Verwandte des Deutschen ist das Englische, es ist aber auch mit Niederländisch, Norwegisch, Dänisch und Schwedisch verwandt. Die älteste bekannte Angabe zur Sprache reicht auf das Jahr 750 zurück. Die Entwicklung der deutschen Sprache wird in drei Phasen unterteilt: Althochdeutsch, Mittelhochdeutsch und Neuhochdeutsch.

Althochdeutsch Althochdeutsch wurde von etwa 750 bis 1050 gesprochen. Altniederdeutsch war als Altsächsisch bekannt und wurde von den Menschen an der Nordwestküste Deutschlands und der Niederlande gesprochen. Während der Völkerwanderung begann sich der Klang der deutschen Sprache zu ändern. Man spricht hier von der deutschen Lautverschiebung und sie führte dazu, dass sich Althochdeutsch von Altsächsisch zu unterscheiden begann.

Mittelhochdeutsch Aus dem Altniederdeutschen entwickelte sich das Mittelniederdeutsch. Diese Sprache wurde an Nord- und Ostsee gesprochen und beeinflusste die nordischen Sprachen stark. Aus dem Althochdeutschen wurde das Mittelhochdeutsche, das etwa von 1050 bis 1350 verwendet wurde. »Hoch« und »Nieder« beziehen sich auf die Landesteile, in denen die Menschen lebten. Zur damaligen Zeit entwickelte sich auch eine Schriftsprache und das Mittelhochdeutsche löste im offiziellen Schriftverkehr Latein ab.

Neuhochdeutsch Das Neuhochdeutsch entstand um 1500 und wird bis heute verwendet. 1880 wurden erstmals Grammatikregeln festgeschrieben, 1901 wurden sie als verbindlich für die deutsche Sprache erklärt. Deutsch ist heute die offizielle Sprache für Kirche, Staat, Bildungswesen und die Künste.

Deutsch heute Deutsch zählt heute zu den am meisten gesprochenen Sprachen in der Europäischen Union und zu den drei Sprachen, die am meisten gelernt werden. Es ist Amtssprache in Deutschland, Österreich, der Schweiz, Luxemburg und Liechtenstein sowie in Teilen von Belgien, Rumänien, Frankreich und Italien. Mehr als 100 Millionen Menschen weltweit sprechen Deutsch.

Portugiesisch

Die Wurzeln Portugiesisch rangiert auf Platz sechs der meistgesprochenen Sprachen der Welt. Die romanische Sprache entwickelte sich aus der Form des Lateinischen, die an der Westküste der iberischen Halbinsel gesprochen wurde. Von 409 bis 711 lebten dort germanische Völker, vom 9. bis zum 11. Jahrhundert fand die galicisch-portugiesische Sprache erstmals in offiziellen Dokumenten Anwendung. Im 11. Jahrhundert übernahmen die Christen in der Region das Sagen und Portugiesisch und Galicisch entwickelten sich eigenständig weiter.

Dialekte Das Portugiesische weist viele Dialekte auf, die beiden wichtigsten sind der brasilianische und der europäische. Sie unterscheiden sich durch unterschiedliche grammatikalische Formen und unterschiedliche Phonologie. Der europäische Dialekt ähnelt stärker dem Portugiesisch, wie es in den ehemaligen portugiesischen Kolonien in Asien und Afrika gesprochen wird, während der brasilianische Dialekt in Brasilien gesprochen wird, was ihn zur am häufigsten gesprochenen Form macht.

Verwandte Sprachen Portugiesisch ist eine westiberische romanische Sprache und eng mit Spanisch, Galicisch, Fala, Leonesisch und Mirandesisch verwandt. Galicisch und Fala sind die nächsten Verwandten. Galicisch und Portugiesisch waren früher eine Sprache (die galicisch-portugiesische Sprache) und das Vokabular des Galicischen ist dem Portugiesischen bis heute sehr ähnlich. Fala ist ein Abkömmling des Galicisch-Portugiesischen und wird in mehreren spanischen Kleinstädten gesprochen.

Das Orthografie-Abkommen von 1990 1990 verständigten sich alle portugiesischsprachigen Länder in einem internationalen Abkommen auf ein einheitliches Schriftsystem, was sowohl beim europäischen als auch beim brasilianischen Portugiesisch zu Änderungen der Schreibweise führte. Einige Buchstaben wurden entfernt, andere (*k*, *w* und *y*) hinzugefügt, außerdem einigte man sich auf Regelungen für die Nutzung des Bindestrichs und die Großschreibung.

Portugiesisch heute Rund 279 Millionen Menschen sprechen Portugiesisch und es ist die Amtssprache von neun Nationen. Portugiesisch ist die meistgesprochene Sprache der Südhalbkugel. Es gab Anstrengungen, Portugiesisch zu einer offiziellen Arbeitssprache der Vereinten Nationen zu machen, doch dies scheiterte bislang unter anderem daran, dass der Großteil der portugiesischen Muttersprachler auf einem einzigen Kontinent lebt.

Nützliche portugiesische Phrasen Wenn Sie in einem portugiesischsprachigen Land unterwegs sind, sollten Sie zumindest einige grundlegende Phrasen beherrschen:

Hallo.	Olá.
Auf Wiedersehen.	Adeus.
Guten Tag.	Bom dia.
Guten Abend.	Boa tarde.
Ja.	Sim.
Nein.	Não.
Danke.	Obrigado.
Wie viel?	Quanto?
Ich spreche kein Portugiesisch.	Eu não falo Português.
Hey, Schiri! Warum gibt es keinen Elfer?	Oí, árbitro! Cadê o penalty?
Brasilien ist wunderbar!	O Brasil é lindo maravilhoso!

Polnisch

Die Wurzeln Polnisch ist eine westslawische Sprache. Als sich im Mittelalter die protoslawischen Stämme in Europa niederließen, bildeten sich drei Gruppen heraus – eine westliche, eine östliche und eine südliche Gruppe. Polnisch entwickelte sich während des 10. Jahrhunderts mit dem Entstehen des ersten polnischen Staats. Mit fortschreitender Christianisierung des Lands übernahmen die Polen auch das lateinische Alphabet, was es den Menschen erstmals ermöglichte, Polnisch zu schreiben. Bis dahin war Polnisch nur gesprochen worden. Mit der Zeit wurde das Alphabet um zusätzliche Buchstaben ergänzt.

Dialekte Es gibt im Polnischen mehrere Dialekte. Großpolnisch ist der Dialekt des Westens, Kleinpolnisch wird im Süden und Südosten des Landes gesprochen, Masowisch in östlichen und zentralen Landesteilen, Schlesisch im Süden und Südwesten und Goralisch an den Grenzen zu Tschechien und der Slowakei. Aufgrund von Migrationsbewegungen ist Goralisch stark vom Rumänischen beeinflusst.

Kaschubisch Kaschubisch gehört zu den stärker verbreiteten Sprachvarianten des Polnischen. Es wird im Norden Polens westlich von Danzig und in Pommern gesprochen. Lange wurde darüber diskutiert, ob Kaschubisch eine eigenständige Sprache oder ein weiterer Dialekt des Polnischen ist, dann beschloss man, Kaschubisch als eigene Sprache zu behandeln. Die Ähnlichkeiten zwischen den beiden Sprachen sind sehr auffällig, Polnischsprecher können Kaschubisch allerdings nur lesen, die gesprochene Form werden sie nicht verstehen.

Polnische Grammatik Die polnische Grammatik ist stark vom altslawischen System beeinflusst. Die Enden von Hauptwörtern, Fürwörtern und Adjektiven ändern sich je nach Funktion und es gibt sieben Fälle (Nominativ, Genitiv, Dativ, Akkusativ, Instrumental, Lokativ und Vokativ). Es gibt zwei Numeri (Singular und Plural) und wie bei vielen slawischen Sprachen gibt es auch im Polnischen keine bestimmten oder unbestimmten Artikel.

Polnisch heute 40 Millionen Menschen weltweit sprechen Polnisch. Es ist die Amtssprache von Polen und dient in Teilen von Litauen, Russland, Belarus, Kasachstan und der Ukraine als Zweitsprache, was mit Migration, Umsiedelungen und Änderungen des Grenzverlaufs nach dem Zweiten Weltkrieg zusammenhängt. Unter den slawischen Sprachen ist Polnisch die am dritthäufigsten gesprochene.

Nützliche polnische Phrasen Wenn Sie in Polen unterwegs sind, sollten Sie zumindest einige grundlegende Phrasen beherrschen:

Guten Morgen.	Dzień dobry.
Guten Abend.	Dobry wieczór.
Hallo.	Cześć.
Auf Wiedersehen.	Do widzenia. (förmlich) Do zobaczenia. Narazie! Cześć! (formlos)
Ich verstehe nicht.	Nie rozumiem.
Ich spreche Englisch.	Mówię po angielsku.
Danke.	Dzięki./Dziękuję./Serdecznie dziękuję.

Wo ist die Toilette?	Gdzie jest toaleta?
Was kostet das?	Ile to kosztuje?/Po ile to jest?

Russisch

Die Wurzeln Im 6. Jahrhundert verließen die Slawen den polnischen Raum und ließen sich schrittweise auf dem Balkan nieder. Im 10. Jahrhundert gab es drei ähnliche, aber doch unterschiedliche Sprachgruppen – das Westslawische, das Südslawische und das Ostslawische. Ostslawisch ist ein direkter Vorfahr von Belarussisch, Ukrainisch und Russisch. Diese Sprachen teilen sich viele Grammatikregeln und hatten mit dem Altkirchenslawisch eine Schriftsprache gemein.

Kyrillisch Im 9. Jahrhundert erhielten die Missionare Konstantin und Method den Auftrag, die altkirchenslawische Sprache schriftlich festzuhalten und den Menschen von Mähren das Christentum näher zu bringen. Konstantin, der auf dem Sterbebett seinen Namen in Kyrill änderte, entwickelte ein slawisches Alphabet, das heute als Kyrillisch bekannt ist. Es basierte stark auf dem griechischen Alphabet und enthielt für Laute, die vom griechischen System nicht abgebildet werden konnten, zusätzliche Buchstaben.

Sprachreform durch Peter den Großen Im frühen 18. Jahrhundert gelangte Zar Peter der Große an die Macht. Im Zuge seiner politischen Reformen ließ er auch das Alphabet überarbeiten. Das neue Alphabet war vereinfacht und einige griechische Buchstaben fielen weg, dazu kamen Begrifflichkeiten aus Westeuropa. Die Sprache spiegelte eher das Europa nach der Renaissance als die Art und Weise, wie im Byzantinischen Reich Wörter betont wurden.

Wandel tut not Mitte des 18. Jahrhunderts musste die russische Schriftsprache an die tatsächlich gesprochene Sprache angepasst werden. Man unterschied zwischen drei Stilformen – eine Hochsprache, auch Kirchenslawisch genannt, die in der Religion und der Poesie verwendet wurde; eine Mittelsprache, die in der Wissenschaft und der Prosa Anwendung fand; und eine niedere Sprache, die bei Komödien und für persönlichen Schriftwechsel eingesetzt wurde. Aus dem mittleren Stil entstand das Russisch, das heute existiert. Es handelt sich um eine Kombination aus Ostslawisch und Kirchenslawisch.

Die Rechtschreibreform von 1918 Kurz nach der Oktoberrevolution wurde die russische Sprache aus politisch-ideologischen Gründen erneut vereinfacht. Dieses Mal fielen vier Buchstaben weg, ebenso ein stiller Buchstabe am Ende von Wörtern. Neu hinzu kam politische Terminologie, außerdem wurde die Höflichkeitsform gegenüber der Oberklasse abgeschafft. Diese Schritte waren charakteristisch für das, was sich die neue autoritäre Regierung als Ziele gesteckt hatte.

Nützliche russische Phrasen Wenn Sie in Russland unterwegs sind, sollten Sie zumindest einige grundlegende Phrasen beherrschen. Diese sind nicht auf Kyrillisch geschrieben, es handelt sich vielmehr um die Aussprache im uns vertrauten Alphabet.

Guten Tag.	Dobry den.
Hi/hallo.	Privet.
Sprechen Sie English?	Govorite li vy po angliyski?
Ich muss auf die Toilette.	Mne nuzhno otoyti v tualet.
Wie spät ist es?	Kotoryy chas?
Auf Wiedersehen.	Do svidaniya.
Ja.	Da.
Nein.	Net.

Griechisch

Mykenisches Griechisch Das mykenische Griechisch ist die älteste Form der griechischen Sprache. Sie wurde vom 16. bis zum 11. Jahrhundert vor unserer Zeitrechnung in Mykene und auf Kreta gesprochen. Als einziges Dokument zum mykenischen Griechisch sind die sogenannten Linear-B-Tafeln erhalten, die eine Silbenschrift enthalten. Die Sprache bestand aus 88 Zeichen, die für Silben standen. Es wurde nicht zwischen kurzen und langen Vokalen oder doppelten Konsonanten unterschieden.

Altgriechisch Das klassische Griechisch oder Altgriechisch wurde in weiten Teilen des Römischen Reichs gesprochen. Es ist die Sprache, die man in den Werken Homers und aller berühmten Philosophen Athens findet. Es gab drei unterschiedliche Formen und Dialekte der Sprache, abhängig von den unterschiedlichen Stämmen und den von ihnen besiedelten Regionen – Dorisch (an der Küste des Peloponnes), Aiolisch (auf den Inseln der Ägäis) und Ionisch (an der Westküste Vorderasiens). Altgriechisch wurde zur *Lingua franca* im Mittelmeer, der Verkehrssprache für die unterschiedlichen Völker der Region. Es war zudem die Sprache, die für die Übersetzung des Neuen Testaments verwendet wurde.

Mittelgriechisch Mittelgriechisch wurde zu Zeiten des Byzantinischen Reichs ab 600 bis zur Eroberung von Konstantinopel durch die Osmanen im Jahr 1453 gesprochen. Es war die einzige Regierungssprache und ist bis zum heutigen Tag die Sprache der griechisch-orthodoxen Kirche. Mittelgriechisch gilt als Bindeglied zwischen Altgriechisch und modernem Griechisch. Im Laufe der Jahrhunderte haben die Sprachen der angrenzenden Völker und der Eroberer Griechenlands die Sprache beeinflusst und geformt.

Neugriechisch Als Neugriechisch gilt die Sprache, die seit dem Untergang des Byzantinischen Reichs im Jahr 1453 bis heute gesprochen wird. Es gab zwei Formen der gesprochenen Sprache – Dimotiki und Katharevousa. Katharevousa wurde in der Literatur, der Wissenschaft, der Verwaltung und der Justiz verwendet und imitierte das klassische Griechisch der Antike. 1976 wurde Dimotiki zur einzigen offiziellen Amtssprache erklärt und gilt nun als Standard für das Neugriechische.

Nützliche griechische Phrasen Wenn Sie in Griechenland unterwegs sind, sollten Sie zumindest einige grundlegende Phrasen (hier in der Umschrift) beherrschen:

Hallo (Singular).	Yia sou.
Hallo (Plural).	Yia sas.
Danke.	Efcharisto.
Entschuldigung.	Sygnómi.
Bitte.	Parakaló.
Wo ist die Toilette, bitte?	Pou eínai i toualéta, parakaló?
Wo ist der Strand?	Pou eínai i paralía?
Entschuldigung, ich spreche kein Griechisch.	Syngnómi, den miláo elliniká.
Was kostet das?	Ti kostízei aftó?

Bulgarisch

Über Bulgarisch Bulgarisch ist eine südslawische Sprache, die von 7 Millionen Menschen gesprochen wird. Es ist die offizielle Amtssprache der Republik Bulgarien, außerdem gibt es Minderheiten in Nachbarländern wie Griechenland, der Türkei, Nordmazedonien und der Ukraine, die Bulgarisch sprechen. Bulgarisch war vermutlich die erste slawische Sprache, die niedergeschrieben wurde, und ihre Entwicklung verlief in drei Phasen – Altbulgarisch, Mittelbulgarisch und Neubulgarisch.

Altbulgarisch Altbulgarisch war auch als Altkirchenslawisch bekannt (das bereits beim Thema »Russisch« auftauchte). Es wurde vom 9. bis zum 11. Jahrhundert gesprochen und war die erste slawische Schriftsprache, die im gesamten Land Anwendung fand. Altbulgarisch wies viele Eigenschaften anderer slawischer Sprachen auf, es gibt aber auch bestimmte Töne, die man nur im Bulgarischen fand.

Mittelbulgarisch Vom 12. bis zum 15. Jahrhundert durchlief die Sprache dramatische Veränderungen. Mittelbulgarisch war die offizielle Verwaltungssprache des Zweiten Bulgarischen Reichs. Viele Vokale büßten ihre nasale Qualität ein und im Westen wurden die Konsonanten härter ausgesprochen, während im Osten des Reichs weiterhin zwischen harten und weichen Konsonanten unterschieden wurde. Zu dieser Zeit entstand auch eine neue Klasse von Verben.

Neubulgarisch Neubulgarisch entstand im 16. Jahrhundert und war voller Lehnwörter aus dem Griechischen und dem Türkischen. Die heutige Schriftsprache beruht auf der Umgangssprache und wurde im 19. Jahrhundert standardisiert. Sie enthält auch Begriffe aus dem Russischen, Deutschen und Französischen. Es gibt keine einheitlichen Betonungsregeln, was bedeutet, man muss für jedes Wort die Betonung einzeln lernen. Im Gegensatz zu anderen slawischen Sprachen weist das Bulgarische bestimmte Artikel auf und hat nahezu sämtliche Fallformen der Hauptwörter verloren. Präpositionen und Satzordnung sind wie im Englischen.

Dialekte Die Schriftsprache wird im gesamten Land verwendet, aber es gibt mehrere Variationen der gesprochenen Sprache. Die Unterschiede, die es beim Mittelbulgarischen bei der

Aussprache von Konsonanten zwischen Ost und West gab, haben sich bis heute gehalten. Ein anderer großer Unterschied ist die Aussprache von Vokalen und es gibt sogar Wörter, die nur in bestimmten Landesteilen verwendet werden.

Nützliche bulgarische Phrasen Wenn Sie in Bulgarien unterwegs sind, sollten Sie zumindest einige grundlegende Phrasen beherrschen. Da in Bulgarien Kyrillisch geschrieben wird, handelt es sich auch hier um die Umschrift:

Hallo/hi.	Zdravey/Zdrasti.
Guten Morgen.	Dobro utro.
Guten Abend.	Dobar vecher.
Ja.	Da.
Nein.	Ne.
Vielen Dank.	Blagodarya.
Ich verstehe nicht.	Ne razbiram.
Wo ist die Toilette?	Kude e toiletnata
Was kostet das?	Kakvo struva tova
Können Sie mir helfen?	Moje li da mi pomognete?
Sprechen Sie Englisch?	Govorite li angliiski?
Mein Bulgarisch ist schlecht.	Balgarskiiat mi e losh.
Auf Wiedersehen.	Dovizhdane

Albanisch

Die Wurzeln Albanisch gehört keiner Familie der indoeuropäischen Sprachen an. Das Vokabular unterscheidet sich, obwohl die Sprache Wörter aus dem Germanischen, dem Baltoslawischen und dem Griechischen entlehnt. Albanisch geht möglicherweise auf das Illyrische zurück, eine Sprache, die bis zum 6. Jahrhundert im westlichen Balkan gesprochen wurde. Andere halten Albanisch für einen Nachfolger von Dakisch oder Thrakisch, zwei Sprachen, die bis zum 5. Jahrhundert auf dem Balkan vorkamen. Im Albanischen heißt die eigene Sprache *Shqip*.

Einflüsse Die früheste Sprache, aus der sich das Albanische bediente, war das dorische Griechisch. Vom 2. bis zum 5. Jahrhundert absorbierte die albanische Sprache auch Elemente aus dem Griechischen und Lateinischen. Latein hatte den stärksten Einfluss auf die Sprache. Vom 7. bis zum 9. Jahrhundert übernahm die Sprache Elemente aus dem Südslawischen und Protorumänischen, als sich diese Stämme auf dem Balkan niederließen.

Dialekte Das Albanische kennt mit Toskisch und Gegisch zwei Dialekte, die seit mindestens einem Jahrtausend getrennt sind. Gegisch wird nördlich des Flusses Shkumbin gesprochen, Toskisch südlich davon. Der toskische Dialekt gilt als die offizielle Sprache des Landes. In Zentralalbanien wird eine Art Übergangssprache gesprochen.

Das albanische Alphabet Im Verlauf der Geschichte ist das albanische Alphabet auf unterschiedliche Weise niedergeschrieben wurden, unter anderem auf Griechisch, Türkisch und Kyrillisch. Zu Beginn des 20. Jahrhunderts erklärte die albanische Regierung das lateinische Alphabet zum Standard. Im Albanischen enthält es die folgenden Buchstaben:

A B C Ç D Dh E Ë F G Gj H I J K L Ll M N Nj O P Q R Rr S Sh T Th U V X Xh Y Z Zh

Grammatik Im Albanischen haben die Hauptwörter einen Fall, ein Geschlecht und bestimmte sowie unbestimmte Formen. Bestimmte und unbestimmte Artikel sind keine eigenständigen Wörter, sondern werden als Nachsilbe an das Wort gehängt. Adjektive stehen hinter den Hauptwörtern und passen zu Geschlecht und Menge des Hauptworts. Beim Konjugieren der Verben kommt es auf Fall und Person an.

Nützliche albanische Phrasen Wenn Sie in Albanien unterwegs sind, sollten Sie zumindest einige grundlegende Phrasen beherrschen:

Hallo.	Tungjatjeta.
Auf Wiedersehen.	Mirupafshim.
Danke.	Faleminderit.
Ja.	Po.
Nein.	Jo.
Ich spreche kein Albanisch.	Nuk flas Shqip.
Ich verstehe nicht.	Nuk kuptoj.
Sprechen Sie Deutsch?	Flisni Gjermanisht?

Entschuldigen Sie.	Më falni.
Guten Morgen.	Mirëmëngjes.
Guten Tag.	Mirëdita.
Guten Abend.	Mirëmbrëma.
Gute Nacht.	Natën e mire.
Wie heißen Sie?	Si ju quheni?

Niederländisch

Die Wurzeln Niederländisch ist eine westgermanische Sprache, genauer gesagt eine westniederfränkische Sprache. Sie lässt sich bis ins Jahr 500 zurückverfolgen, als sich Altfränkisch im Rahmen der hochdeutschen Lautverschiebung abspaltete. Beim Niederländischen unterscheidet man zwischen dem Altniederländischen (500 bis 1150), dem Mittelniederländischen (1150 bis 1500) und dem Neuniederländischen, das seit 1500 bis heute gesprochen wird.

Dialekte Es gibt im Niederländischen eine ausgesprochen große Zahl an Dialekten, man spricht von rund 28 Stück. Als Flämisch wird das Niederländisch bezeichnet, das in Belgien gesprochen wird, und in Flandern gibt es vier Arten von Flämisch: Westflämisch, Ostflämisch, Brabantisch und Limburgisch. Flämisch gilt als weicherer Dialekt und er bevorzugt alte Begrifflichkeiten. Das in den Niederlanden gesprochene

Niederländisch dagegen gilt als harsch, sogar feindselig klingend. Im Osten des Landes spricht man Niedersächsisch, in Holland Holländisch.

Veränderungen der Sprache Über die letzten 100 Jahre hat sich die Aussprache im Niederländischen gewandelt. Es ist zum Standard geworden, einige Buchstaben stimmlos auszusprechen, also harte Klänge statt der eigenen Sprache einzusetzen. Entsprechend dazu gibt es Bemühungen, die Schreibweise niederländischer Worte so phonologisch wie möglich zu gestalten.

Polderniederländisch Das Polderniederländisch ist eine Abwandlung des Niederländischen und wird in erster Linie von jüngeren Menschen gesprochen. Der Begriff wurde von Jan Stroop geprägt. Beim Polderniederländisch werden Diphthonge mit einem breiteren Mund und tiefer ausgesprochen. Diese Form scheint um die 1970er-Jahre herum aufgekommen zu sein und ursprünglich waren es Frauen mittleren Alters und die obere Mittelschicht, die diese Aussprache nutzten. Inzwischen breitet sich Polderniederländisch weit aus.

Niederländisch heute Niederländisch ist aktuell die Amtssprache von Belgien, den Niederlanden und der Republik Surinam. Es heißt, die Sprache sei eine Art Mischung aus Deutsch und Englisch, aber es ähnelt stärker dem Deutschen. Im 17. Jahrhundert wurde es standardisiert, heute sprechen 23 Millionen Menschen weltweit Niederländisch. Das heutige Niederländisch fängt an, stärker dem Dialekt zu ähneln, der in Holland gesprochen wird.

Nützliche niederländische Phrasen Wenn Sie in einem niederländischsprachigen Land unterwegs sind, sollten Sie zumindest einige grundlegende Phrasen beherrschen:

Hallo.	Hallo.
Guten Morgen.	Goedemorgen.
Guten Tag.	Goedendag.
Guten Abend.	Goedenavond.
Einen schönen Tag noch!	Nog een prettige dag.
Ich verstehe nicht.	Ik begrijp het niet.
Entschuldigen Sie.	Neem me niet kwalijk.
Was kostet das?	Hoevell kost dit?
Danke.	Dank U.
Wo ist die Toilette?	Waar is de WC?
Auf Wiedersehen.	Tot ziens.

Schwedisch

Die Wurzeln Schwedisch ist eine nordgermanische Sprache mit Einflüssen aus dem Mittelniederdeutsch. Sie stammt ursprünglich vom Altnordisch ab, das sich im 9. Jahrhundert in Altwestnordisch und Altostnordisch aufspaltete. Altostnordisch wurde in Schweden und Dänemark gesprochen, bis sich im 12. Jahrhundert die Sprache in diesen beiden Ländern zu verändern begann. Es entwickelten sich Altschwedisch und Altdänisch.

Altschwedisch Altschwedisch wurde von 1225 bis ins späte 14. Jahrhundert gesprochen. Es war eine viel komplexere Sprache als das heutige Schwedisch und wies einen sehr starken Einfluss des Mittelniederdeutschen auf. Die christliche Kirche spielte damals eine gesellschaftlich bedeutende Rolle und Dokumente wurden in Latein verfasst. Begriffe aus dem Lateinischen, dem Griechischen und dem Niederländischen flossen ins Altschwedische ein.

Neuzeitliches Schwedisch Mit dem Aufkommen von Druckerpressen und der Reformation begann sich die schwedische Sprache zu verändern. König Gustav I. Wasa (1496–1560) ließ die Bibel ins Schwedische übersetzen. Diese Version, eine Mischung aus Altschwedisch und der damaligen Umgangssprache, blieb bis 1917 die meistgenutzte Bibelversion in Schweden. Mit der Zeit wurden Veränderungen an bestimmten Tönen der Sprache vorgenommen, so wurden einige Konsonanten abgeschwächt und Konsonantencluster assimiliert.

Zeitgenössisches Schwedisch Das heute in Schweden gesprochene Schwedisch (*Nusvenska*) kam zum Ende des 19. Jahrhunderts auf. Ein Großteil der Schriftsprache ähnelte stärker der gesprochenen Sprache und förmliche Einschränkungen wurden fallengelassen. Mit der Rechtschreibreform von 1906 wurde die Sprache standardisiert, in den 1960er-Jahren erfolgte noch einmal eine große Veränderung in Form der »Du-Reform«, bei der ältere, förmlichere Formen der Anrede durch das Du abgelöst wurden.

Schwedisch

Dialekte Es gibt sechs zentrale Dialekte im Schwedischen: Nordschwedisch, Südschwedisch, finnisches Schwedisch, Svealand-Schwedisch, Götaland-Schwedisch und Gotland-Schwedisch. Diese Dialekte unterscheiden sich von der Standardsprache und ihre Entwicklung reicht teilweise bis zum Altnordischen zurück. Sie treten stark lokalisiert auf und die Sprecher dieser Dialekte beherrschen auch die Standardsprache.

Nützliche schwedische Phrasen Wenn Sie in Schweden unterwegs sind, sollten Sie zumindest einige grundlegende Phrasen beherrschen:

Hallo.	Hej.
Guten Morgen.	God morgon.
Guten Tag. (am Nachmittag)	God eftermiddag.
Guten Abend.	God kväll.
Gute Nacht.	God natt.
Ich verstehe nicht.	Jag förstår inte.
Was kostet das?	Hur mycket kostar det?
Wo ist die Toilette?	Var är toaletten?
Prost!	Skål!
Verzeihung.	Ursäkta.
Danke.	Tack.
Auf Wiedersehen!	Hej då.

Finnisch

Finnisch gehört zur Familie der uralischen Sprache und stammt vom protofinnischen Samisch ab. Samisch wurde nicht etwa, wie man vermuten könnte, in Finnland gesprochen, sondern in der Region des heutigen Sankt Petersburg. Als sich das Samische nordwärts ausbreitete, entwickelte sich eine der Tochtersprachen zum Finnischen. Um das 1. Jahrhundert herum spalteten sich die finnischen Sprachen voneinander ab, was sich bis zum heutigen Tag stark auf die finnischen Dialekte auswirkt.

Finnisch im Mittelalter

Bis zum Mittelalter war Finnisch eine ausschließlich gesprochene Sprache. Im Mittelalter war Finnland vom katholischen Schweden besetzt. Die Verwaltungssprache war Schwedisch, die Kirchensprache Latein, Geschäfte wurden auf Mittelniederdeutsch abgewickelt. Dadurch blieb nur wenig Raum für das Finnische. Dennoch stammen aus dieser Zeit, etwa um das Jahr 1450 herum, die ersten Belege für geschriebenes Finnisch.

Das Schriftsystem

Im 16. Jahrhundert entwickelte der finnische Bischof Mikael Agricola die erste umfassende finnische Schriftsprache und das System zur Übersetzung der Bibel. Die Orthografie basierte auf Latein, Schwedisch und Deutsch. Später wurde Agricolas System überarbeitet, um es phonemischer zu machen. Bestimmte Phoneme gingen mit der Zeit verloren.

Modernisierung des Finnischen

Im 19. Jahrhundert wuchs die Notwendigkeit, die finnische Sprache zu verbessern. Seit Agricolas Schriftsystem war das geschriebene Finnisch nahezu ausschließlich für religiöse Dinge genutzt worden. Die Unterstützung für eine Nationalsprache wuchs, also unternahm man Anstrengungen, die Sprache zu modernisieren und zu verbessern. Ende des 19. Jahrhunderts wurde Finnisch – gemeinsam mit Schwedisch – zur Amtssprache für Journalismus, Literatur, Wissenschaft und Verwaltung.

Dialekte Die finnische Sprache enthält zwei Arten von Dialekten, einen westlichen und einen östlichen. Die beiden Dialekte ähneln sich recht stark, es gibt allerdings einige Unterschiede bei Diphthongen, Reimen und Vokalen. Der offensichtlichste Unterschied zwischen den beiden Dialekten ist die Aussprache des Buchstaben *d*. Ansonsten sind Grammatik, Vokabular und Phonologie zu weiten Teilen identisch.

Nützliche finnische Phrasen Wenn Sie in Finnland unterwegs sind, sollten Sie zumindest einige grundlegende Phrasen beherrschen:

Hallo.	Terve.
Guten Morgen.	Hyvää huomenta.
Guten Tag. (am Nachmittag)	Hyvää päivää.
Guten Abend.	Hyvää iltaa.
Ja.	Kyllä.
Nein.	Ei.
Vielen Dank.	Kiitos.
Sprechen Sie Englisch?	VPuhutteko englantia?

Ich spreche kein Finnisch.	Minä en puhu suomea.
Ich verstehe nicht.	Minä en ymmärrä.
Wo ist die Toilette?	Missä on WC?
Auf Wiedersehen!	Näkemiin.

Isländisch

Die Wurzeln Isländisch ist eine nordgermanische Sprache und eigentlich ein Dialekt des Norwegischen. Im 9. Jahrhundert kamen Altnordisch sprechende Siedler aus Norwegen nach Island. Aufgrund der geografischen Isolierung entwickelte sich die Sprache mit der Zeit anders als das Norwegische. Auch andere skandinavische Siedler hatten Einfluss auf die Entwicklung der Sprache, was dazu führte, dass die Gemeinsamkeiten aller unterschiedlichen Sprachen verstärkt wurden und die Unterschiede mit der Zeit verschwanden.

Mittelisländisch Von 1350 bis 1550 nahmen die Unterschiede zwischen Norwegisch und Isländisch deutlich zu. Das Isländische durchlief eine Spaltung – ein Teil der Sprache blieb rein, der zweite machte eine deutliche Transformation durch. Zu den Veränderungen gehörte eine Diphthongierung langer Vokale, während kurze Vokale weniger angespannt wurden. Es tauchten vorher fehlende Konsonantenphoneme auf, stimmlose Konsonanten wurden nun aspiriert. Diese Veränderungen wurden niemals geschrieben, sondern waren rein phonetischer Natur.

Neuisländisch Mit dem Aufkommen von Druckerpressen, der Reformationsbewegung und der Übersetzung der Bibel bildete sich ab 1550 ein modernes Isländisch heraus. Sowohl am Vokalsystem als auch am System der Konsonanten wurden Veränderungen vorgenommen. Im 19. Jahrhundert führten die Isländer das moderne Alphabet ein. Es basierte auf dem Alphabet des 12. Jahrhunderts, hinzu kamen einige Anpassungen, um germanische Konventionen berücksichtigen zu können. Im 20. Jahrhundert wurde der Buchstabe *é* als Ersatz für *je* eingeführt und der Buchstabe *z* wurde abgeschafft.

Einflüsse im Isländischen Dänisch war eine Zeitlang Amtssprache Islands, davon ist aber kaum etwas zurückgeblieben. Im 19. Jahrhundert wurde die Sprache von dänischen Einflüssen gesäubert, heutzutage werden nur wenige dänische Begriffe verwendet. Aufgrund der germanischen Wurzeln der Sprache lassen sich lateinische Einflüsse ausmachen, aber mit der Ausnahme des Englischen ist Isländisch von keiner anderen Sprache stark beeinflusst worden. Die jüngere Generation hat das Englische an das morphologische und phonetische System des Isländischen angepasst.

Phonologie Dass es nur wenige, noch dazu auf vergleichsweise engem Raum lebende Menschen gibt, die Isländisch sprechen, hat dazu geführt, dass sich relativ wenige Dialekte gebildet haben. Die Sprache enthält Diphthonge, Monophthonge (reine Vokale mit fester Aussprache) und Konsonanten, die stimmhaft oder stimmlos ausgesprochen werden. Im Isländischen gibt es unterschiedliche Aspiration (hörbare Hauchgeräusche eines Lauts) zwischen den Plosiven (Konsonanten, deren Artikulation den Luftstrom beim Atmen unterbricht).

Nützliche isländische Phrasen Wenn Sie in Island unterwegs sind, sollten Sie zumindest einige grundlegende Phrasen beherrschen:

Hallo.	Halló.
Guten Morgen.	Godan dag.
Guten Tag. (am Nachmittag)	Godan daginn.
Gute Nacht.	Goda nott.
Danke.	Takk.
Ich verstehe nicht.	Eg skil ekki.
Sprechen Sie Englisch?	Talardu ensku?
Was kostet das?	Hvad kostar?
Auf Wiedersehen.	Bless.

Kroatisch

Die Wurzeln Kroatisch ist eine südslawische Sprache. Sie entwickelte sich aus dem lokalen Dialekt des Altkirchenslawischen, das im 9. Jahrhundert Amtssprache des Landes wurde. Kroatisch verwendete im Laufe der Zeit drei Alphabete – das kyrillische, das glagolitische und das lateinische. Die Sprache weist starke Einflüsse des Slowenischen und des Serbischen auf.

Versuche, Kroatisch zu standardisieren Im 17. Jahrhundert unternahm man den Versuch, das von zwei Dynastien regierte Kroatien zu vereinigen. Als Dialekt für die Vereinigung wurde Ikavisch-Kajkavisch bestimmt, weil dieser Dialekt eine Art Zwischenprodukt aller anderen Dialekte war. Als die Dynastien jedoch unter die Macht des Kaisers des Heiligen Römischen Reichs gerieten, wurde die Standardsprache aufgeben und durch Neu-Stokavisch ersetzt.

Die Illyrische Bewegung und die weitere Entwicklung Im 19. Jahrhundert gab es eine Bewegung, die eine gemeinsame südslawische Literatursprache erschaffen wollte. Diese Bewegung war als Illyrismus bekannt. Als Standardsprache für Kroaten und Serben wählte man Stokavisch und die serbokroatische Sprache wurde standardisiert. 1954 legte das Abkommen von Novi Sad Serbokroatisch als Sprache mit zwei Varianten fest und so blieb es bis zum Zerfall Jugoslawiens im Jahr 1991. Daraufhin brachen mehrere Dispute los.

Phonologie Das kroatische Alphabet (das vom lateinischen Alphabet abstammt) besitzt 30 Buchstaben, davon sind 25 Konsonanten und nur 5 Vokale. Vokale können lang oder kurz sein und wenn sie betont werden, erhalten sie eine auf- oder absteigende Note. Konsonanten zu verstehen, ist etwas schwieriger. Es handelt sich um Affrikate (sie beginnen als Stopp und enden mit einer unvollständigen Schließung) und Palatale (bei denen die Zunge an den Gaumen gedrückt wird).

Heutiges Kroatisch Heute gibt es sechs Millionen Menschen, die Kroatisch sprechen, die Amtssprache von Kroatien. Kroatisch wird auch in Herzegowina, Bosnien, der Slowakei, Italien, Österreich und Ungarn gesprochen. Kroatisch, Bosnisch und Serbisch sind sich ausgesprochen ähnlich, aber eine weitreichende und verwickelte kulturelle, politische und religiöse Geschichte hat dazu geführt, dass die Sprecher der jeweiligen Sprache vor allem die Unterschiede zwischen den Sprachen betonen.

Nützliche kroatische Phrasen Wenn Sie in Kroatien unterwegs sind, sollten Sie zumindest einige grundlegende Phrasen beherrschen:

Hallo.	Zdravo.
Freut mich, Sie kennenzulernen.	Drago mi je.
Guten Morgen.	Dobro jutro.
Guten Tag.	Dobar dan.
Gute Nacht.	Laku noć.
Ja.	Da.
Nein.	Ne.
Bitte.	Molim.
Danke.	Hvala.
Entschuldigung.	Oprostite.
Ich verstehe nicht.	Je ne razumijem.
Was kostet das?	Koliko kosjta?

Wo ist die Toilette?	Gdje je zahod?
Auf Wiedersehen.	Zbogom.

Tschechisch

Die Wurzeln Tschechisch ist eine westslawische Sprache, die bis zum 19. Jahrhundert Böhmisch hieß. Die ältesten bekannten Schriftstücke auf Tschechisch stammen aus dem 11. Jahrhundert und waren im lateinischen Alphabet geschrieben. Aufgrund der geografischen Lage und der turbulenten politischen Geschichte weist das Tschechische viele Einflüsse des Deutschen auf. Grammatikalisch und phonetisch finden sich viele Spuren des Deutschen und des Slawischen.

Das 15. Jahrhundert Im 15. Jahrhundert standardisierte der Reformator Jan Hus die Schreibweisen. In seiner Reform wies er jedem Ton einen Buchstaben zu. Indem er bestimmte Buchstaben um Akzente (als Punkte oder Striche) ergänzte, konnte er eine Standardschreibweise auf der Grundlage des lateinischen Alphabets erschaffen. Dieses System gilt bis zum heutigen Tag.

Die »Bauernsprache« Bis zum 14. Jahrhundert unterdrückte die Obrigkeit Tschechisch. Es galt als Sprache der Bauern und nicht wert, in irgendeiner Form literarisch festgehalten oder standardisiert zu werden. Nach Jan Hus tauchte das Tschechische erstmals in der Literatur auf. Im 19. Jahrhundert kam eine

Bewegung auf, die den Dialekt auf Grundlage einer älteren Form des Tschechischen standardisieren wollte. In Mähren und Schlesien wird dieser Dialekt noch gesprochen.

Tschechisch und Slowakisch Tschechisch und Slowakisch sind sich sehr ähnlich. Tschechien und die Slowakei waren früher als Tschechoslowakei ein einziges Land, das jedoch nach dem Sturz des kommunistischen Regimes zerbrach. Es gibt kleinere Unterschiede, aber wer Tschechisch spricht, kann gesprochenes und schriftliches Slowakisch verstehen, und andersherum.

Dialekte Im Tschechischen gibt es zwei wichtigere Dialekte und wo sie gesprochen werden, hängt vor allem vom Landesteil ab. Der häufigste Dialekt wird Gemeinböhmisch oder Gemeintschechisch genannt und vor allem in Böhmen verwendet. Der andere Dialekt ist eher in Mähren und Schlesien anzutreffen und basiert auf dem Standardtschechischen. In Mähren und Schlesien gibt es mehr lokale Dialekte als beim Gemeinböhmischen. In Schlesien beispielsweise gibt es Bevölkerungsteile, die eine Mischung aus Tschechisch und Polnisch sprechen.

Nützliche tschechische Phrasen Wenn Sie in Tschechien unterwegs sind, sollten Sie zumindest einige grundlegende Phrasen beherrschen:

Hallo.	Dobrý den.
Guten Morgen.	Dobré ráno.
Guten Abend.	Dobrý večer.

Wie heißen Sie?	Jak se jmenujete?
Ich spreche kein Tschechisch.	Nemluvím česky.
Ich verstehe nicht.	Nerozumím.
Danke.	Děkuji.
Wo ist das Bad?	Kde jsou toalety?
Was kostet das?	Kolik to stojí?
Auf Wiedersehen.	Na shledanou.

Ungarisch

Die Wurzeln Ungarisch, Eigenbezeichnung »Magyar«, ist eine uralische Sprache. Uralische Sprachen sind nicht mit indoeuropäischen Sprachen verwandt und entstanden im russischen Ural-Gebirge. Die Geschichte der Sprache kann in fünf Phasen unterteilt werden – Proto-Ungarisch (die Frühform des Ungarischen), Altungarisch (während des Mittelalters), Mittelungarisch (die Sprache entwickelte sich zu einer ähnlichen Form, wie sie heute existiert), Neuungarisch (als die Sprache einige Reformen durchlief) und schließlich modernes Ungarisch, wie es heutzutage gesprochen wird.

Türkischer Einfluss Von 400 bis 896 lebten die Ungarn als Nomadenvolk, dann besiedelten sie die Küste des Schwarzen Meers. Dabei kamen sie in Kontakt mit dem türkischen Volk. Nach dem Sturz Attilas ließen sich die Hunnen in dieser Region nieder und beherrschten die Ungarn. Zwischen dem 6. und dem 8. Jahrhundert ging das Reich der Hunnen unter und wurde von den Türken abgelöst. Auf diese Weise lernten die Ungarn das türkische Schriftsystem kennen, auf dem Altungarisch basiert. Das Wort »Magyar« stammt vom türkischen »Onugor« ab und die phonetische Sprache war extrem stark vom Türkischen beeinflusst.

Vielfältige Höflichkeitsformen Im Ungarischen gibt es vier Formen der Höflichkeit. Welche Form verwendet wird, hängt davon ab, wie viel Respekt man der Person entgegenbringt, die man anspricht, oder ob man sich von der Person, die man anspricht, distanzieren möchte. Dann gibt es ein weiteres, ähnliches, aber wortreicheres System (das man beispielsweise nutzt, wenn man zu Freunden der eigenen Eltern spricht) und noch eine weitere Form, die nicht zu den vorigen drei Kategorien passt.

Schriftsystem Als im Jahr 1000 Stefan I. König von Ungarn wurde, wurde das altungarische Schriftsystem schrittweise vom lateinischen Alphabet abgelöst. Das heutige System arbeitet noch immer mit dem lateinischen Alphabet, hat dieses aber erweitert, etwa um Buchstaben mit Akzent (beispielsweise *á, é, í, ú, ö* und *ü*), um bis dahin fehlende Töne abbilden zu können.

Dialekte Im Ungarischen gibt es neun wesentliche Dialektgruppen: die westtransdanubischen, transdanubischen, die Süddialekte, die Theiß-Dialekte, die Nordwestdialekte, die Nordostdialekte, die mittelsiebenbürgischen Dialekte, die Szekler Dialekte und die Tschango-Dialekte. Sie alle sind gegenseitig verständlich. Der wichtigste Dialekt ist Tschango, das im rumänischen Moldau um Bacău gesprochen wird. Aufgrund der geografisch isolierten Lage weist Tschango die größten Unterschiede aller Dialekte auf.

Nützliche ungarische Phrasen Wenn Sie in Ungarn unterwegs sind, sollten Sie zumindest einige grundlegende Phrasen beherrschen:

Guten Morgen.	DJó reggelt kívánok.
Guten Tag. (am Nachmittag)	Jó napot kívánok. (Dient auch als »Hallo«.)
Guten Abend.	Jó estét kívánok.
Gute Nacht.	Jó éjszakát.
Danke.	Köszönöm.
Ich verstehe nicht.	Nem értem.
Ich spreche kein Ungarisch.	Nem beszélek magyarul.
Entschuldigung.	Elnézést.
Wo ist die Toilette?	Hol van a mosdó?
Auf Wiedersehen.	Szia.

Koreanisch

Die Wurzeln Koreanisch ist eine ural-altaische Sprache. Ural-altaische Sprachen entstanden im Norden Asiens, zur Familie gehören Turksprachen, Mongolisch, Finnisch und Ungarisch. Allen grammatikalischen Ähnlichkeiten zum Trotz konnte man bislang keine Verbindung zwischen Koreanisch und Japanisch feststellen. Von 108 vor unserer Zeitrechnung bis zum Jahr 313 hielten die Chinesen den Norden Koreas besetzt und im 5. Jahrhundert war klassisches Chinesisch die Schriftsprache des Landes. Große Teile der chinesischen Sprache wurden entliehen.

Das koreanische Schriftsystem Das koreanische Alphabet Hangeul entstand 1444. Die Form der Konsonanten richtet sich nach der Form, die der Mund bei der Aussprache macht. Geschrieben wird von oben nach unten und von rechts nach links, was genauso wie die Methode, die Symbole blockweise zu schreiben, vom Chinesischen übernommen wurde. Nach dem Entstehen von Hangeul konnten die meisten Koreaner sowohl in Hangeul wie auch in klassischer chinesischer Schrift schreiben. Während des 19. und 20. Jahrhunderts war Hanja populär, eine Mischung aus beiden Systemen. Nach 1945 ließ die Nutzung chinesischer Schriftzeichen nach.

Vokabular Das Vokabular der koreanischen Sprache ist eine Mischung aus rein koreanischen Begriffen und sino-koreanischen Wörtern, die dem schriftlichen Chinesisch entliehen wurden oder koreanischen Wörtern, die auf Chinesisch geschrieben wurden. Das ist vergleichbar mit dem Einfluss von Griechisch und Latein auf indoeuropäische Sprachen. Viele der heutigen Lehnwörter stammen aus der englischen Sprache. In Nordkorea bevorzugt man die koreanischen Vokabeln gegenüber den sino-koreanischen Vokabeln.

Dialekte In Korea gibt es viele unterschiedliche Dialekte. In Südkorea basiert die Standardsprache auf dem Dialekt, der in der Hauptstadt Seoul gesprochen wird, in Nordkorea auf dem Dialekt, der in der Hauptstadt Pjöngjang gesprochen wird. Die Dialekte von Nord und Süd sind gegenseitig verständlich. Der am stärksten abweichende Dialekt wird auf der Insel Jeju gesprochen. Er enthält viele archaische Begriffe, die in der heutigen koreanischen Sprache ansonsten verloren gegangen sind.

Unterschiede zwischen Nord und Süd Die beiden Staaten sprechen zwar dieselbe Sprache, aber die dauerhafte Trennung hat zu kleinen sprachlichen Unterschieden geführt. Beide arbeiten mit denselben Buchstaben (*jamo*), aber einige der Buchstaben haben unterschiedliche Bezeichnungen. Außerdem schreibt der Norden eine *jamo* anders als der Süden. Im Süden werden Doppellaute und harte Konsonanten nicht getrennt ausgesprochen, im Norden schon.

Nützliche koreanische Phrasen:

Wenn Sie in Korea unterwegs sind, sollten Sie zumindest einige grundlegende Phrasen beherrschen. Sie sind hier in Lautschrift wiedergegeben.

Hallo.	Annyeonghaseyo.
Wie geht's?	Eotteohke jinaeseyo?

Freut mich, Ihre Bekanntschaft zu machen.	Mannaseo bangapseumnida.
Guten Morgen/Tag/Abend.	Annyeong hashimnikka.
Ich verstehe nicht.	Moreugesseumnida.
Wie viel kostet das?	Ige eolmayeyo?
Danke.	Gamsahabnida.
Wo ist die Toilette?	Hwajangsiri eodiyeyo.
Entschuldigung.	Shillehagessumnida.
Auf Wiedersehen!	Annyeonghi gyeseyo.

Japanisch

Die Wurzeln Japanisch gehört zur Sprachfamilie Japanisch-Ryukyu und ist mit Altaisch und den Ryukyu-Sprachen verwandt. Japanisch lässt sich in vier Phasen unterteilen – Altjapanisch (das um das 8. Jahrhundert herum endete, als der Einfluss Chinas beträchtlich zunahm), frühes Mitteljapanisch (794–1185), spätes Mitteljapanisch (1185–1600, als europäische Sprachen begannen, das Japanische zu beeinflussen) und Neujapanisch (seit 1600 bis heute).

Die Schrift Die japanische Schrift ist eine Mischung aus dem chinesischen Schriftsystem, zwei Kana-Silbenschriften (Alphabeten, die auf Symbolen, die im 9. Jahrhundert entwickelt wurden, um das Schreiben zu erleichtern), römischen Ziffern und Buchstaben. Vom 3. bis zum 5. Jahrhundert war das klassische Chinesisch offizielle Schrift der Japaner. Als sich die Sprache entwickelte, bildeten sich einige deutliche Unterschiede zwischen der japanischen und der chinesischen Form heraus. So ist Chinesisch eine monosyllabische Sprache (alle Wörter sind eine Silbe), Japanisch ist polysyllabisch.

Klang der Sprache Die japanische Sprache kennt keine Diphthonge, sondern setzt sich vielmehr aus Monophthongen zusammen, was heißt, dass die Vokale in der Sprache rein sind. Es existieren im Japanischen die fünf Vokale *a, e, i, o* und *u* und von jedem gibt es eine kurze und eine lange Form. Die meisten japanischen Silben enden auf einen Vokallaut. Es gibt im Japanischen einen Tonhöhenakzent, was bedeutet, dass die Tonhöhe im Anschluss an die betonte Silbe fällt.

Höflichkeit Beim Thema Höflichkeit weist die japanische Sprache ein sehr komplexes System auf und es gibt mindestens vier unterschiedliche Arten, eine Person anzusprechen. Die korrekte Anrede hängt von einer Reihe Faktoren ab, etwa dem Alter, der beruflichen Position und der Erfahrung. Es gibt sogar eine eigene Form der Höflichkeit, bittet man jemanden um einen Gefallen. Es gibt Unterschiede zwischen der höflichen Sprache (*tei-neigo*), der respektvollen Sprache (*sonkeigo*) und der bescheidenen Sprache (*kenjogo*), hinzu kommen Unterschiede zwischen der ehrenden und der bescheidenen Form.

Dialekte Japan ist ein gebirgiges Land und im Verlauf der Landesgeschichte gab es intern wie extern viel Isolation. Aus diesem Grund gibt es zahlreiche japanische Dialekte, die sich im Vokabular unterscheiden, dem Tonhöhenakzent, der Morphologie bestimmter Begrifflichkeiten und manchmal auch in der Aussprache. Die beiden Hauptdialektgruppen sind östliche und westliche Dialekte. Die östlichen Dialekte betonen die Konsonanten, die westlichen die Vokale.

Nützliche japanische Phrasen Wenn Sie in Japan unterwegs sind, sollten Sie zumindest einige grundlegende Phrasen beherrschen. Sie sind hier in Lautschrift wiedergegeben.

Hallo/Guten Morgen.	Konnichiwa.
Wie geht es Ihnen?	O genki desu ka?
Freut mich, Sie kennenzulernen.	Hajimemashite.
Guten Morgen.	Ohayō gozaimasu.
Guten Abend.	Konbanwa.
Entschuldigung.	Sumimasen.
Was kostet das?	Ikura desu ka?
Danke.	Dōmo.
Wo ist die Toilette?	Benjo wa doko desu ka?
Auf Wiedersehen.	Sayōnara.

Mandarin

Die Wurzeln Es gibt zahlreiche Varianten der chinesischen Sprache. Mandarin wird im Südwesten und Norden Chinas gesprochen und ist eine sinotibetische Sprache. Die Ursprünge des Mandarin liegen in der Hofsprache der Ming-Dynastie, wobei der Pekinger Dialekt einen starken Einfluss hatte. Ab dem 17. Jahrhundert wurde der Pekinger Dialekt in Schulen gelehrt, 1909 wurde er zur offiziellen Amtssprache erklärt. Auch als die Republik China entstand und die Notwendigkeit einer gemeinsamen Sprache zunahm, fiel die Wahl auf den Dialekt Pekings.

Altmandarin

Ab 960 eroberte Taizu die Region, die heute als China bekannt ist, und begründete die Nördliche Song-Dynastie. Als diese 1126 ihr Ende fand, entstand eine neue gemeinsame Sprache, heute bekannt als Altmandarin. Literatur und Kunst blühten in dieser Zeit auf und wurden in dieser Volkssprache festgehalten. Ein Großteil der grammatikalischen Elemente und Regeln und der Syntax finden sich bis heute im Mandarin wieder.

Standardisierung der Sprache

Auch als nach dem Sturz der Qing-Dynastie die Republik China gegründet wurde, blieb Mandarin die offizielle Amtssprache. 1949 riefen die Kommunisten dann die Volksrepublik China aus. Die Bestrebungen, Mandarin zur Landessprache zu machen, hielten an. Den Pekinger Dialekt, inzwischen als Hochchinesisch bekannt, erklärte man zur Amtssprache. Mandarin ist die offizielle Sprache in den Medien und im Bildungswesen. In Taiwan und einigen Bereichen von Festland-China (beispielsweise Hongkong) wird weiterhin Kantonesisch gesprochen, aber die Bevölkerung dort ist auch fließend in Mandarin. Offiziell gibt es zwei Arten von Mandarin - das Mandarin, auf das sich die Regierung der Volksrepublik China bezieht, und das Mandarin, auf das sich die Regierung der Republik China (Taiwan) bezieht.

Unterschiede in der Phonologie Mandarin ist eine Sprache, in der es auf die Betonung ankommt. Silben können unterschiedlich lang ausgesprochen werden, aber es gibt immer noch eine konstante Menge an Zeit zwischen den Silben. Das ist der Unterschied zwischen Mandarin und anderen chinesischen Sprachen wie Kantonesisch und Min Nan. Bei ihnen werden die Silben gleich lang ausgesprochen.

Dialekte Mandarin ist eine der am meisten gesprochenen Sprachen der Welt und aufgrund der Größe und dem Bevölkerungsreichtum Chinas gibt es zahlreiche Dialekte des Mandarin, etwa den nordöstlichen Dialekt, den südwestlichen Dialekt, den Pekinger Dialekt (auf dem Hochchinesisch basiert), den Dialekt der zentralchinesischen Ebene und den Ji-Lu-Dialekt. Praktisch alle Städte Chinas weisen eigene Varianten des Mandarin auf.

Nützliche Mandarin-Phrasen Wenn Sie in China unterwegs sind, sollten Sie zumindest einige grundlegende Phrasen beherrschen. Sie sind hier in Pinyin wiedergegeben, der offiziellen Romanisierung der chinesischen Sprache.

Hallo.	Nǐ hǎo.
Guten Morgen.	Zǎoān.
Guten Tag. (am Nachmittag)	Wǔān.
Guten Abend.	Wǎnān.
Ich verstehe nicht.	Wǒ tīngbùdǒng.
Entschuldigung.	Duìbùqǐ.
Wo ist die Toilette?	Cèsuǒ zài nǎli?

| Was kostet das? | Zhège duōshǎo qián? |
| Auf Wiedersehen. | Zàijiàn. |

Gebärdensprache

Die Wurzeln Die Ursprünge von Zeichensprachen lassen sich bis in das altertümliche Griechenland zurückverfolgen, wo Sokrates fand, es sei für gehörlose Menschen sinnvoll, mit ihren Händen und anderen Körperteilen zu kommunizieren. 1520 entwickelte Pedro Ponce de Léon ein System von Zeichen, das er Gehörlosen beibrachte. Er arbeitete vor allem mit einer Familie in Spanien. Zwischen 1715 und 1780 breitete sich Léons System in Europa aus und wurde um Handschläge ergänzt, die für Töne standen. Ende des 18. Jahrhunderts wurde in Frankreich das Nationalinstitut für Taubstumme gegründet, an dem gehörlose Menschen ausgebildet werden sollten. 1817 brachte der Amerikaner Thomas Gallaudet, der in Frankreich mit dem Gehörlosenpädagogen Laurent Clerc gearbeitet hatte, die Zeichensprache nach Amerika, wo er das Connecticut Asylum for the Education and Instruction of Deaf and Dumb Persons gründete. Auf Clerc geht ein Großteil der Arbeiten zurück, aus denen letztlich die American Sign Language entstand.

Gehörlosigkeit Von Gehörlosigkeit spricht man, wenn auf einem oder beiden Ohren die Fähigkeit zu hören, vollständig verloren gegangen ist. Ursache können diverse Gründe sein.

Gehörlosigkeit kann vererbt werden oder durch Krankheiten (beispielsweise eine Meningitis) verursacht werden, durch Komplikationen bei der Geburt, durch Medikamente, die das Gehör schädigen, oder durch extremen Krach. Menschen können gehörlos geboren werden (erblich bedingte Taubheit), Gehörlosigkeit kann aber auch schrittweise oder schlagartig auftreten. Bei Gehörlosigkeit lassen sich zwei Hauptarten unterscheiden - Schallleitungsschwerhörigkeit (wenn die Übertragung von Schallwellen gestört ist) und sensorineurale Taubheit (wenn die Nervenimpulse das Gehirn nicht erreichen). Im Altertum war die Meinung weitverbreitet, dass, wer gehörlos sei, auch nicht sprechen und deshalb auch nicht unterrichtet werden könne. Dieses Stigma sollte die Gemeinde der Gehörlosen viele Jahrhunderte lang verfolgen.

Gesprochene Sprache und Gebärdensprache Gebärdensprachen hängen nicht von gesprochener Sprache ab und weisen ihre eigenen grammatikalischen Strukturen auf. Es gibt ein Fingeralphabet, bei dem Buchstaben durch Handzeichen buchstabiert werden, aber das ist nur ein Teil der Gebärdensprache. Grundsätzlich sind Gebärdensprachen völlig getrennt von gesprochenen Sprachen und entwickeln sich auch unterschiedlich. Menschen aus Großbritannien und Amerika, die hören können, sprechen dieselbe Sprache und können sich gegenseitig verstehen, aber die American Sign Language und die British Sign Language sind komplett unterschiedlich. Nutzer dieser Gebärdensprachen können sich also gegenseitig nicht verstehen.

Unterschiedliche Arten von Gebärdensprachen Es gibt zahlreiche unterschiedliche Arten von Gebärdensprachen. Sie entwickelten sich separat und ohne Zusammenhang zur jeweils gesprochenen Landessprache und auch die Grammatik unterscheidet sich, aber dennoch enthalten sie manuell codierte Sprachen, integrieren also die gesprochene Sprachen ihres jeweiligen Landes. So können Personen, die die schwedische Gebärdensprache beherrschen, größtenteils auch Personen folgen, die die Gebärdensprachen von Dänemark, Island oder Norwegen verwenden (letztere stammen von der dänischen Gebärdensprache ab). Mit International Sign existiert eine internationale Gebärdensprache, die bei länderübergreifenden Veranstaltungen zum Einsatz kommt.

Schriftform Auch die Schriftform der Gebärdensprachen unterscheidet sich von den gesprochenen Formen der Sprache. Man spricht hier von Gebärdenschrift. 1974 entwickelte Valerie Sutton das System SignWriting, das auf der grafischen Notation von Ballettschritten basiert. Mithilfe visueller Symbole werden die Handhaltung, der Gesichtsausdruck und die Bewegungen der Gebärdensprache ausgedrückt. Oder anders formuliert: Das Alphabet zeigt, wie die Hände aussehen. SignWriting dient aktuell als Grundlage für 27 Gebärdenschriften.

Kommunikation mit Menschenaffen Sprache ist nicht nur eine Kommunikationsform, sondern eine ausschließlich auf den Menschen beschränkte Erfahrung. Untersuchungen zu der Frage, ob Menschenaffen fähig sind, eine Sprache zu entwickeln, könnten wichtige Erkenntnisse über die ersten Menschen liefern. Der erste Nichtmensch, der jemals Gebärdensprache gelernt hat und mit Menschen kommunizierte, war der Schimpanse Washoe, der von 1965 bis 2007 lebte. Seit den 1960er-Jahren wurden Schimpansen und Gorillas in Gebärdensprache unterrichtet, um kommunizieren zu können. Die

Gorilladame Koko, die von 1971 bis 2018 lebte, lernte in den 1970er-Jahren Gebärdensprache. 2004 war Koko Gegenstand zahlreicher Medienberichte, als sie ihren Pflegern per Gebärdensprache mitteilte, dass sie Zahnschmerzen habe und einen Arzt benötige.

Register

Tertiär 262
Toole, John Kennedy 132
Tortendiagramm 190
Transformation, natür-
liche 247
Treibhauseffekt 268
Treibhausgase 267
Trenton, Schlacht von 45
Trias 261
Trigonometrie 219 ff.
Truman, Harry S. 94
Tschechisch 362 ff.
Tutanchamun, Pharao
20
Twain, Mark 132

UdSSR, Ende der 83
Umfang (Geometrie)
208
Unabhängigkeitskrieg,
Amerikanischer 44
Unendlichkeit 248 f.
Unendlichkeitsformel
250
Ungarisch 364 ff.
Universum 278
Unternehmen
Barbarossa 75
Urban II., Papst 33
Urknall 278 ff.

van Eyck, Jan 37
Venensystem 308

Verdauungstrakt 302 f.
Verfassung, ameri-
kanische 47
Verne, Jules 139
Versailler Verträge 71 f.
Vielecke (Geometrie) 208
Vietnamkrieg 89 ff.
Viktorianische Literatur
155 ff.
Vin Fiz Flyer 63
Völsunga Saga 22
Volumen (Geometrie)
208
Vorhang, Eiserner 80

Wahrscheinlichkeits-
rechnung 225 ff.
Washington, George 45
Wasserkreislauf 265
Watson, James 321
Wells, Herbert George
(H. G.) 139
Weltkrieg, Erster 69 ff.
Weltkrieg, Zweiter 75 ff.
Weltwirtschaftskrise
72 ff.
Westgoten 21
Wetter 265 ff.
Wettervorhersagen 267
Wilkins, Maurice 321
Wind 266
Winkel 210 ff.
Wodehouse, Sir Pelham
Grenville (P. G.) 133

Wolken 265
Woolf, Virginia 166 ff.
Wortfiguren 120 ff.
Wright, Orville 62 ff.
Wright, Wilbur 62 ff.
Wright-Flyer 63
Wyclif, John 26

Xia-Dynastie 16 ff.

Yanshi 17
Yellow Press 59
Yorktown, Schlacht
von 46
Yu der Große 16 f.
Yuan-Dynastie 37

Zahlen 176 ff.
reelle 177
Zahlschrift, römische 177
Zellen 299 f.
Zhou-Dynastie 17
Zhu Yuanzhang 37, 39
Ziffern, arabische 177
Zikkurats 14
Zinn, Henry 149
Zweiter Golfkrieg 99 ff.
Zweiter Irakkrieg 103
Zweiter Weltkrieg 75 ff.
Zwergplaneten 277
Zwingli, Ulrich 27
Zytokinese 316